DE ANCHIETA AOS CONCRETOS

MÁRIO FAUSTINO

De Anchieta aos concretos

Poesia brasileira no jornal

Pesquisa e organização
Maria Eugenia Boaventura

Copyright dos textos © 2003 by Espólio Mário Faustino
Copyright da organização © 2003 by Maria Eugenia Boaventura

Capa
Victor Burton sobre obra de Mira Schendel
e foto de Mário Faustino

Índice onomástico
Luciano Marchiori
Rogério Matuck

Preparação
Eliane de Abreu Santoro

Revisão
Carmen S. da Costa
Maysa Monção

Dados Internacionais de Catalogação na Publicação (CIP)
(Câmara Brasileira do Livro, SP, Brasil)

Faustino, Mário, 1930-1962.
    De Anchieta aos concretos / Mário Faustino ; [orga-
nização Maria Eugenia Boaventura]. — São Paulo :
Companhia das Letras, 2003.

    ISBN 85-359-0337-2

    1. Poesia brasileira — História e crítica I. Boaven-
tura, Maria Eugenia II. Título.

03-0770   CDD-869.9109

Índice para catálogo sistemático:
1. Poesia : Literatura brasileira : História e crítica
869.9109

[2003]
Todos os direitos desta edição reservados à
EDITORA SCHWARCZ LTDA.
Rua Bandeira Paulista, 702, cj. 32
04532-002 — São Paulo — SP
Telefone: (11) 3707-3500
Fax: (11) 3707-3501
www.companhiadasletras.com.br

Sumário

Notícia biográfica, 11
Poesia e criatividade, 15
Nota da organização, 39

COLÔNIA

José de Anchieta
Aculturação necessária, 43

Gregório de Matos
Barroco típico, 55

Manuel Botelho de Oliveira
Consciência profissional, 82

Alexandre Gusmão
Antonio José da Silva

Domingos Calda Barbosa
Aprendizagem culterana, 97

Cláudio Manuel da Costa
Trabalhador do verso, 110

Tomás Antônio Gonzaga
Rei caolho em terra de cegos, 118
O autor das *Cartas chilenas*, 138

Silva Alvarenga
Pequenas obras-primas, 145

Souza Caldas
Poeta-elo, 152

Basílio da Gama
Verificador competente, 161

Santa Rita Durão
Arremedo de épico, 170

MODERNISMO

Cecília Meireles
O livro por dentro, 181

Cassiano Ricardo
Victor Hugo brasileiro, 186

Carlos Drummond de Andrade
Poeta maior, 203

Jorge de Lima
Revendo Jorge de Lima, 216

GERAÇÃO DE 45

Américo Facó
Importante poeta menor, 299

Paulo Bonfim
Crônica em versos, 305

Geir Campos
Da ingenuidade engajada e do engajamento ingênuo, 310

Olympio Monat da Fonseca
Maneirismos imitados, 326

José Paulo Moreira da Fonseca
Expondo as raízes de José Paulo Moreira da Fonseca, 329

Paulo Mendes Campos
Poesia de circunstância, 341

POETAS NOVOS

Lélia Coelho Frota
Mais um estreante de classe, 361

Domínio artesanal, 366
Bilhete a um novo poeta, 371

Walmir Ayala
Pressa em publicar, 375
Curso fluente do verso, 378

Carlos Diegues
Imprevisível poesia, 381

Marly de Oliveira
Discípula talentosa, 394

Francisco Bittencourt
Catálogo de eventos, 397

Ruy Costa Duarte
Um livro bonito, 401
Ritmo próprio, 405

José Lino Grünewald
In my craft or sullen art, 418

Cláudio Melo e Souza
Composição logopoética, 421

Homero Homem
Hombridade artesanal, 429

Jamir Firmino Pinto
Poesia participante, 444

CONCRETISMO & BALANÇOS

Poesia, Brasil, 1956, 457
Poesia, Brasil, 1957, 461
Empreendimento significativo, 465
A poesia "concreta" e o momento poético brasileiro, 469
Um ano de experiência em poesia, 483
Valores novos da literatura brasileira, 501

Notas, 509
Bibliografia, 525
Agradecimentos, 529
Índice onomástico, 531

Notícia biográfica

Mário Faustino dos Santos e Silva nasceu em 1930 na cidade de Teresina e realizou seus estudos em Belém, onde foi redator e cronista n'*A Província do Pará* (1947-1949), depois na *Folha do Norte* (1949-1956). Nesse período viveu por dois anos nos Estados Unidos estudando Teoria Literária e Literatura Norte-americana. Transferiu-se para o Rio de Janeiro em 1956, onde trabalhou na Fundação Getulio Vargas. Tornou-se editorialista do *Jornal do Brasil*, começando sua colaboração no Suplemento Dominical (SDJB). De 1960 a 1962, viveu em Nova York, atuando como jornalista no Departamento de Informação da Organização das Nações Unidas (ONU). De volta ao Brasil, assumiu, por pouco tempo, a editoria-chefe da *Tribuna da Imprensa*, comprada pelo *JB*. Morreu num desastre aéreo, em novembro de 1962, a caminho de Nova York, onde iria trabalhar como correspondente estrangeiro do *JB*.

O projeto do SDJB surgiu de um programa radiofônico, na Rádio Jornal do Brasil, dirigido pelo poeta Reynaldo Jardim. Reynaldo conseguiu reunir profissionais competentes, aperfeiçoar o aspecto gráfico e mudar o conteúdo do caderno. Ganhou o apoio da condessa Pereira Carneiro, proprietária do jornal, e a confiança dos principais intelectuais do país, transformando o suplemento numa referência para a vida cultural brasileira. O sucesso inspirou, tempos depois, a mudança editorial e a reforma gráfica de todo o *JB*, inclusive a criação do Caderno B, modelo dos atuais cadernos culturais.

De 23 de setembro de 1956 a 11 de janeiro de 1959, no SDJB, Mário discutiu poesia intensa e apaixonadamente. A página Poesia-Experiência, sob sua responsabilidade, pretendia agitar a nossa produção poética e crítica. Faustino distribuiu a matéria por diferentes seções que interagiam entre si no sentido de permitir ao público de jovens críticos e poetas ler e reler os clássicos e os modernos, se possível em várias línguas, inclusive os portugueses; acompanhar as reflexões teóricas sobre o fenômeno poético, ao longo do tempo; e avaliar a produção de poesia contemporânea, à luz desta tradição criativa-teórica.

A seção "Poeta novo" tinha por objetivo divulgar autores novos e mantê-los reunidos na mesma página, com a maior freqüência possível, entre os grandes poetas da literatura ocidental; "O melhor em português" selecionava poetas de excelência, muitos deles completamente desconhecidos do grande público brasileiro; "É preciso conhecer" e "Clássicos vivos" reuniam poetas antigos e modernos de diversas nacionalidades; "Pedras de toque", título inspirado

12

nas célebres *touchstones* de Wallace Steven, recortavam os momentos de alta realização da linguagem poética; "Subsídios de crítica ou textos e pretextos para discussão" traziam trechos de André Gide, T. S. Eliot, Ezra Pound, Benedetto Croce, Herbert Read, Gertrude Stein, etc. Em "Diálogos de oficina" Mário compilava a sua poética e o debate de problemas ligados à poesia, tais como percepção, expressão, questões éticas e estéticas; "Fontes e correntes da poesia contemporânea" discutiam os padrões criativos estrangeiros que deveriam estimular e favorecer a renovação. Acompanhando uma pequena introdução crítica, Faustino apresentava, lado a lado com o original, poemas (ou trechos) traduzidos, de autores que, desde Edgar Allan Poe, contribuíram para a formação da poesia moderna; "Evolução da poesia brasileira" pretendia abranger o conjunto das manifestações de poesia, a partir do período colonial, estudando o desenvolvimento interno das formas, da linguagem e das atitudes estéticas. Por fim a coluna "Personae", cujo nome homenageia o maior inspirador de Faustino, Pound, objetivava, com pequenas notas, relatar e comentar as novidades do momento.

Essas camadas e os textos avulsos da página cubista faustiniana resultaram nos seguintes volumes de crítica de poesia brasileira e estrangeira, de teoria e de tradução organizados por Maria Eugenia Boaventura: respectivamente, *De Anchieta aos concretos, Artesanatos de poesia, Roteiro poético* e *É preciso conhecer.*

Poesia e criatividade

Maria Eugenia Boaventura

Só depois de publicar as nossas obras até agora inéditas, de corrigir os textos infiéis, que freqüentemente circulam entre nós, de conhecermos nossos autores através dos estudos monográficos, é que poderemos reescrever a história da literatura brasileira, de uma perspectiva inteiramente nova, retificando juízos e corrigindo equívocos. [...] Desta maneira, a nossa ocupação de hoje não deve ser a de escrever pressurosas histórias literárias, e mais quando sabemos que vamos repetir juízos quase sempre arbitrários ou infundados. A nossa ocupação de hoje tem de ser a de reunir documentos, fiéis, para uma história literária a ser escrita, em futuro próximo: uma história literária que não seja apenas mais uma história literária. Porém que traga uma verdade nova, rigorosa, como que definitiva.

Eduardo Portela, *Dimensões*, Rio de Janeiro,

José Olympio, 1958, pp. 82-4

O panorama da nossa crítica, quando Mário Faustino começou a escrever no *Jornal do Brasil* (1956-1959), era bastante alvissareiro. Data do final dos anos 40 a atividade jornalística representativa dos mais importantes críticos: Otto Maria Carpeaux (*Correio da Manhã*, 1940-1945); Álvaro Lins (*Correio da Manhã*, 1941-1951); Sérgio Buarque de Holanda (*Diário de Notícias*, 1940-1948, e *Diário Carioca*, 1950-1954); Antonio Candido (*Folha da Manhã*, 1943-1945, *Diário de S. Paulo*, 1945-1947); Afrânio Coutinho[1] (*Diário de Notícias*, 1948-1953), entre tantos outros.[2] Nesse horizonte de reflexões literárias hoje consagradas, destaca-se a página Poesia-Experiência, criada por Mário Faustino, naquele jornal, dedicada à formação de novos poetas e estudiosos da poesia. O impulso para seu exercício crítico partia da vontade de colaborar em prol do revigoramento do gênero. Isso porque, nesse campo, a exemplo do diagnóstico que fazia Wilson Martins, também em seu jornal, acreditava que a situação apresentava-se calamitosa:

> a poesia brasileira, considerada em conjunto, está passando, há uns bons quinze anos, por um período de crise e esterilidade. Estamos devorando, melancolicamente, os capitais acumulados por nossos antepassados modernistas e ainda vivemos de Bandeira, Drummond e Vinicius. As gerações posteriores a 1940 ainda não produziram o seu grande poeta, nem os seus grandes poetas (na medida em que o plural implica a existência de uma "atmosfera"); há nelas a ânsia de criação, comovente e salutar, infelizmente não correspondida pelas qualidades criadoras. [...]

Estamos vivendo *o parnasianismo da poesia moderna*, isto é, transformamos a criação numa repetição de fórmulas e truques que já nada mais querem dizer, assim como a decadência do parnasianismo se assinalou pela multiplicação ao infinito de sonetos rigorosamente metrificados e vazios. [...][3]

De Anchieta aos concretos reúne textos que abordam exclusivamente poesia brasileira, organizados agora em seis blocos: "Colônia", "Modernismo", "Geração de 45", "Poetas novos" e "Concretismo e balanços". Esse material apareceu na página Poesia-Experiência e na seção "Bibliografia" do Suplemento Dominical do *Jornal do Brasil*. A maioria estava inédita em livro e sua divulgação possivelmente atrairá novos leitores, reinventará a fisionomia literária do crítico, determinando o seu contexto na história da nossa literatura.

Neste volume vêm à tona os lançamentos da década de 50 (alguns atualmente esquecidos) com a opinião do jornalista no calor da hora, orientando o seu público para a recente criação poética, quer de autores famosos, quer de novatos, numa amostragem bastante diversificada, com boa parte das publicações de poesia, do eixo Rio — São Paulo, passando pela rigorosa crítica de Mário.

O projeto Poesia-Experiência previa a abordagem sistemática da obra dos principais escritores brasileiros, da Colônia ao modernismo, a exemplo da série "Evolução da poesia brasileira". Com a interrupção da página isso não se verificou. Mesmo admitindo que o crítico não pretendesse realizar uma história da poesia nacional nos moldes ortodoxos e sim apontar as principais tentativas de construir uma tradição lírica própria, observa-se um espaço vazio que seria provavelmente reservado a obras chaves do romantismo e do simbolismo. Mário teve oportunidade de examinar apenas de relance o parnasianismo, ao registrar a oportuna iniciativa da série Nossos Clássicos, promovida pela editora Agir, e manifestou preferência pela faceta satírica de Olavo Bilac — aspecto relegado pelos críticos de então. Não houve tempo também para a análise da obra dos líderes do modernismo, cuja admiração foi explícita.

COLÔNIA

As pesquisas sobre o Brasil-Colônia atingiram um grau de sofisticação e maturidade possível em decorrência da especialização da atividade universitária, inexistente no tempo de Mário Faustino — um cenário certamente imaginado pelo crítico quando se referia à situação cultural no país. Edições críticas, ensaios, teses reviraram de cabeça para baixo as idéias estabelecidas, por exemplo, a respeito do barroco e do classicismo brasileiros. Muitos desses trabalhos seguem direção contrária às exigências faustinianas de originalidade e encaram a poesia da época como prática discursiva histórica e espacialmente determinada, obedecendo a convenções da produção e da recepção.[4]

O estudo da literatura colonial realizado por Mário Faustino pautou-se por um critério próprio de avaliação, que levava em conta os seguintes princípios: o valor do poema como objeto estético, documento humano, linguagem condensada, intensa e exata; o progresso da língua; o diálogo com o seu tempo e a tradição. Critérios esses de concepção moderna e que precisam ser assinalados antes de traçarmos o itinerário das intervenções jornalísticas desse poeta-crítico, sob pena de empalidecer o acerto de muitas das suas considerações concernentes ao período.

No exame dos diferentes períodos artísticos, Sérgio Buarque de Holanda observa dois caminhos críticos extremos em relação aos quais recomenda sua relativização: seccionamento absoluto do período "no intuito de melhor apreciar seus motivos dominantes e seus traços individuais"; insistência em atribuir "começo de realização de idéias que ultrapassam sua época".[5] Mário Faustino passeia entre as duas veredas descortinadas pelo autor de *Raízes do Brasil*. Ficou famosa a estratégia do seu processo crítico utilizado na Poesia-Experiência de apelar despudoradamente — como Ezra Pound — para extensas citações numa alternativa de convencer o leitor e ao mesmo tempo construir uma antologia da poesia inventiva, à semelhança daquela proposta mais tarde por Haroldo de Campos.[6] A escolha das passagens privilegiaria em diferentes poetas os momentos de criatividade, ainda que considerados pontuais e esporádicos. Como se estivesse com um marcador de texto, Mário recortava as partes qualitativamente relevantes, sem obedecer à seqüência normal dos textos dentro da obra. A ilustração de suas idéias — longos trechos e até poemas inteiros — seguia o processo de montagem cinematográfica, com cortes abruptos das citações e retomadas de pedaços anteriores, incluindo as passagens de excelência no campo da tradução muito valorizadas pelo crítico:

[...] pouquíssimas obras poéticas contemporâneas de Souza Caldas representam para a língua o que significam suas traduções (diretamente do hebraico) de numerosos salmos da Bíblia.

Mário refere-se várias vezes ao desacerto da crítica de pressupostos românticos diante da produção do Brasil-Colônia, mas cobra autenticidade dos escritores, sem levar em conta que a imitação correspondia a um dos postulados artísticos da época. O espelhamento nos modelos clássicos era dever, e o seu empenho, virtude, como bem observou aquele historiador.[7] Obcecado pela busca da novidade, Faustino não considerou os preceitos da tradição, decepcionando-se com a suposta manipulação mimética das obras que, embora elogiadas pelo alto nível técnico, são questionadas por seguirem à risca os padrões cultuados por Camões, Góngora, Quevedo, Marino, entre outros.

A despeito de reconhecer, por parte dos escritores, erudição, competente manejo da língua portuguesa, Mário examinava a produção do Brasil colonial como se fosse uma literatura autônoma, e por isso as coincidências de paradigmas para ele representavam pobreza. O título — "Evolução da literatura brasileira" — dado à seção em que os textos eram dispostos na Poesia-Experiência confirma essa estratégia. Aprendeu com Eliot as tarefas do poeta: o comprometimento com o progresso da língua e o alargamento do terreno estético aberto pelos pioneiros, ou melhor, pela tradição correspondente. O conceito de desenvolvimento lingüístico/ literário misturava-se à visada sincrônica, que perseguia "pedras de toque" no conjunto da nossa poesia. Num embate com a sua oscilante perspectiva a-histórica, aplaudia a repercussão da contemporaneidade, tanto na obra do barroco Gregório como na do modernista Drummond, para falarmos apenas de dois craques apreciados por Faustino.

Entusiasma-se pela qualidade artesanal, pela capacidade criativa do jesuíta Anchieta — poesia concebida para o povo —, que, infelizmente, para Mário, foi abandonada com o passar do tempo por autores de versificação "não só imperfeita como pretensiosa e falsamente erudita". Elege a habilidade de Gregório de Matos no aproveitamento dos ritmos populares da época com maestria técnica e extraordinária diversidade de métodos. Admite a multiplicidade de experiências, mas o acerto do poeta baiano é atribuído sobretudo à eficácia da sua sátira. Consegue apreciar a atividade corriqueira de tradução dos gongóricos clássicos, exercida em particular por Gregório, mas rejeita os índices de manejo hábil da convenção e dos lugares-comuns da época.

Quanto aos árcades, a falta de originalidade mais uma vez foi assinalada de forma veemente: "todos imitam, nenhum inova". Não deixou de mostrar a importância do grupo mineiro, responsável pelo aumento dos índices de competência e disciplina poéticas, distanciando-se dos exageros cultistas: grandes fazedores de versos, produtores de excelentes sonetos (Cláudio), de madrigais obras-primas, da recuperação eficiente de uma ou outra forma, embora sem novidade (Alvarenga). Anota atitudes definidas como préromânticas (eloqüência, admiração por Rousseau, influência do Direito Natural, condenação da sociedade). Confere a Gonzaga o estatuto de mestre do arcadismo pela simplicidade, clareza, objetividade, capaz de incorporar a experiência de seus contemporâneos e predecessores, muitas vezes superando-os e afastando-se da escola, no que tange à adoção de precário vocabulário brasileiro, lances de subjetivismo, variedade de metros, reconhecidos como antecipações de características românticas. Talvez ainda não fosse possível à crítica da época — incluindo a de Mário Faustino — admitir que muitos desses traços eram meras notações determinadas pela norma estética vigente, a exemplo das marcas realistas, que, segundo alerta Sérgio Buarque de Holanda, "fazem parte, em verdade, da convenção e até da afetação bucólica".[8] Outro elemento explorado pelos árcades e que traz também muita controvérsia entre os críticos diz respeito aos índices de subjetivismo, de espontaneidade. Mais uma vez Sérgio Buarque esclarece que foi contra a noção de identidade da natureza humana pregada pelo classicismo e presente já nas teorias do Direito Natural que o romantismo se insurgiu. No arcadismo, portanto, o típico e o ideal prevalecem em todas as circunstâncias sobre o individual, ensina o historiador.

Mário reconheceu profissionalismo e até sucesso em estabelecer padrões para a língua por parte dos poetas, numa terra ainda "sem livros e sem cultura". Vinculou o refinamento artesanal dos escritores ao domínio de vários idiomas, o que lhes permitia o manejo das inúmeras poéticas, hoje acessíveis ao público brasileiro em decorrência da renovação das pesquisas literárias sobre o período e das inúmeras traduções publicadas. Valorizou o papel das academias, espalhadas pelos mais variados recantos do país, incentivadoras da mentalidade profissional dos seus membros, facilitando a troca de idéias e práticas literárias de fora e a sua aclimatação no novo contexto.

Na série "Evolução da poesia brasileira" o crítico mostrou de forma insistente como os nossos escritores, na sua maioria, foram capazes de seguir os modelos e as convenções do barroco e do classicismo e de que modo esses elementos sofreram alteração ou foram ajustados. Todavia, a aplicação desses padrões tem para Mário Faustino um sinal invertido, ou melhor, é considerado falta de criatividade.

Não deixa de ser louvável esse projeto de construir uma visão de conjunto da literatura brasileira, mediante a exploração de procedimentos sincrônicos, partindo da insistente valorização do poeta-artesão. De certa forma uma novidade na nossa história literária (em moda pouco tempo depois) que causou impacto e foi conseqüência da intimidade do crítico com as correntes internacionais da teoria literária da época.

MODERNISMO

É inegável o apreço pela obra dos principais literatos de 22 e a consciência da importância do movimento para a cultura brasileira de modo geral, tanto é que acredita que nossa poesia, como conjunto, de fato tomou impulso apenas a partir do modernismo: "Anteriormente, o que há é um ou outro 'achado', dois ou três versos num ou noutro 'poeta'". Convoca os editores a fim de republicarem as obras de Oswald de Andrade, inexistentes nas livrarias brasileiras por um bom tempo,[9] e anuncia o terceiro número da malograda revista *MS* (1957), dedicado ao antropófago, em parceria com o amigo e poeta Ruy Costa Duarte.[10]

Em algumas ocasiões, mostra-se realista e admite que Carlos Drummond de Andrade e João Cabral de Melo Neto seriam os escritores avançados que tanto procurava. O otimismo empalidece ao constatar que somente a atuação dos dois não bastaria para dinamizar a monótona literatura do momento. Apaixonado pela poesia como arte, julgou os autores estudados sempre em comparação com seus pares locais e estrangeiros. Interessava-lhe sublinhar a qualidade intrínseca dos poemas e a importância da experiência neles tentada. Talvez, por isso, as suas restrições pareçam mais duras, e os aplausos, exaltados. Estes são enunciados em frases bombásticas no decorrer dos textos: Jorge de Lima "deixou alguns dos melhores sonetos da língua"; Cecília Meireles "é dos melhores poetas do seu século que já houve em qualquer época, em qualquer língua". Entre os autores modernistas, Jorge ganhou maior espaço — sete artigos —, o que deixou muita gente surpresa:

O maior, o mais alto, o mais vasto, o mais importante, o mais original dos poetas brasileiros de todos os tempos.

É um pequeno poeta maior — mas é, até agora, o nosso único poeta maior.

A surpresa dos seus colegas se justificava, considerando os interesses artísticos literários do momento, em particular as manifestações da então recente poesia experimental e do concretismo. Traça um painel relativamente sistematizado de toda a obra de Jorge de Lima, a começar pelos *Sonetos* e *XIV alexandrinos*. A tática de leitura foi semelhante àquela adotada para os demais autores contemplados na sua página, ou seja, comentar e destacar os trechos de melhor realização e apontar aqueles em que o escritor não atingiu o nível dos maiores. Mário estava atento à disponibilidade de experimentar dos poetas, e é justamente essa capacidade que seleciona e exalta, mesmo nos livros iniciais de Jorge. Sobre *Poemas*, por exemplo, além de esmiuçar as influências, Faustino assinala a inovação na medida dos versos, na mistura de línguas, na tentativa de mural e no aproveitamento do folclore. *Novos poemas* e *Poemas escolhidos* são eleitos grandes livros de poesia publicados no Brasil, enquanto deplora a irrelevância poética dos textos religiosamente engajados de *Tempo e eternidade* e *Túnica inconsútil* — este destacado como exemplo do maior desacerto na busca da expressão poética "formulativa, recriadora, reificadora" e do imbricamento entre "coisa bonita" e "coisa poética". Elogia a coragem do poeta em explorar o convencionalismo ridículo, ainda que com certa ingenuidade, podendo servir como pesquisa para dicção e temas futuros, ou melhor, para atingir uma linguagem "coisificadora". Discorda ainda do recurso aos temas bíblicos e à tentativa de mitificação da figura do poeta, tidos como superados no "melhor Jorge" do *Invenção de Orfeu* — a nomeação original.

O crítico, com a mesma ênfase que censura, aplaude. Entusiasma-se com a liberdade, o enriquecimento e a diversificação da linguagem poética e conseqüentemente da língua portuguesa, que, a seu juízo, nos momentos de culminância daquele livro, atinge a excelência de um Camões, em particular no que tange ao padrão de execução formal. Desse ponto de vista, admite que encontrou a "quase perfeita correlação entre a coisa a dizer e a coisa a ser dita", ou seja, o entrosamento com o entendimento fenomenológico do mundo — feito percebido apenas em Guimarães Rosa, que, dez anos depois de lançado *Sagarana* (1946), acabava de publicar *Corpo de baile* e *Grande sertão: veredas*. Para Faustino, Jorge também dominou e revolucionou o soneto, conseguindo sacudir a velha forma, revitalizando-a (*Livro de sonetos* e *Invenção de Orfeu*). Essa habilidade do artista de remanejar antigas fórmulas corresponderia a um dos critérios de avaliação preferidos do crítico: até o canto VI desse livro, Mário admite ter sido o poeta alagoano o único brasileiro a alcançar o tom e a medida do *epos*. A partir desse trecho, enxerga as deficiências da obra: má dicção, gagueira, pé quebrado, versificação ruim etc.

Do seu balanço entusiasta, surge um escritor responsável pelos melhores poemas regionais e sonetos da língua, a "maior contribuição que um só poeta já fez para o engrandecimento de nossa língua e para a libertação de nossa sintaxe". Esse extenso ensaio, inesperado para o contexto literário daquele instante, permite que se pense na possibilidade das renovadas leituras testarem a perenização de obras e artistas que, volta e meia, ressurgem, como foi o caso de Jorge de Lima.[11]

Cassiano Ricardo, embora esteja colocado entre os nossos maiores (ganhou a página inteira da Poesia-Experiência), é visto como bom diluidor de recursos conhecidos, importante para a história de qualquer literatura, tanto quanto Spender, Lewis, MacNeice. Para Mário Faustino, o poeta não acrescentou aspectos novos à poesia brasileira, não aumentou a sua versatilidade — tarefa essencial ao grande criador —, com exceção de dois bons livros: o *Arranha-céu de vi-*

dro (1956) e *João Torto e fábula* (1956), nos quais ressalta poemas com padrão estético original. No conjunto, o maior equívoco apontado foi o contentamento em fazer "coisa bonita", imaginando que fosse poesia, e produzir crônica em forma de verso, julgamento que estende a outros ícones:

> A crônica em verso está por toda parte, como erva daninha, em Cassiano, mas não só nele: a praga deu em quase todo mundo, Bandeira, Drummond...

Parodiando o percurso comparativista de leitura preferido por Mário, seria oportuno recuperarmos resenhas de autoria de importantes críticos da época sobre os mesmos livros. Uma delas, escrita por Eduardo Portela — então jovem professor universitário e também responsável por uma coluna (no *Jornal do Commercio*, edição carioca) —, percorre descritivamente as várias fases da poesia de Cassiano, sem estabelecer julgamentos, adotando divisão idêntica à proposta por outro colega mais famoso, Alceu Amoroso Lima, no prefácio da edição das *Poesias completas*. Prefere não discutir a contribuição dos livros anteriores àqueles citados acima, cuja aproximação feita com os imagistas ingleses, quanto à valorização do aspecto concreto, revela uma mudança de roteiro. Em um ponto Portela coincide com Mário, ao constatar a diversidade de estilos experimentados pelo escritor comprometido com a promiscuidade estética do seu tempo.[12] Apesar das restrições e possivelmente tendo em vista as circunstâncias, o livro de Cassiano foi escolhido por Faustino como destaque do ano junto com o de Drummond e o de dois novos: Ruy Costa Duarte e Marly de Oliveira, todos comentados adiante.

Cecília Meireles recebeu reprovação semelhante a Cassiano: publicou demais. Na resenha do livro *Canções*, Cecília pode ter auferido os maiores elogios já perpetrados por um estudioso e também as piores restrições. Talvez a severidade da avaliação tenha sido proporcional ao grau de apreço pela obra da autora do mais "harmonioso livro de poesia", o *Romanceiro da Inconfidência*. Apesar de aclamá-la a maior cançonetista da língua — "ninguém canta melhor do que ela" — com grande habilidade em matéria de versificação, dona de técnica à altura dos grandes, Mário, no entanto, não assimilou o uso dos "cacoetes femininos, as vulgaridades e os efeitos baratos". Estranha-se que um crítico da sua envergadura argumente em termos de literatura feminina e masculina, como muito bem observou Ruth Maria Chaves, possivelmente a única jornalista a protestar contra a fúria intempestiva faustiniana e sair em defesa da poeta.[13] Os críticos Darci Damasceno, Adolfo Casais Monteiro e José Paulo Moreira da Fonseca, nessa mesma ocasião, resenharam o livro de Cecília sem nenhuma restrição, com derramados elogios.[14]

A resenha de *50 poemas escolhidos pelo autor* (Carlos Drummond de Andrade, 1956) foi própria da postura crítica arrojada do jornalista, que não se intimidava diante dos famosos, por maior apreço que lhes dedicasse. Concorda que o ápice da nossa poesia, Drummond, "um inventor", deu a contribuição mais original à poética brasileira e levou a língua a um grau de precisão invejável. Acompanha a crítica corrente ao atribuir o estatuto de *Geist* brasileiro de boa parte do século xx à poesia de Drummond — como de hábito se recorre à obra de Homero no caso de uma eventual exploração espiritual pela Grécia antiga. Apesar de considerar

28

Drummond o grande *verse maker*, aquele que conseguiu o mais alto padrão expressional, desde Machado de Assis, isto é, de adequação das palavras utilizadas ao objeto, Faustino não adere ao partido editorial escolhido pelo poeta na recolha de textos ilustrativos das preocupações e dos processos das diferentes fases da sua obra. Preferia que se contemplassem os melhores poemas do ponto de vista estético. Outro reparo diz respeito ao intelectual condescendente, acobertador de equivocadas glórias literárias, e a sua falta de pudor de exibir nos suplementos e nas revistas poemas tidos como realização capenga, que, para alívio do crítico, não foram incorporados pelo poeta à *Obra completa*.[15]

Mário Faustino referiu-se de passagem a dois outros modernistas importantes. Vinicius de Moraes teve execrado o *Orfeu da Conceição* (1956), obra muito apreciada "pelos falsos amigos do poeta", mas que, para o jornalista, não mantém a riqueza de *Poemas, sonetos e baladas* (1946). Manuel Bandeira ganhou elogios como professor, crítico e principalmente como poeta que "escreveu durante a Primeira Guerra Mundial poemas sob quaisquer aspectos mais modernos, mais atuantes e mais importantes que uns noventa por cento do que hoje se publica no país [...]".

GERAÇÃO DE 45

Mário constatou no jornalismo literário alguns problemas que lhe serviram de inspiração na sua tarefa educativa: "caótica escala de valores"; "falta de rigor"; "falta de autocrítica"; "falta de amigos e confrades sinceros", e a ausência de uma "crítica literária dinâmica, inteligente e honesta". O objetivo da página no SDJB — a orientação do público leitor — levou-o a privilegiar os lançamentos, assumindo o risco de cometer enganos e produzir avaliações apressadas. É com essa perspectiva que enfrenta a Geração de 45, cujas opções formais e temáticas repercutem em *O homem e sua hora*.[16] Esteve contra a corrente, em consonância mais uma vez apenas com Wilson Martins e com outro fenômeno da crítica brasileira que então estreava, José Guilherme Merquior, ao dirigir a sua metralhadora verbal para alguns representantes de 45, muitos deles acusados de falta de profissionalismo, mas aplaudidos por críticos da época. É possível que, em virtude do prestígio dos resenhados, Faustino tenha se empenhado numa investigação mais detalhada e severa (vários foram contemplados com todo espaço disponível da Poesia-Experiência). Abordou as principais vertentes dessa poesia, e alguns pontos se destacam nos artigos: a insistência em escrever crônica travestida de poesia, incorrendo nesse pecado os três Paulos, o Bonfim, o Mendes Campos e o Moreira da Fonseca; a existência de uma poesia "pó-de-arroz", adjetiva (Monat da Fonseca e de novo Mendes Campos); versificação segura acompanhada de falta de originalidade, de repetição ou paráfrase de procedimentos e dicção de alguns poetas estrangeiros (Rilke, Eliot, D. Thomas) e brasileiros (Drummond, Vinicius, Jorge), sem explicitar a influência, por meio de epígrafe, dedicatória ou até mesmo referência na orelha ou introdução do livro. Ficaram irreconhecíveis para o crítico o propalado rigor — a fim de combater a informalidade modernista — e o profissionalismo decantado e alardeado pelos poetas em manifestos, revistas e declarações ruidosas.[17] Foi impiedoso em relação à maioria examinada, com destaque para os estudos sobre Paulo Bonfim e Geir Campos, escolhidos por se apresentarem abaixo do nível médio da própria produção, sem a autocrítica indispensável a um grande artista. Ambos publicaram livros reunindo antigos textos, o que tornou fácil para o crítico a comparação e conseqüente evidência da falta de novidade, conforme o percurso trilhado por cada um deles: o primeiro com *Quinze anos de poesia* (de 1957), o segundo com o *Canto claro e poemas anteriores* (também de 1957).

Eduardo Portela, ao examinar a obra de Geir Campos, elogia a "nítida e entranhável consciência histórica" desse "lírico da melhor estirpe". Mário, de modo taxativo, nega que a vida, a época e a sociedade tenham encontrado "eco profundo" numa poesia social marcada pela ausência dos elementos mínimos encontráveis na dupla francesa Aragon—Éluard ou no espanhol Hernandez: alta voltagem e dicção poderosa. O participante intransigente detectado por Portela, no seu entender, limita-se à promessa de um "vago futuro melhor". Da mesma forma, o propalado ideal estilístico de clareza, expresso inclusive no título da obra, se reverte em platitude, facilidade, fazendo coro possivelmente com o que avalia Sérgio Buarque tratar-se de "demanda infrutífera do essencial através do episódico".[18] À exceção dos sonetos II, IX e XIII, nos demais atestou extinta a forma, sem nenhum novo terreno explorado, inclusive em relação ao conjunto reunido no *Canto claro*. Os dois críticos também destoam no tom. Faustino é direto ao apontar defeitos e qualidades. O ritmo do outro, especialista em estilística espanhola, de retórica brilhante, é tortuoso para chegar a uma conclusão menos enfática e, no final das contas, parecida: o poeta apresenta-se fora de sintonia com o discurso da sua geração, "nos oferece uma poesia profundamente desigual", somada ao uso exaustivo do processo comparativo cheio de imagens pobres e monótonas. Dois estilos opostos de leitura. De um lado, a veemência implacável, exposta de maneira didática com citações e perguntas-respostas, muito útil à natureza do público do jornal. Do outro, uma crítica, também competente, erudita, marcada por floreios acadêmicos, que talvez não pretenda julgar a real contribuição do autor analisado para a poesia brasileira. Opinião mais benevolente teve Álvaro Lins ao resenhar dois livros de Geir Campos, *Rosa dos ventos* e *Arquipélago*, em 1952, embora tenha observado tratar-se de um "poeta desigual", fornecendo textos falhos pela "insuficiência da matéria poética" e pela "expressão insatisfatória".[19]

Nem tudo foi impiedosamente condenado. É verdade que, sem muito entusiasmo, Faustino registra contribuição original para o que denomina "linha evolutiva de nossa poesia", com momentos de acertos, embora escorregando na ausência de condensação, no "importante livro pequeno de um importante poeta menor", *A poesia perdida* de Américo Facó (1952) — obra elogiada por Sérgio Buarque de Holanda no que diz respeito ao remanejamento da tradição lírica clássica e portuguesa.[20] Dessa vez Faustino aproximou-se de Álvaro Lins, que considera o livro um "modelo de riqueza formal", sem "a riqueza de substância na inspiração e conteúdo nos temas".[21] Pode-se fazer uma ponte entre certas preocupações vislumbradas por Sérgio na poesia de Facó e aquelas que também se descortinam nos versos de *O homem e sua hora*, como por exemplo a questão do presente e da permanência.

POETAS NOVOS

Maior ânimo, sem recuar na cobrança, Mário Faustino demonstrou em relação aos novos, isto é, os estreantes ou aqueles ainda pouco conhecidos, tidos como mais honestos, menos auto-indulgentes, mais promissores, em especial no que diz respeito aos textos divulgados nos suplementos culturais. Mário achava que os velhos poetas publicavam naquele momento, nos jornais, o pior de sua produção. Até mesmo um dos seus preferidos: Cabral.

Homero Homem ganhou página inteira da Poesia-Experiência, por ocasião do lançamento de *Calendário marinheiro* (1958), quando trouxe a público um livro de canto em "verso legível" sem "andar para trás". Três outros poetas passaram pela lupa faustiniana com leves reparos: Ruy Costa Duarte, Lélia Coelho Frota e Marly de Oliveira. As duas estreantes foram bem recebidas e tiveram seus defeitos assinalados: elogia a Lélia de *Quinze poemas* (1956) por registrar a dívida para com seu conterrâneo maior, Drummond, o que no entender de Faustino reverte-se em ponto para a autora do livro, cuja inventividade, ainda assim, estava "mais no ornamento do que na estrutura". Marly, em *Cerco da primavera* (1957), é louvada ao apontar, como a sua colega, a ascendência poética — Cecília Meireles — e pela cadeia original de melopéia, a despeito da quantidade de lugares-comuns. Mário Faustino era de opinião que os novos faziam melhor do que muito nome consagrado, no sentido de solidificar a experiência da linguagem poética e por tabela enriquecer a língua e a cultura. Como Pound, releva as marcas da influência, desde que elas sejam expressas e superadas, procurando-se atingir um caminho pessoal e renovado. Assim, lembra o acontecido, por exemplo, com Cabral em relação à sua ascendência-mor — Carlos Drummond de Andrade, que, em alguns aspectos, o considera suplantado pelo autor de *A pedra do sono*, mais "inventor" que o seu mestre.[22] Ruy Costa Duarte, com *O mistério da hora* (1957), em primorosa edição, representou para Mário estréia auspiciosa, a exemplo das duas escritoras citadas. A amizade que os unia não impediu Faustino de emitir um parecer objetivo sobre a obra.

Desse conjunto de poetas novos, o lançamento deplorado pelo crítico foi *Este sorrir, a morte* (1957), segundo livro de poesias de Walmir Ayala, que se tornaria grande amigo de Mário e que talvez tenha apreciado os conselhos duros e encorajadores, emitidos na resenha nada auspiciosa: "[...] comece daí, d'*O arauto* [...] Passe uns anos sem publicar coisa alguma, estude muito, seja severo consigo mesmo e com sua obra, e reapareça com um livro orgulhoso, austero, novo, realmente recriador do mundo e das palavras". Depois dessa resenha Mário voltaria a tratar da poesia de Ayala, em texto incluído nesse volume, prenunciando a sua "contribuição renovadora para o enriquecimento do nosso idioma poético".

O escritor jovem, no seu entender, ressentia-se das dificuldades inerentes à estrutura econômica do país: precisava do Brasil "rico e autoconfiante e independente em todos os sentidos [...] de universidades, enciclopédias, dicionários, editoras, cultura humanística, museus, bibliotecas, público inteligente, críticos de verdade, agitação, coragem". A franqueza de Faustino atraiu inúmeros poetas que almejavam ter seus livros crivados por seu olhar atento, mesmo aqueles que sofreram pesados reparos, como foi o caso de Ayala, ou que tiveram expostos os pecadilhos poéticos, como Ruy Costa Duarte, a quem convidou para compor uma página de crítica e tradução de poesia alemã de vanguarda no *Jornal do Brasil*[23] e que seria seu parceiro em várias empreitadas. Exemplo dessa generosa postura e da sua liderança está nas colunas "Poesia em dia" e "Poetas novos" de Poesia-Experiência. uma militância jornalística ainda hoje lembrada por escritores das mais variadas tendências e gerações.[24]

A maioria dos textos comentados até agora (da parte "Poetas novos") apareceu solta na página da Poesia-Experiência, isto é, não estava inserida em rubricas. Outros poucos fizeram parte daquelas duas seções citadas acima, cujo material — poemas acompanhados de pequenas notas — serviria ao crítico para montar um volume de antologia, retrato em três por quatro da poesia mais recente daquele momento. Várias dessas notas ultrapassam o tamanho e a configuração informativa habitual, trazem reflexões consistentes sobre o autor e as obras escolhidas. Completam o assunto discutido por Mário em outros artigos recolhidos — "Domínio artesanal" (Lélia Coelho Frota), "Curso fluente do verso" (Walmir Ayala) e "Ritmo próprio" (Ruy Costa Duarte) — ou tratam de poetas vivos e ainda atuantes, apesar de alguns deles estarem, hoje, distantes do noticiário literário — *"In my craft or sullen art"* (José Lino Grünewald), "Composição logopoética" (Cláudio Mello e Souza), "Poesia participante" (Jamir Firmino Pinto). E ainda podem trazer à tona faceta desconhecida de personalidade famosa — "Imprevisível poesia" (Carlos Diegues). Resolvemos incluir essas notas, em "Poetas novos", conforme apareceram nas referidas seções, mesmo com o risco de destoar pela extensão dos demais artigos e desviar provisoriamente do objetivo original do poeta: esses textos, todos sem um título específico, funcionavam como notas, mero acessório, e apareciam em tipo menor, geralmente no final das poesias. Agora neste volume saem da ribalta, transformam-se em comentário crítico seguido dos poemas, alguns deles aqui transcritos por serem de difícil acesso para o leitor.[25]

A leitura de muitos dos escritos, alocados em "Poetas novos" e "Geração de 45" neste livro, poderá conter a chave mágica para operar a reavaliação de autores deixados no limbo pela atividade crítica corriqueira, quer jornalística, quer acadêmica. Ou ainda ilustram promessas de poetas que terminaram por brilhar em outras esferas da criação, de escritores que conseguiram furar o cerco da indiferença da nossa repetitiva história literária e ainda de tantos outros marginalizados por essa mesma história.

CONCRETISMO E BALANÇOS

Nesse bloco, além do polêmico artigo dedicado aos concretistas, comparecem textos aparentemente gerais sobre poesia brasileira, balanços do período, alguns com discretas conotações manifestárias. Um deles, espécie de prestação de contas do exercício jornalístico no SDJB, traz como novidade a autocrítica às atividades desenvolvidas. Arremata o volume a bem-humorada entrevista de Mário Faustino concedida à jovem jornalista Ruth Silver (Mary Ventura), ainda em 1956, poucos meses depois de iniciada a Poesia-Experiência, dando-nos uma medida da sua repercussão.

Enfaticamente Mário apoiou a Exposição da Poesia Concreta, no Rio de Janeiro, iniciada em São Paulo;[26] franqueou sua página aos poetas paulistas Augusto e Haroldo de Campos e Décio Pignatari. Com Reynaldo Jardim também abriu o SDJB para eles.[27] Vislumbrou nesses jovens a capacidade intelectual para consolidar reformas urgentes na pálida face poética brasileira. Numa das seções da Poesia-Experiência — "Personae" — Mário elogia as crônicas de Manuel Bandeira sobre a poesia concreta: "Manifestação séria de um intelectual sério. Um exemplo aos que fizeram silêncio e aos que disseram bobagem: aos irresponsáveis". E reproduz o final elogioso da última crônica.[28] Nessa mesma seção anuncia uma série de textos exclusivamente de análise sobre o concretismo. Talvez fosse esperado algo parecido com o conjunto de artigos dedicado a Jorge de Lima. Infelizmente isso não se realizou. Além daquele artigo, traçou um rápido paralelo entre a sua poesia e essa vanguarda, já comentado em *O homem e sua hora*.[29]

Com base na avaliação de Mário Faustino fundada no exame do papel que exerciam os nossos maiores poetas vivos, quase todos ligados ao modernismo, o movimento concreto, diante do quadro da poesia daquele momento, foi saudado pelo crítico como o acontecimento que poderia sacudir a literatura brasileira, livrá-la do "marasmo discursivo sentimental". Mais tarde admitiria o grau do impasse atingido pelo desenvolvimento e pela transformação dessa poesia, que reivindicava proposta radical de abandono do verso. Mário, mesmo entusiasmado com o brilhantismo desse grupo e com a perspectiva de mudanças no panorama poético, reage com prudência, pois advogava a oportunidade da existência de bons poemas construídos em cima de uma fatura antiga. A seu juízo, a tradição continuaria e se reciclaria.

O sucesso desse irrequieto intelectual de 26 anos, apaixonado pelo ofício de poeta-crítico, incomodou. Sofisticado, exigente, aparentemente arrogante, empreendia a avaliação do presente mediante o conhecimento dos clássicos, numa exposição de extrema clareza e, em geral, pronunciada em tom peremptório. Sem rodeios, formalidades e truques acadêmicos, caminhava direto ao assunto, deixando transparecer a dimensão polêmica e reflexiva no enfrentamento de muitas das nossas auras literárias num texto iluminador e convincente. Às vezes, certa afetação permeava as suas opiniões firmes ao misturar, sem necessidade, expressões estrangeiras — francesas e inglesas na sua maioria (*approach, vers libre, achievement, délivrance, successful, diction, encombrant, diversification, instigation, turn point, poeta major*). De todo modo a atividade de crítico literário do jornalista Mário Faustino suplantou a de poeta no que tange à interferência direta no público e ao prestígio entre seus pares, sobretudo entre jovens. Pelo visto, ajudou a fazer e a desfazer a cabeça de muito poeta novo.

Nota da organização

Distribuímos o material do livro *De Anchieta aos concretos* de Mário Faustino em cinco partes, cujos textos estão dispostos por ordem de publicação, com títulos por nós atribuídos. Da página Poesia-Experiência, dirigida por Mário Faustino no SDJB, retiramos quase todos os artigos, com exceção das resenhas publicadas na seção "Bibliografia" do mesmo suplemento e a entrevista com Faustino feita pela jornalista Mary Ventura (Ruth Silver). Muitos dos textos que compõem este livro apareceram soltos na página, ao contrário da parte "Colônia" — todos originários da série "Evolução da poesia brasileira" e dos seguintes artigos: "Domínio artesanal", "Curso fluente do verso", "Ritmo próprio", "*In my craft or sullen art*", "Composição logopoética" e "Poesia participante", provenientes das seções "Poeta novo" e "Poesia em dia". Tais artigos, entre outros, compõem o bloco "Poetas novos". Os títulos, as datas e a procedência dos textos estão registrados em notas. Essas notas foram introduzidas pela organização, com exceção de algumas poucas (dez ao todo) do Mário Faustino identificadas pelas iniciais MF.

Na medida do possível, procuramos conferir e identificar todas as citações e reproduzi-las de acordo com as primeiras edições ou com as obras canônicas, apontadas tanto em notas como na bibliografia final do livro. Na transcrição das citações da primeira parte, houve a preocupação de seguir a pontuação e uso das iniciais maiúsculas e minúsculas, modernizando-se apenas a ortografia.

COLÔNIA

Aculturação necessária*

No Brasil a poesia tem sido, desde os primeiros versos compostos aqui (ou alhures sobre temas brasileiros por poetas nascidos aqui mesmo ou em terras portuguesas e até espanholas), uma poesia imitadora, "diluidora". Diluição, isto é, imitação sem progresso em relação ao modelo original. Nisso o Brasil limitou-se a seguir os passos de Portugal, cuja literatura pouco tem que escape do rótulo "importação". Podemos consolar-nos adotando a hipótese de que o que se tem feito até há pouco, até hoje, ou até amanhã, terá sido a necessária aculturação, numa nova totalidade social, de tradições e técnicas poéticas já experimentadas e mesmo abusadas na Europa: Grécia, Roma, Romance. Como em economia, em organização social, em política, direito, religião, artes em geral, a poesia não poderia constituir exceção.

No último quartel do século XVI a forma cultural "poe-

---

* Título atribuído pela organização.

sia" produz seus primeiros documentos a um tempo eruditos (não populares, não folclóricos) e brasileiros, quer dizer, ora com temática ora com linguagem, ora com ambas, ostentando sinais de uma reelaboração de material antigo embreado à nova realidade: a terra brasileira, inclusive seus indígenas, a ser explorada e colonizada por europeus e africanos. Esses primeiros documentos, de valor muito mais histórico do que artístico, mostram como os jesuítas, ao lado de letrados nascidos aquém ou além-mar, importaram para o Brasil, após sucessivas "diluições" européias, a linguagem poética, ou simplesmente a versificação formada e formulada de Homero a Virgílio a Camões; de Dante a Petrarca a Ariosto a Sannazaro a Sá de Miranda a Camões; de Marini e Góngora aos gongóricos portugueses; dos toscanos e provençais aos cancioneiros e romanceiros ibéricos a Gil Vicente...

Os jesuítas, em particular José de Anchieta, trouxeram para o Brasil a fonte medieval da poesia de língua portuguesa; trouxeram também um pouco da experiência poética de língua latina e, aqui chegando, foram os primeiros a tentar o aproveitamento poético da língua indígena. Sua principal contribuição (teatro jesuítico, de autores vários e em várias línguas, e a poesia de Anchieta, dramática e lírica, dentro e fora do teatro) refere-se à importação do romance poético: a arte de trovar, os jogos florais, os cancioneiros, as líricas do teatro de Gil Vicente. Há, aqui e ali, versos interessantes entre as peças extantes do teatro jesuítico não atribuíveis a José de Anchieta; mas esse missionário é, sem dúvida, e de longe, o primeiro poeta dentre os muitos, jesuítas ou não, que, até Gregório de Matos, escreveu no Brasil ou sobre o Brasil.

É evidente o potencial poético de José de Anchieta, ainda que pouco realizado; o principal do seu fôlego — dos maiores — ele o gastou no mais volumoso poema de que se tem notícia, o *De beata virgine Dei Mater Maria*, escrito em latim. Ainda que existam traduções em português, o poema só interessa aos que querem conhecer a fundo a personalidade do próprio Anchieta, como autor isolado. Aos estudiosos da poesia brasileira (e até mesmo aos simples amadores de poesia) interessam as poucas líricas que nos restam de sua obra teatral ou não, líricas essas geralmente compostas em arte menor, sobretudo em heptassílabos (resta, todavia, o *Da ressurreição*, em hendecassílabos surpreendentemente bem formados).

Na poética dessas líricas, é fácil traçar o aprendizado medieval já aludido e, especialmente, a influência de Gil Vicente.

Amostras da poesia (em português) de José de Anchieta:

Fala do Anjo com as figuras do Amor e do Temor de Deus, depois de São Lourenço estar na tumba, no Auto de são Lourenço (o auto tem sido atribuído por uns ao Irmão Manuel do Couto; a maioria parece inclinar-se, entretanto, a atribuir a Anchieta as principais peças do teatro jesuítico):

> Dois fogos trazia n'alma,
> com que as brasas resfriou,
> e no fogo em que se assou,
> com tão gloriosa palma,
> dos tiranos triunfou.
>
> Um fogo foi o Temor

do bravo fogo infernal,
e, como servo leal,
por honrar a seu Senhor,
fugiu da culpa mortal.

Outro foi o Amor fervente
de Jesus, que tanto amava,
que muito mais se abrasava
com esse fervor ardente
que co'o fogo, em que se assava. [...]

Deixai-vos deles queimar
como o mártir São Lourenço,
e sereis um vivo incenso
que sempre haveis de cheirar
na corte de Deus imenso.[1]

As trovas a seguir, hoje geralmente atribuídas a Anchieta, foram-no a princípio a "um catequista anônimo da Companhia de Jesus":

A SANTA INÊS
NA VINDA DE SUA IMAGEM

Cordeirinha linda,
como folga o povo
porque vossa vinda
lhe dá lume novo!

Cordeirinha santa,
de Jesus querida,

vossa santa vida
o diabo espanta.

Por isso vos canta
com prazer, o povo,
porque vossa vinda
lhe dá lume novo. [...]

Virginal cabeça,
pela fé cortada,
com vossa chegada,
já ninguém pereça.

Vinde mui depressa
ajudar o povo,
pois com vossa vinda
lhe dais lume novo.

Vós sois, cordeirinha,
de Jesus formoso,
mas o vosso esposo
já vos fez rainha.

Também padeirinha
sois do vosso povo,
pois com vossa vinda,
lhe dais lume novo.

II

Não é d'Alentejo
este vosso trigo,
mas Jesus amigo
é vosso desejo.

Morro porque vejo
que este nosso povo
não anda faminto
deste trigo novo.

Santa padeirinha,
morta com cutelo,
sem nenhum farelo
é vossa farinha.

Ela é mezinha
com que sara o povo
que, com vossa vinda,
terá trigo novo.

O pão, que amassastes
dentro em vosso peito,
é o amor perfeito
com que Deus amastes.

Deste vos fartastes,
Deste dais ao povo,
porque deixe o velho
pelo trigo novo.

Não se vende em praça
este pão da vida,
porque é comida
que se dá de graça.

Ó preciosa massa!
Ó que pão tão novo,
que, com vossa vinda,
quer Deus dar ao povo!

Ó que doce bolo,
que se chama graça!
Quem sem ela passa
é mui grande tolo.

Homem sem miolo,
qualquer deste povo,
que não é faminto
deste pão tão novo![2] [...]

VAIDADE DAS COISAS DO MUNDO

Não há coisa segura;
Tudo quanto se vê, se vai passando;
A vida não tem dura;
O bem se vai gastando,
E toda criatura vai voando.

Em Deus, meu criador,
Só 'stá todo o meu bem, toda a esperança.
Meu gosto e meu amor

E bem-aventurança.
Quem serve a tal Senhor não faz mudança.

Contente assim minha alma,
Do doce amor de Deus toda ferida,
O mundo deixa em calma,
Buscando a outra vida,
Na qual deseja ser toda absorvida.

De pé do sacro monte,
Meus olhos levantando ao alto cume,
Vi 'star aberta a fonte
Do verdadeiro lume,
Que as trevas do meu peito se consume.

Correm doces licores
Das grandes aberturas do penedo;
Levantam-se os errores,
Levanta-se o degredo
E tira-se a amargura ao fruto azedo.[3]

Essas três amostras são suficientes para evidenciar a experiência técnica e a capacidade criadora de José de Anchieta ou, pelo menos, dos jesuítas que inauguraram entre nós ao mesmo tempo a poesia e o teatro; infelizmente as boas raízes que lançaram ficaram por muito tempo estéreis: a poesia feita para o povo, de alto nível técnico, mas de audiência ampla e assegurada, foi abandonada logo em seguida em proveito de uma versificação não só imperfeita como pretensiosa e falsamente erudita. Somente com Gregório de Matos, mais adiante, a poesia voltaria ao povo, ainda que por caminhos bem diversos dos jesuíticos.

O ramo "clássico", renascentista, da poesia européia deu seu primeiro fruto no Brasil com a *Prosopopéia*, de Bento Teixeira, pequena imitação dos *Lusíadas* de Camões, poema de importância predominantemente documentária mas que ainda assim apresenta uma ou outra estrofe de algum valor artístico.

Camões lírico imitou sobretudo Petrarca; Camões épico, Virgílio, que por sua vez imitara Homero. Diluindo, entretanto, Camões eventualmente supera seu modelo (Petrarca: sonetos e *canzoni*) e quase sempre transforma-o, imprimindo outras direções as suas linhas de força (imitando Virgílio). Mas os imitadores de Camões, em Portugal e no Brasil, sempre foram meros diluidores, servindo apenas para enfraquecer e vulgarizar a corrente original. O caso de Bento Teixeira, com sua *Prosopopéia*, é o mesmo dos portugueses Jerônimo Corte Real (*Segundo cerco de Diu*, 1574) e Francisco de Andrade (*Primeiro cerco de Diu*, 1589): Camões diluído sem vigor criador e sem competência técnica.

Sabe-se hoje que Bento Teixeira (e não Bento Teixeira Pinto) nasceu não no Brasil, mas no Porto, cerca de 1560; veio para a Bahia em 1580, fixando-se em Pernambuco em 1586. A *Prosopopéia* foi publicada em Lisboa em 1601: em decassílabos, oitava real, é "o primeiro poema sobre assunto brasileiro". O poema canta, pela voz de Proteu, o deus marinho, alguns feitos de Jorge de Albuquerque e de Duarte Coelho. Assinado: "Beija as mãos de vossa mercê: (Bento Teixeira): Seu vassalo". Versificação monótona, incompetente, cheia de falhas métricas, sem qualquer unidade, confuso e freqüentemente obscuro tem, no entanto (que poema longo não os tem?), alguns versos de interesse.

Amostras reveladoras:[4]

Prosopopéia, dirigida a Jorge D'Albuquerque Coelho, Capitão, e Governador de Pernambuco, Nova Lusitânia, & c.

[estrofe inicial:]

Cantem Poetas o poder Romano,
Submetendo Nações ao jugo duro,
O Mantuano pinte, o Rei Troiano,
Descendo à confusão do Reino escuro.
Que eu canto um Albuquerque soberano
Da Fé, da cara Pátria firme muro,
Cujo valor, e ser, que o Céu lhe inspira,
Pode estancar a Lácia, e Grega lira.

[outras estrofes:]

Quais dois soberbos Rios espumosos,
Que de montes altíssimos manando,
Em Tétis, de meter-se desejosos,
Vem com fúria crescida murmurando.
E nas partes que passam furiosos,
Vem árvores, e troncos arrancando,
Tal Jorge D'Albuquerque, e o grão Duarte
Farão destruição em toda a parte.[5]

Ponde isto por espelho, por treslado,
Nesta tão temerária, e nova empresa,
Nele vereis, que tendes já manchado,
De vossa descendência, a fortaleza.
À batalha tornai com peito ousado,

Militai sem receio, nem fraqueza,
Olhai que o torpe medo é Crocodilo,
Que costuma, a quem foge, persegui-lo. [...][6]

[princípio do "Canto de Proteu":]

Pelos ares retumbe o grave acento,
De minha rouca voz, confusa, e lenta,
Qual torvão espantoso, e violento,
De repentina, e hórrida tormenta.
Ao Rio de Aqueronte turbulento,
Que em sulfúreas borbulhas arrebenta,
Passe com tal vigor, que imprima espanto
Em Minos rigoroso, e Radamanto. [...]

O ponto alto do poema — extensa platitude — é a "Descrição do Recife de Pernambuco" (em ortografia atualizada):

Para a parte do Sul, onde a pequena,
Ursa, se vê de guardas rodeada,
Onde o Céu luminoso, mais serena,
Tem sua influição, e temperada.
Junto da nova Lusitânia ordena,
A natureza, mãe bem atentada,
Um porto tão quieto, e tão seguro,
Que para as curvas Naus serve de muro.[7]

É este porto tal, por estar posta,
Uma cinta de pedra, inculta, e viva,
Ao longo da soberba, e larga costa,
Onde quebra Netuno a fúria esquiva.

Entre a praia, e pedra descomposta,
O estanhado elemento se deriva,
Com tanta mansidão, que uma fateixa,[8]
Basta ter à fatal Argos aneixa.[9]

No meio desta obra alpestre, e dura,
Uma boca rompeu o Mar inchado,
Que na língua dos bárbaros escura,
Paranambuco, de todos é chamado.
De Paraná que é Mar, Puca rotura,
Feita com fúria desse Mar salgado,
Que, sem no derivar, cometer míngua,
Cova do Mar se chama em nossa língua.[10]

Para entrada da barra, à parte esquerda,
Está uma laje grande, e espaçosa,
Que de Piratas fora total perda,
Se uma torre tivera suntuosa.
Mas que por seus serviços bons não herda,
Desgosta de fazer coisa lustrosa,
Que a condição do Rei que não é franco,
O vassalo faz ser nas obras manco. [...][11]

Abordaremos, a seguir, a terceira grande fonte primordial de nossa poesia: o marinismo-gongorismo de Bernardo Vieira Ravasco, Eusébio de Matos etc., e sobretudo de Gregório de Matos, o primeiro "grande" poeta brasileiro.

(31 de agosto de 1958)

Barroco típico*

Logo em seguida à "clássica" simplicidade da poesia jesuítica, herdeira, como já vimos, da experiência medieval da poética romance; logo em seguida ao verso, já barroco, de um Bento Teixeira, arremedo desse grande barroco que é Camões — floresceu no Brasil, no século XVII, o barroquismo poético por excelência, que é a poesia derivada sobretudo do italiano Marini (que diz de um rouxinol: "una voce pennuta, un suon volante?/ e, vestito di penne, un vivo fiato,/ una piuma canora, un canto alato?") e do espanhol Góngora ("de las ondas el pez vuelo mudo").[1]

O marinismo e o gongorismo, particularmente este (o culteranismo não só de Góngora como de Quevedo *et al.*; Quevedo, aliás, exerceu mais influência no Brasil que Góngora; a profunda marca deste último na poesia portuguesa do século XVII), deram grande poesia. Basta a primeira *Soledad*

---

* Título atribuído pela organização.

para justificar qualquer movimento ou atitude estética. O barroquismo do *Seiscento*, italiano ou espanhol, é, aliás, o primeiro grande impulso organizado na poesia do Ocidente, no sentido de fazer uma poesia "orgânica", isto é, que cresce a partir das linhas de força dos próprios materiais de que se faz, poesia em que o poema reflete uma visão pormenorizada do mundo, à medida que constitui um outro mundo, microcósmico e coisificado. Isso, naturalmente, o barroquismo poético realizado; o poeta barroco seiscentista, sem exceção, nunca escapa de páginas e páginas de mero preciosismo, de mera ornamentação que não chega a erigir-se em estrutura, que não chega a criar um espaço uno a partir de componentes originalmente antagônicos, desarmoniosos. A verdadeira poesia do barroquismo seiscentista é evidentemente, antes de mais nada, *culta*. Isso, de saída, impediria, como impediu, que tal poesia florescesse plenamente no Brasil colonial, sem imprensa, sem bibliotecas, sem universidades, praticamente sem livros, e onde apenas alguns bacharéis e sacerdotes formados na Europa se interessavam por literatura. Mas o barroco, tal como aqui se estabeleceu no século XVII, fosse como fosse, não mais deixaria de constituir um dos dois pólos de toda a nossa poesia; sendo o outro a reação "purificadora" que há muito vem, com interrupções, procurando clarificar e exatificar nossa poesia, à luz, sobretudo, da tradição prosaica e coloquial.

O melhor da poesia barroco-seiscentista brasileira encontra-se, sem dúvida, no verso de Gregório de Matos e, quem sabe, na oratória de Antônio Vieira. Os "gongóricos menores" — de alguns nada nos resta — não têm importância. Bons versos, aqui e ali, lucros do acaso: é inútil procurar um poema íntegro em toda essa massa falida de subgóngoras, subquevedos e, ainda, de subcamões e sub-sá-demirandas. Do baiano Bernardo Vieira Ravasco, irmão mais novo do grande Vieira, há uma glosa ao soneto camoniano "Horas breves de meu contentamento..." que serve para mostrar o alto grau técnico que a diluição renascentista e seiscentista chegou a atingir no Brasil, isto é, repetimos, numa terra ainda praticamente sem livros. Veja-se a primeira estrofe da glosa:

> Esperei e esperança é morte amarga,
> E só força de puro amor se atreve
> Em dura ausência a tão pesada carga,
> Que no nome de amor se torna leve:
> Nunca me pareceu, que de tão larga
> Esperança tirasse um bem tão breve,
> Pois foram as que se foram, como o vento,
> Horas breves de meu contentamento.[2]

É pena que reste tão pouca coisa extante da obra desse chamado "gongórico menor", tão pouco gongórico e tão renascentista português.

A fênix renascida[3] traz alguns poemas de Fonseca Soares, talvez o mais gongórico, ao lado de Rocha Pita, dos gongóricos brasileiros. Bom exemplo o sempre citado soneto em que Soares sustenta elaboradamente a metáfora do cavalo musical. A *Fênix*, a grande antologia da poesia portuguesa gongórica, traz trabalhos de vários poetas que podem ser considerados brasileiros (lembrar que a poesia colonial do

Brasil talvez apenas na temática mostre diferença acentuada em relação à portuguesa sua contemporânea).

O mais interessante dos chamados gongóricos menores será, quem sabe, o irmão de Gregório, Eusébio de Matos, a quem alguns atribuem várias das composições tidas como daquele. Mas um bom exemplo da eficiência técnica de nossos "gongóricos" são as dez estâncias de Eusébio parodiando com palavras forçadas outras dez estâncias de seu irmão Gregório de Matos, no "retrato de certa d. Brites, formosa dama da Baía, por quem o último estava apaixonado". Destacamos a segunda estância:

> Horror então será esse *tesouro*
> Que hoje naufraga em ondas de *cabelo*,
> Trocando, com mortífero *desdouro*,
> Só em fealdade quanto tem de *belo*:
> E se por áureo, vence agora ao *ouro*,
> Então a terra há de *convencê-lo*
> Que quem na vida vive *celebrado*,
> Perde na morte as prendas de *adorado*.

Outros gongóricos menores (os "maiores" seriam apenas Gregório e Manuel Botelho de Oliveira) são Diogo Grasson Tinoco, Gonçalo Ravasco, Sebastião da Rocha Pita, Tomás Pinto Brandão, João de Brito Lima e Gonçalo Soares da França. Do historiador Rocha Pita o seguinte soneto é publicável e típico do nosso barroquismo:

DANDO AS DAMAS DE CARTAGO OS SEUS CABELOS
PARA ENXÁRCIA DA ARMADA CARTAGINESA

A pompa mais gentil da natureza,
Das damas prezaríssimo tesouro,
Que aumenta a galhardia em porções d'ouro,
Solto em ondas nos mares da beleza,

Para enxárcia à naval cartaginesa
Dão as damas com glória e sem desdouro
Em lugar do cabelo pondo o louro,
Que lhes deu o valor pela fineza.

Sai a armada naquela conjuntura
Estrelas competindo em paralelos,
E levando nas prendas a ventura.

Segura vai na enxárcia dos cabelos,
Que os cabos com que prende a formosura
Tanto mais forte são, quanto mais belos.[4]

Começando a institucionalizar-se, em trabalhos de equipe, os esforços isolados que nunca faltaram de todo, a literatura brasileira começa a organizar-se. É possível, a esta altura, esperar para futuro não muito distante uma edição
crítica, tão definitiva quanto possível, da obra de Gregório
de Matos.[5] Até o momento, o que existe é caos. As acusa-
ções de plágio, feitas já em vida do poeta, são exageradas por
aqueles que põem inteiramente de lado uma hipótese que
nada tem de absurda: a de que os poemas em que se acusa
Gregório de plagiar, por exemplo, Góngora, Quevedo e Sá

de Miranda (o soneto espanhol deste último, "Pequé, Señor, mas no por que hé pecado..."), talvez sejam apenas competentes e legítimas traduções que os sucessivos copistas poderiam ter atribuído ao poeta, assim em alguns casos inocente, e em vários outros culpado. De qualquer modo, mesmo postos de lado todos os poemas considerados duvidosos, o rótulo "Gregório de Matos" ainda marca um dos mais relevantes volumes de nossa poesia: o "boca do inferno" é o primeiro poeta de verdade que se pode, sem hesitação, chamar brasileiro.

Extenso é o elenco de que decorre a poesia de Gregório. Direta ou indiretamente, é ele o descendente inconfundível de Marcial, de Aretino, de Rabelais, de Camões, de Sá de Miranda, de Gil Vicente, de Góngora, de Quevedo, dos satíricos portugueses seus contemporâneos (Tomás de Noronha, Cristóvão de Moraes, Serrão de Castro, Diogo Camacho), do próprio Antônio Vieira. Mas sobra originalidade em nosso primeiro poeta importante. Sua língua, que, em grande parte, é a mesma língua dos contemporâneos portugueses junto aos quais principiou a versificar, ainda em Coimbra, já tem muito de brasileira, em vocabulário como em sintaxe; e foi Gregório o primeiro a saber aproveitar, entre nós, os ritmos populares, os lundus, as modinhas. É notável, também, sobretudo tendo em vista, mais uma vez, a pobreza cultural em que Gregório viveu e trabalhou a maior parte de sua vida, sua opulência instrumental: basta considerar a diversidade dos metros em que o homem compôs, desde a dificílima frase musical de *canzone* italiana, desde o metro da oitava real, desde a *terza* rima até todos os tipos imagináveis de redondilha menor, com ou sem rima.

Além disso, é importante para a evolução de nossa poesia, não só o verso de Gregório, como sua atitude humana: trata-se do grande ancestral, ao mesmo tempo, de nossos poetas boêmios e daqueles que, entre nós, têm tentado realizar uma poesia participante em todos os sentidos: visão do mundo e ação sobre o mundo, expressão individual e crítica social. Ao mesmo tempo que com todas as contradições de seu ser barroco (o barroquismo de Gregório, seu culteranismo, seus conflitos, seu sensualismo visual, estão perfeitamente estabelecidos e delimitados; não sendo a menor, entre as qualidades determinantes de sua personalidade, o próprio choque da cultura humanística adquirida em Coimbra com o meio primitivo da Bahia) procurava conhecer-se e dar-se a conhecer, abertamente, em sua poesia, fazia desta uma arma de violento ataque à sociedade colonial, desde os negros e mulatos (atacava a "pretensão" dos mulatos e celebrava a beleza das mulatas; Gregório é um racista peculiar, como todos os racistas brasileiros...) até a burguesia metida a aristocrática e a administração desonesta e injusta.

Em resumo, Gregório é o nosso primeiro poeta "popular", com audiência certa não só entre intelectuais como em todas as camadas sociais, e consciente aproveitador de temas e de ritmos da poesia e da música populares; o nosso primeiro poeta "participante", no sentido contemporâneo; poeta de admiráveis recursos técnicos; e um barroco típico: assimilador e continuador da experiência neoclássica da renascença, sensualista visual, "fusionista" (harmonizador de contrários), "feísta" (utilizando temas convencionalmente "feios"), amante dos pormenores, culteranista, conceitualista etc.

Afrânio Peixoto (a quem se deve a vinda para o Brasil

de alguns dos códices da poesia de Gregório; organizador da edição da Academia, que, com todos os seus defeitos e qualidades, é forçosamente o ponto de referência básico para qualquer trabalho sobre Gregório) dividiu, convenientemente, a poesia de Gregório em Sacra, Satírica, Lírica, Graciosa, além da Última, em que reuniu poemas não incluídos nos volumes anteriores. Da Sacra são de particular interesse os sonetos "A Jesus Cristo Nosso Senhor" (verdadeira tradução de um soneto em espanhol de Sá de Miranda) e "Buscando a Cristo". Este último, que talvez tampouco seja original, é de admirável simplicidade e decisão no emprego da palavra exata:

BUSCANDO A CRISTO[6]

A vós correndo vou, braços sagrados,
Nessa cruz sacrossanta descobertos,
Que, para receber-me, estais abertos,
E, por não castigar-me, estais cravados.

A vós, divinos olhos, eclipsados
De tanto sangue e lágrimas abertos,
Pois, para perdoar-me, estais despertos,
E, por não condenar-me, estais fechados.

A vós, pregados pés, por não deixar-me,
A vós, sangue vertido, para ungir-me,
A vós, cabeça baixa, p'ra chamar-me.

A vós, lado patente, quero unir-me,
A vós, cravos preciosos, quero atar-me,
Para ficar unido, atado e firme.

O barroquismo, louvavelmente controlado, desse soneto espalha-se e desarvora-se neste outro, se bem que igualmente belo e com pelo menos um grande verso:

(sobre o tema: "Desenganos da vida humana metaforicamente")[7]

Esse farol do céu, fímbria luzida,
Esse lenho das ondas, pompa inchada,
Essa flor da manhã, delícia amada,
Esse tronco de abril, galha florida,

É desmaio da noite escurecida,
É destroço da penha retirada,
É lástima da tarde abreviada,
É despojo da chama enfurecida.

Se o sol, se a nau, se a flor, se a planta toda
A ruína maior nunca se veda;
Se em seu mal a fortuna sempre roda;

Se alguém das vaidades não se arreda,
Há de ver (se nas pompas mais se engoda),
Do sol, da nau, da flor, da planta, a queda.

O castelhanismo da linguagem é evidente nesses sonetos, o vocabulário é quevediano: mas são sem dúvida (ver o segundo quarteto deste último) pontos altos da linguagem poética brasileira.

Na Sacra há versos bem pouco religiosos e que estabelecem Gregório como o nosso primeiro grande poeta do cotidiano; ver, por exemplo, a IX das "Décimas" ("Estando o

Autor homiziado no Convento do Carmo, ponderava que só era vida a religiosa"),[8] da qual destacamos:

Há cousa como escutar
o silêncio, que a garrida
toca, depois da comida,
para cozer o jantar?
Há coisa como calar,
e estar só na minha cela
considerando a panela,
que cheirava, e recendia,
no gosto da malvasia
na grandeza da tigela! [...]

Oh quem, meu Jesus amante,
do Frade mais descontente
me fizera tão parente,
que fora eu seu semelhante!
Quem me vira neste instante
tão solteiro, qual eu era,
que na Ordem mais austera
comera o vosso maná!
Mas nunca direi, que lá
Vira a fresca Primavera. [...]

Nos poemas que se podem incluir sob a designação Lírica encontramos o mesmo Gregório, convencional e quevediano da Sacra, repleto de castelhanismos, mas salvando-se, como sempre, por alguns versos em que manifesta sua incontível potência de poeta original. Considerem-se estes sonetos:

PRETENDE AGORA PERSUADIR A UM RIBEIRINHO A QUE NÃO
CORRA, TEMENDO QUE SE PERCA: [...]

Como corres, arroio fugitivo?
Adverte, pára, pois precipitado
Corres soberbo, como o meu cuidado,
Que sempre a despenhar-se corre altivo.

Torna atrás, considera discursivo,
Que esse curso, que levas apressado,
No caminho, que empreendes despenhado
Te deixa morto, e me retrata ao vivo.

Porém corre, não pares, pois o intento,
Que teu desejo conseguir procura,
Logra o ditoso fim do pensamento.

Triste de um pensamento sem ventura!
Que tendo venturoso o nascimento,
Não acha assim ditosa a sepultura.

[...] LISONGEIA-LHE O REPOUSO EM UM SÍTIO DOS PRIMEIROS
DIAS DO NOIVADO NO SÍTIO DE MARAPÉ.

À margem de uma fonte, que corria,
Lira doce dos pássaros cantores,
A bela ocasião das minhas dores
Dormindo estava ao despertar do dia.

Mas como dorme Sílvia, não vestia
O Céu seus horizontes de mil cores;

Dominava o silêncio sobre as flores,
Calava o mar, e rio não se ouvia.

Não dão o parabém a bela Aurora
Flores canoras, pássaros fragrantes,
Nem seu âmbar respira a rica Flora.

Porém abrindo Sílvia os dois diamantes,
Tudo a Sílvia festeja, e tudo a adora,
Aves cheirosas, flores ressonantes.

MORALIZA O POETA NOS OCIDENTES DO SOL
A INCONSTÂNCIA DOS BENS DO MUNDO

Nasce o Sol, e não dura mais que um dia,
Depois da Luz se segue a noite escura,
Em tristes sombras morre a formosura,
Em contínuas tristezas a alegria.

Porém se acaba o Sol, por que nascia?
Se formosa a Luz é, por que não dura?
Como a beleza assim se transfigura?
Como o gosto da pena assim se fia?

Mas no Sol e na Luz, falte a firmeza,
Na formosura não se dê constância,
E na alegria sinta-se tristeza.

Começa o mundo enfim pela ignorância,
E tem qualquer dos bens por natureza
A firmeza somente na inconstância.

MORALIZA O POETA SEU DESASSOSSEGO NA HARMONIA
INCAUTA DE UM PASSARINHO, QUE CHAMA SUA MORTE
A COMPASSOS DE SEU CANTO

Contente, alegre, ufano Passarinho,
Que enchendo o Bosque todo de harmonia,
Me está dizendo a tua melodia,
Que é maior tua voz, que o teu corpinho.

Como da pequenhez desse biquinho
Sai tamanho tropel de vozeria?
Como cantas, se és flor de Alexandria?
Como cheiras, se és pássaro de arminho?

Simples cantas, e incauto garganteias,
Sem ver, que estás chamando o homicida,
Que te segue por passos de garganta!

Não cantes mais, que a morte lisonjeias;
Esconde a voz, e esconderás a vida,
Que em ti não se vê mais, que a voz, que canta.

TENTANDO VIVER NA SOLIDÃO SE LHE REPRESENTAM AS
GLÓRIAS DE QUEM NÃO VIU, NEM TRATOU A CORTE

Ditoso tu, que na palhoça agreste
Vieste moço, e velho respiraste,
Berço foi, em que moço te criaste,
Essa será, que para morto ergueste.

Aí, do que ignoravas, aprendeste,

Aí, do que aprendeste, me ensinaste,
Que os desprezos do mundo, que alcançaste,
Armas são, com que a vida defendeste.

Ditoso tu, que longe dos enganos,
A que a Corte tributa rendimentos,
Tua vida dilatas, e deleitas!

Nos palácios reais se encurtam anos;
Porém tu sincopando os aposentos,
Mais te deleitas, quando mais te estreitas.

DESCREVE UM HORROROSO DIA DE TROVÕES

Na confusão do mais horrendo dia,
Painel da noite em tempestade brava.
O fogo com o ar se embaraçava,
Da terra, e ar o ser se confundia.

Bramava o mar, o vento embravecia,
A noite em dia enfim se equivocava,
E com estrondo horrível, que assombrava,
A terra se abalava, e estremecia.

Desde o alto aos côncavos rochedos,
Desde o centro aos altos obeliscos
Houve temor nas nuvens, e penedos.

Pois dava o Céu ameaçando riscos
Com assombros, com pasmos, e com medos,
Relâmpagos, trovões, raios, coriscos.

Afrânio Peixoto incluiu na Satírica as seguintes décimas, que melhor se encontrariam na Lírica, ou quem sabe na Sacra, constituindo um dos melhores exemplos da capacidade de Gregório para sublimar o coloquial e o cotidiano. Trata-se de uma peça de importância fundamental em nossa poesia e que por isso mesmo aqui transcrevemos inteira:

A humas cantigas, que costumavam cantar os chulos naquele tempo: "Bangüê, que será de ti?" e outros mais piedosos cantavam: "Meu Deus, que será de mim?". O que o poeta glozou entre a alma cristã resistindo às tentações diabólicas

Mote

Meu Deus, que será de mim?
Bangüê, que será de ti?

Glosa

1
Alma   Se o descuido do futuro,
e a lembrança do presente
é em mim tão continente,
como do mundo murmuro?
Será, porque não procuro
temer do princípio o fim?
Será, porque sigo assim
cegamente o meu pecado?
mas se me vir condenado,
Meu Deus, que será de mim?

2

Demônio   Se não segues meus enganos,
e meus deleites não segues,
temo, que nunca sossegues
no florido de teus anos:
vê, como vivem ufanos
os descuidados de si;
canta, baila, folga, e ri,
pois os que não se alegraram,
dous infernos militaram.
Bangüê, que será de ti?

3

Alma   Se para o céu me criastes,
Meu Deus, à imagem vossa,
como é possível, que possa
fugir-vos, pois me buscastes:
e se para mim tratastes
o melhor remédio, e fim,
eu como ingrato Caim
deste bem tão esquecido
tenho-vos tão ofendido:
Meu Deus, que será de mim?

4

Demônio   Todo o cantar alivia,
e todo o folgar alegra
toda a branca, parda e negra
tem sua hora de folia:
só tu na melancolia
tens alívio? canta aqui,
e torna a cantar ali,

que desse modo o praticam
os que alegres prognosticam
Bangüê, que será de ti?

5

Alma

Eu para vós ofensor,
vós para mim ofendido?
eu já de vós tão esquecido,
e vós de mim redentor?
ai como sinto, Senhor,
de tão mau princípio o fim;
se não me valeis assim,
como àquele, que na cruz
feristes com vossa luz,
Meu Deus, que será de mim?

6

Demônio

Como assim na flor dos anos
colhes o fruto amargoso?
não vês, que todo o penoso
é causa de muitos danos?
deixa, deixa desenganos,
segue os deleites, que aqui
te ofereço: porque ali
os mais, que cantando vão,
dizem na triste canção,
Bangüê, que será de ti?

7

Alma

Quem vos ofendeu, Senhor?
Uma criatura vossa?
como é possível, que eu possa

ofender meu Criador?
triste de mim pecador,
se a glória, que dais sem fim,
perdida num serafim
se perder em mim também!
Se eu perder tamanho bem,
Meu Deus, que será de mim?

8

Demônio Se a tua culpa merece
do teu Deus toda a esquivança
folga no mundo, e descansa,
que o arrepender aborrece:
se o pecado te entristece,
como já em outros vi,
te prometo desde aqui,
que os mais da tua facção,
e tu no inferno dirão,
Bangüê, que será de ti?

Sob o rótulo geral Graciosas podemos incluir as décimas de Gregório de Matos em que o poeta "descreve a bizarria com que a seus olhos desembarcou, e foi levada em uma cadeira de mão por quatro escravos d. Ângela, filha de Vasco de Souza de Paredes".[9] Tais décimas, quase todas em admirável seqüência musical, principiam:

1

Esperando uma bonança,
cansado já de esperar
um pescador, que no mar

tinha toda a confiança:
receoso da tardança
de um dia, e mais outro dia
pela praia discorria,
quando aos olhos de repente
uma onda lhe pôs patente,
quanto uma ausência encobria.

Entre as ondas flutuando
um vulto se divisava,
sendo, que mais flutuava,
quem por ele está aguardando:
e como maior julgando
o tormento da demora,
como se Leandro fora,
lançar-se ao mar pretendia,
quando entre seus olhos via
quem dentro em seu peito mora.

Mora em seu peito uma ingrata
tão bela ingrata, que adrede
pescando as demais com rede,
ela só com a vista mata:
as redes, de que não trata
vinha agora recolhendo;
porque como estava vendo
todo o mar feito uma serra,
vem pescar almas à terra,
de amor pescadora sendo. [...]

E terminam:

6

Toda a concha, e toda a ostrinha,
que na praia achou, a brio,
mas nenhum aljôfar viu,
que todos na boca tinha:
porém se em qualquer conchinha
pérolas o sol produz,
daqui certo se deduz,
que onde quer, que punha os olhos,
produz pérolas a molhos,
pois de dois sóis logra a luz.

7

Em uma portátil silha
ocaso a seu sol entrou,
e pois tal peso levou,
não sentiu peso a quadrilha:
vendo tanta maravilha
tanta luz de monte a monte,
abrasar-se o Horizonte,
temi com tanto arrebol,
pois sobre as Pias do sol
ia o carro de Faetonte.

Para mostrar a habilidade com que Gregório maneja
um metro particularmente difícil (o da *canzone*, de que são
mestres Cavalcanti, Dante, Petrarca, Garcilaso, Camões, Sá
de Miranda...) e dando mais um exemplo do cotidianismo
do poeta baiano, destacamos a seguinte Canção:[10]

Por bem-afortunado
Me tenho nestes dias,
Em que habito este monte a par do Dique,
Vizinho tão chegado
Às Taraíras frias,
A quem a gula quer, que eu me dedique.
Aqui vem o Alfenique
Das pretas carregadas
Com roupa, de que formam as barrelas:
Não serão as mais belas,
Mas hão de ser por força as mais lavadas;
E eu namorado desta, e aqueloutra,
De um a lavar me rende o torcer doutra.

Os que amigos meus eram,
vêm aqui visitar-me;
Amigos, digo, de uma e outra casta:
Oh nunca aqui vieram,
Porque vêm agastar-me,
E nunca deixam cousa, que se gasta.
Outro vem, quando basta,
Fazer nesta varanda
Chacotas, e risadas,
Cousas bem escusadas,
Porque o riso não corre na quitanda,
Corre de cunho a prata,
E amizade sem cunho é patarata.

A casa é espaçosa
Coberta e retelhada
Com telha antiga do primeiro mundo,
Palha seca, e frondosa

Um tanto refolhada
Da que sendo erva Santa, é vício imundo;
O torrão é fecundo
Para a tal erva Santa:
Porque esta negra terra
Nas produções, que erra,
Cria venenos mais que boa planta:
Comigo a prova ordeno,
Que me criou para mortal veneno.

Ver também, em maneira semelhante, na Graciosa, a "Oitava ɪ" ("um dos retratos de d. Brites") e, na Última, o "Romance xɪv", "Que coisa é amor". A excelência de Gregório de Matos reside, entretanto, na Satírica. Aí é que obteve sua fama — a do "boca do inferno" — e não sem justiça: Gregório é o antepassado direto de quantos aretinos de província há séculos têm fervilhado nos jornais e nos folhetos da política brasileira, e é nesses versos, sua especialidade, que o vemos em toda a força de sua eficaz retórica: poesia econômica, direta, exata, afiada como poucas, de qualquer gênero, se tem escrito entre nós. Vejamo-lo, em "Aos Caramurus da Baía", um dos primeiros a utilizar fartamente o nascente vocabulário regional do País:

Um calção de pindoba a meia zorra
Camisa de Urucu, mantéu de Arara,
Em lugar de cotó arco, e taquara,
Penacho de Guarás em vez de gorra.

Furado o beiço, e sem temor que morra,
O Pai, que lho envazou cuma titara,

Senão a Mãe, que a pedra lhe aplicara,
A reprimir-lhe o sangue, que não corra.

Animal sem razão, bruto sem fé,
Sem mais Leis, que as do gosto, quando erra,
De Paiaiá virou-se em Abaeté.

Não sei, onde acabou, ou em que guerra,
Só sei, que deste Adão de Massapé,
Procedem os fidalgos desta terra.

A mesma força é notável nos seguintes sonetos:

DESCRIÇÃO DA CIDADE DE SERGIPE D'EL-REI[11]

Três dúzias de casebres remendados,
Seis becos de mentrastos entupidos,
Quinze soldados rotos e despidos,
Doze porcos na praça bem criados.

Dois conventos, seis frades, três letrados,
Um Juiz com bigodes sem ouvidos,
Três presos de piolhos carcomidos,
Por comer dois meirinhos esfaimados.

Damas com sapatos de baeta,
Palmilha de tamanca como frade,
Saia de chita, cinta de racheta.

O feijão, que só traz ventosidade,
Farinha de pipoca, pão que greta,
De Sergipe d'El-Rei esta é a cidade.

(Os leitores concordarão em que "Um Juiz com bigodes sem ouvidos" é uma obra-prima.)

DESCREVE A PROCISSÃO DE QUARTA-FEIRA DE CINZA
EM PERNAMBUCO

Um negro magro em sufilié mui justo,
Dois azorragues de um Joá pendentes,
Barbado o Peres, mais dous penitentes,
Com asas seis crianças sem mais custo.

De vermelho o Mulato mais robusto,
Três meninos Fradinhos inocentes,
Dez, ou doze Brichotes mui agentes,
Vinte, ou trinta canelas de ombro onusto.

Sem débita reverência seis andores,
Um pendão de algodão tinto em tejuco,
Em fileira dez pares de Menores:

Atrás um negro, um cego, um Mamaluco,
Três lotes de rapazes gritadores,
É a Procissão de cinza em Pernambuco.

"Atrás um negro, um cego, um Mamaluco": por muito tempo entre nós, ficaria perdida essa arte de apresentar verbalmente a coisa, sem comentários. Infelizmente, a grande maioria da obra satírica de Gregório, bem como, naturalmente, a erótica, é impublicável na imprensa cotidiana. Fica reduzida, assim, a área de onde podemos citar para dar ao leitor (considerada a dificuldade em ter à mão edições válidas de Gregório) uma idéia extensa e intensa da importância deste poeta. Procure o leitor, todavia, conhecer, se já não conhece, o celebérrimo "Epigrama I" da Satírica ("Juízo anatômico dos achaques que padecia o corpo da República em todos os membros, e inteira definição de que em todos os tempos é a Bahia"), o qual começa assim:

1   Que falta nesta cidade?.. Verdade
    Que mais por sua desonra?..................................... Honra
    Falta mais que se lhe ponha?......................... Vergonha [...]

E termina assim:

8   O açúcar já se acabou?.. Baixou
    E o dinheiro se extinguiu?.. Subiu
    Logo já convalesceu?... Morreu.

    À Bahia aconteceu
    o que a um doente acontece,
    cai na cama, o mal cresce,
    Baixou, Subiu, e Morreu.

9   A Câmara não acode?... Não pode
    Pois não tem todo o poder?................................... Não quer
    É que o governo a convence?.............................. Não vence.

    Quem haverá que tal pense,
    que uma câmara tão nobre
    por ver-se mísera, e pobre,
    Não pode, não quer, não vence.

A mesma cidade da Bahia ataca ele no Soneto xiv da Satírica, com idêntico poder de apresentação sem ornamentos.

DESCREVE O QUE ERA NAQUELE TEMPO A CIDADE DA BAHIA
DE MAIS ENREDADA POR MENOS CONFUSA

A cada canto um grande conselheiro,
Que nos quer governar a cabana, e vinha,
Não sabem governar sua cozinha,
E podem governar o mundo inteiro.

Em cada porta um freqüentado olheiro,
Que a vida do vizinho, e da vizinha
Pesquisa, escuta, espreita e esquadrinha,
Para a levar à Praça, e ao Terreiro.

Muitos Mulatos desavergonhados,
Trazidos pelos pés os homens nobres,
Posta nas palmas toda a picardia.

Estupendas usuras nos mercados,
Todos, os que não furtam, muito pobres,
E eis aqui a cidade da Bahia.

Ver também na Satírica o famoso "Romance vi" ("Retrato do governador Antônio Luiz da Câmara Coutinho"), o "Romance xxvii" ("Satiriza alegoricamente a vários ladrões da República") — o começo é evidentemente imitado de Quevedo:[12]

Debe de beber ocho dias,
Aminta, que en tu tejado,

se juntaron a cabildo
grande cantidad de gatos.

e o "Romance II" da Última ("Despedida de um soldado, que se meteu a frade franciscano").

(14 e 21 de setembro de 1958)

Consciência profissional*

É surpreendente, frisamos uma vez mais, o alto nível técnico com que principiou a poesia no Brasil, em todas as suas correntes. A poesia começou, entre nós, como uma arte, como algo que pode ser ensinado pelos competentes e aprendido e praticado por quem possui um mínimo de habilidade para os fins em vista. Em Portugal como no Brasil, no século XVII, aprendia-se a fazer verso, em manuais como o célebre *El arte de trobar*; os poetas mais velhos ensinavam aos menos experientes; e as academias começavam a florescer. Não é portanto de todo espantoso (considerando-se que ou vinham da Europa já versados na arte, ou lá iam estudá-la) que se encontre em nossos primeiros poetas, maiores e menores, um elevado padrão técnico, mantido, aliás, com poucas exceções, através de nossos "clássicos", "românticos", "parnasianos" e "simbolistas"; o movimento de 22, proposi-

* Título atribuído pela organização.

talmente, "desaprendeu" a versejar; Manuel Bandeira e Cecília Meireles sempre foram grandes artesãos; a geração de 45, que reuniu hábeis e inábeis, serviu para chamar a atenção de poetas verdadeiros, como Carlos Drummond de Andrade, mestre do *vers libre*, para a importância dos pesos e controles da arte tradicional; e técnicos acabados têm sido, sem dúvida, homens como João Cabral de Melo Neto, Augusto e Haroldo de Campos, Ferreira Gullar, Décio Pignatari.

Competência técnica não deve ser, portanto, um bom metro de julgamento da poesia brasileira; os românticos ou herdeiros do romantismo hão de utilizar a "inspiração" como aferidora de nossos valores poéticos; outros, a relevância histórica, até política, dos homens que fizeram nossa poesia; nós preferimos julgar, reconhecendo embora a precariedade dos meios (a crítica literária é muito menos científica, ainda, do que as chamadas ciências sociais, das quais tanto se queixam da pouca exatidão dos seus julgamentos; todos sonhamos com a segurança das ciências exatas...), a partir do valor do poema como objeto estético, como documento humano e como, *last but not the least*, linguagem idealmente condensada, intensa e exata, embreada à linguagem falada de cada época, influenciando esta última e sendo por ela influenciada.

O leitor menos avisado há de impressionar-se, por exemplo, com a linguagem rica e hábil deste soneto de Manuel Botelho de Oliveira:

PONDERAÇÃO DAS LÁGRIMAS DE ANARDA[1]

SONETO III

Suspende Anarda as ânsias do alvedrio,
  Quando a fortuna cegamente ordena
  Essa dor, que dilatas pena a pena,
  Esse aljôfar, que vertes fio a fio.

Se és dura rocha no rigor ímpio,
  Se és brilhadora luz na fronte amena;
  A triste chuva de cristais serena,
  Da sucessiva prata embarga o rio.

Mas ai, que não depões o sentimento,
  Para que em ti padeça rigor tanto,
  Se tens meu coração no peito isento.

De sorte pois, que no amoroso encanto
  Avivas em teu peito o meu tormento,
  Derramas por teus olhos o meu pranto.

Quem conhece, contudo, ainda que por alto, a poesia espanhola e portuguesa que precedeu esse poema (os bons poetas são os que fazem a língua progredir ou que exploram vigorosamente o terreno aberto pelos pioneiros) concluirá que não só esse soneto como toda a obra de Manuel Botelho de Oliveira apenas glosou, no Brasil, sem qualquer contribuição pessoal, a obra dos gongóricos ibéricos. A grande importância da obra desse poeta é histórica: o primeiro poeta nascido no Brasil a ver impressas suas obras, o primeiro poeta brasileiro verdadeiramente "profissional", e não "boêmio", tendo na poesia seu principal interesse. Além disso, a obra de Botelho de Oliveira, se pouco importante num confronto com a de Gregório de Matos, avulta sem sombra de dúvida quando comparada à de nossos demais gongóricos: o culteranismo de Botelho, embora o poeta se deleitasse com todos os truques formais da poética marino-gongórica, é culteranismo de quem sabe o que está fazendo, controlada e metodicamente. Embora não inovasse, Botelho não se limitava a reproduzir, embriagadamente, as proezas discursivas de seus predecessores e contemporâneos. A consciência profissional do poeta é sua qualidade maior: ver os prólogos em que ele considera a poesia de sua época, bem como os problemas específicos de um poeta brasileiro, a experiência poética européia em contato com o novo mundo. Manuel Botelho de Oliveira foi, de todos os nossos gongóricos, o melhor aparelhado para sê-lo: verdadeiro erudito pós-renascentista, o homem, entre outras sapiências, escrevia e compunha perfeitamente em português, espanhol, italiano e latim (a *Música do Parnasso* é em quatro línguas; a portuguesa, entretanto, predomina; os próprios títulos dos poemas não-portugueses vêm em nosso vernáculo). Manuel Botelho de Oliveira é nosso primeiro *verse maker* de vulto. Explorou praticamente todas as medidas e fórmulas em vigor em sua época, na poesia lírica como na comédia ligeira. As seguintes amostras dão ao leitor idéia suficiente da qualidade do verso de Botelho:

CEGA DUAS VEZES, VENDO A ANARDA
SONETO VIII

Querendo ter Amor ardente ensaio,
  Quando em teus olhos seu poder inflama,
  Teus sóis me acendem logo chama a chama,
  Teus sóis me cegam logo raio a raio.

Mas quando de teu rosto o belo Maio
  Desdenha amores no rigor que aclama,
  De meus olhos o pranto se derrama
  Com viva queixa, com mortal desmaio.

De sorte, que padeço os resplandores,
  Que em teus olhos luzentes sempre avivas,
  E sinto de meu pranto os desfavores:

Cego me fazem já com ânsias vivas
  De teus olhos os sóis abrasadores,
  De meus olhos as águas sucessivas.

NÃO PODENDO VER A ANARDA PELO ESTORVO DE UMA PLANTA
SONETO XI

Essa árvore, que em duro sentimento,
  Quando não posso ver teu rosto amado,
  Opõe grilhões amenos ao cuidado,
  Verdes embargos forma ao pensamento;

Parece que em soberbo valimento,
  Como a vara do próprio, que há logrado,

Dando essa glória a seu frondoso estado,
Nega essa glória a meu gentil tormento.

Porém para favor dos meus sentidos
Essas folhas castiguem rigorosas,
Os teus olhos (Anarda) os meus gemidos:

Pois caiam, sequem pois folhas ditosas,
Já de meus ais aos ventos repetidos,
Já de teus sóis às chamas luminosas.

NAVEGAÇÃO AMOROSA
MADRIGAL I

É meu peito navio,
São teus olhos o Norte,
A quem segue o alvedrio,
Amor Piloto forte;
Sendo as lágrimas mar, vento os suspiros,
A venda velas são, remos seus tiros.

PESCA AMOROSA
MADRIGAL II

Foi no mar de um cuidado
Meu coração pescado;
Anzóis os olhos belos;
São linhas teus cabelos
Com solta gentileza,
Cupido pescador, isca a beleza.

EFEITOS CONTRÁRIOS DE ANARDA
MADRIGAL IV

Se sai Anarda ao prado,
Campa todo de flores matizado;
Se sai à praia ondosa,
Brilha toda de raios luminosa;
Enfim se está presente,
Tudo se vê contente;
Mas eu só nos desdéns, com que me assiste,
Quando presente está, me vejo triste.

SEPULCRO AMOROSO
MADRIGAL XIV

Já morro, doce ingrata,
Já teu rigor me mata:
Seja enterro o tormento,
Que inda morto alimento;
Por responsos as queixas,
Se tiras-me a vida e o amor me deixas;
E por sepulcro aceito,
Pois teu peito é de mármore, teu peito.

A UM CLARIM TOCANDO NO SILÊNCIO DA NOITE[2]
SONETO XIII

Quando em acentos plácidos respiras,
    Por modo estranho docemente entoas,
    Que estando imóvel, pelos ares voas,
    E inanimado, com vigor suspiras.

Da saudade cruel a dor me inspiras,
  Despertas meu desejo, quando soas,
  E se ao silêncio mudo não perdoas,
  De minha pena o mesmo exemplo tiras.

Sentindo o mal de um padecido rogo,
  Com que Nise se opõe a meu lamento,
  Pretendes respirar-me o desafogo:

Mas contigo é diverso o meu tormento;
  Que eu sinto de meu peito o ardente fogo,
  Tu gozas de teu canto o doce vento.

Embora convencional e com alguns dos lugares-comuns da época, é sem dúvida um dos mais belos sonetos da língua. Mais importante, entretanto, são as canções (não são muitos os poetas que, nas várias línguas do Ocidente, têm tentado com algum sucesso a grande forma toscana), dentre as quais sobressai a III ("Descrição do inverno"):

I
Ira-se horrendo, e se orna tenebroso
  Renovado na sombra o Inverno esquivo,
  Aos afagos do Zéfiro nocivo,
  Às carícias de Flora rigoroso:
  Com vestido de nuvens impiedoso
  Melancólica a fronte carregada,
  Por velho desagrada,
  E tendo a chuva sempre em seus rigores,
  Enfermo está de lânguidos humores.

II

Aumenta seu rigor o triste Inverno,
Encarcerando no queixoso Pólo
A luz propícia do gentil Apolo,
E mais que Inverno, fica escuro inferno:
Apolo pois com sentimento externo
Entra na casa atroz do Deus lunado,
Que de luas armado
Dois chuveiros vibrando, arma inclementes
Em minguantes de Lua de água enchentes.

III

Vomita o Bóreas no furor ingrato
O nevado rigor, bem que luzido,
Adornando aos jardins branco vestido,
Despindo dos jardins o verde ornato:
Sendo ao prado nocivo, aos olhos grato,
Da neve esperdiçada o candor frio,
Nos disfarces de ímpio
Parece a neve em presunção formosa
Emplumado candor, ou lã chuvosa.

IV

Prisioneiros se vêem arroios claros
Quiçá, porque murmuram lisonjeiros,
Dando às almas avisos verdadeiros,
Dando a perfeitos Reis exemplos raros;
Da prata fugitiva sendo avaros,
O frio caramelo os prende duro:
Que pois o cristal puro
Corre louco, castigam com desvelo
Loucuras de cristal pedras de gelo.

V

A planta mais galharda, que serena
　Era verde primor, lisonja ornada,
　Padece nus agravos de prostrada,
　Perde subornos plácidos de amena;
　E quando tanta lástima lhe ordena
　Do vento, bem que leve, a grave injúria,
　Ao brio iguala a fúria,
　Pois no exame dos golpes inimigo
　Folha a soberba foi, vento o castigo.

VI

Pede o Céu contra o vale, contra o monte
　O socorro cruel da horrenda prata,
　Quando bombardas de granizos trata,
　Escurecendo a luz na irada fronte:
　Vertendo bravo sucessiva fonte,
　Formando condensado guerra escura,
　Contra a terra conjura
　Quando não por assombros, por vinganças
　De sombras esquadrões, de aljôfar lanças.

VII

Mas logo o mar soberbo ao mesmo instante
　Por vingar generoso a terra impura,
　Levanta de cristais soberba pura,
　Sacrilégios argenta de arrogante:
　Pois opõe contra Jove, qual gigante
　Em montes de cristal de cristal montes,
　E em densos horizontes
　Jove quiçá, por fulminar desmaios,
　De nuvens se murou, se armou de raios.

VIII

O lenho pelas ondas navegante
Sendo de vários ventos combatido,
Teme o profundo mal de submergido,
Padece o triste horror de flutuante:
A marítima turba naufragante
Alarido levanta lastimoso
Contra o Céu rigoroso,
Vendo que a escura e súbita procela
Quebra o leme, abre a tábua, rompe a vela.
Canção, na bela Fílis
Outro Inverno repetem mais escuro
A tristeza que sinto, a dor, que aturo.

Desconfie o leitor: as expressões mais belas o mais das vezes não passam de lugares-comuns gongóricos. Com tudo isso, um poema sério, de profissional, estabelecendo padrões elevados em nossa língua. A importância de Botelho parece evidente: nosso gongórico por excelência (o principal, Gregório, escapa às classificações), foi bom que existisse e trabalhasse como existiu e trabalhou; a área culterana tinha que ficar bem demarcada, pronta para ser eventualmente explorada, se possível de maneira menos artificial e mais orgânica. A poesia brasileira, no curso de sua evolução, tem tentado algumas vezes o que poderíamos chamar de "poesia metafórica orgânica", isto é, uma poesia em que a palavra se junta à palavra dando origem às demais num processo semelhante ao dos organismos vivos; onde a palavra, longe de ser mero sinal, cresce e se espalha debaixo de suas próprias leis. Botelho de Oliveira é um predecessor, senão direto, pelo menos cronológico, de Jorge de Lima, poeta bem maior que aquele, porém da mesma família: para os quais a palavra, antes de ser uma fala, é uma música, um ser virtual germinando e florescendo num espaço peculiar.

Há na obra de Botelho de Oliveira uma ou outra poesia que poderíamos chamar de circunstância em que se alude a pessoas e coisas do meio brasileiro. A vasta maioria de seus versos, todavia, poderia ter sido escrita em qualquer parte, nada tendo de "brasileiro". A famosa exceção é a silva "À Ilha da Maré", em que o poeta, com os gongorismos de sempre, se espalha em elogios "ufanistas" às riquezas do Brasil, em particular às frutas da ilha que dá nome à silva. A influência das "Soledades" de Góngora, ainda que superficial, é marcante nesse poema, conforme tem sido freqüentemente apontado. "À Ilha da Maré" está longe, entretanto, de apresentar a imensurável grandeza daqueles monumentos máximos da língua espanhola. Trata-se, no nosso caso, de um longo poema vazio e monótono em que as indicações se repetem sem adquirir a força da nomeação original característica da grande poesia substantiva. A não ser na temática e em algum vocabulário, mais uma vez, o poema é bem pouco brasileiro: um poeta português da época poderia ter escrito coisa bem semelhante celebrando as riquezas, por exemplo, da Ilha da Madeira. A ingenuidade do poema, contudo, chega a ser, às vezes, comovente, e alguns versos não deixam de ter o seu sabor. Destacamos:

> Jaz em oblíqua forma, e prolongada
> A terra de Maré toda cercada

De Netuno, que tendo o amor constante,
Lhe dá muitos abraços por amante,
E botando-lhe os braços dentro dela
A pretende gozar, por ser mui bela. [...]

Por um, e outro lado
Vários lenhos se vêem no mar salgado;
Uns vão buscando da Cidade a via,
Outros dela se vão com alegria;
E na desigual ordem
Consiste a formosura na desordem.

Os pobres pescadores em saveiros,
Em canoas ligeiros,
Fazem com tanto abalo
Do trabalho marítimo regalo; [...]

Não falta aqui marisco saboroso,
Para tirar fastio ao melindroso;
Os Polvos radiantes,
Os lagostins flamantes,
Camarões excelentes,
Que são dos lagostins pobres parentes;
Retrógrados cranguejos,
Que formam pés das bocas com festejos, [...]

As laranjas da terra
Poucas azedas são, antes se encerra
Tal doce nestes pomos,
Que o tem clarificado nos seus gomos;
Mas as de Portugal entre alamedas
São primas dos limões, todas azedas. [...]

Os limões não se prezam,
Antes por serem muitos se desprezam.
Ah se Holanda os gozara!
Por nenhuma província se trocara.

As cidras amarelas
Caindo estão de belas,
E como são inchadas, presumidas,
É bem que estejam pelo chão caídas:

As uvas moscatéis são tão gostosas,
Tão raras, tão mimosas,
Que se Lisboa as vira, imaginara
Que alguém dos seus pomares as furtara; [...]

Aqui não faltam figos,
E os solicitam pássaros amigos,
Apetitosos de sua doce usura,
Porque cria apetites a doçura;
E quando acaso os matam
Porque os figos maltratam,
Parecem mariposas, que embebidas
Na chama alegre, vão perdendo as vidas. [...]

Vereis os Ananases,
Que para Rei das frutas são capazes;
Vestem-se de escarlata
Com majestade grata,
Que para ter do Império a gravidade
Logram da croa verde a majestade; [...]

As batatas, que assadas, ou cozidas
São muito apetecidas;
Delas se faz a rica batatada
Das Bélgicas nações solicitada. [...][3]

Nesse teor são celebrados cocos, cajus, pitangas, pitombas, araçás, bananas, pimentas, mamões, "marucujás", mangabas, macujés, mangarás, inhames, carás, a mandioca (inclusive os beijus), o aipim, o milho, o arroz etc...

(28 de setembro de 1958)

Aprendizagem culterana[*]

A poesia dita "gongórica" perdurou na colônia brasileira até a ocorrência do pseudoclassicismo (mesclado, como já tem sido indicado, de pré-romantismo) dos chamados árcades. Entre Botelho de Oliveira, que acabamos de ver, e Cláudio Manuel da Costa, o primeiro árcade que passaremos em revista, registra a história literária numerosos versificadores, em cambiantes que vão do extremo culteranismo às primeiras disciplinas do arcadismo. Toda essa poesia menor é praticamente despida de interesse. Bastará, nesta revisão, apresentar ao leitor algumas amostras dos versos qualitativamente recuperáveis, que se podem encontrar seja nas poucas edições individuais, seja em antologias, já antigas, como as de Januário da Cunha Barbosa, Adolfo Varnhagen e Melo Morais Filho, já recentes, como a (exemplar) de Sérgio Buarque de Holanda.[1]

[*] Título atribuído pela organização.

A coleção de escritos de Alexandre de Gusmão (1695-1753) contém vários poemas, ingênuos, prosaicos e mal-acabados, de aprendizagem culterana, dos quais destacamos o seguinte, menos mau, pertencente à velha linhagem do *carpe diem*:

ODE

Move incessante as asas incansáveis
      O tempo fugitivo,
Atrás não volta, e aquele que aos amáveis
Prazeres se não dá, sem lenitivos
      Depois amargamente
Chora o bem que perdeu, e o mal que sente.
Voa de flor em flor na Primavera
      A abelha cuidadosa;
Fabrica o doce mel, a branda cera,
Da suave estação os mimos goza,
      Antes que o seco Estio
Abrase o verde campo, e sorva o rio.
Dos fechados garnéis das loiras eiras
      As próvidas formigas
Vão levando em solícitas fileiras
O loiro trigo, e formam com fadigas
      Subterrâneo celeiro,
Antes que as prive o frígido Janeiro.
Em tudo nos descobre a Natureza,
      Ó Marília formosa,
Que é preciso do tempo a ligeireza
Fazê-la ao nosso gosto proveitosa,
      Para o prazer nascemos,

Em prazeres o tempo aproveitemos.
À fera, inda a mais fera, entre os rochedos
    Da fragosa montanha,
E às aves nos copados arvoredos
A paixão não lhe é de amor estranha:
    Em doce companhia
Passam o tempo sem perder um dia.
As ternas pombas, em que amor pintando
    Está perfeitamente,
Ora beijando-se estão, ora catando-se
Ora entregues ao seu desejo ardente
    Fazem... mas quem ignora?
O que Amor fazer manda quem se adora.
Vê que nos ternos brincos destas aves.
    Te deu, Marília bela,
De amoroso prazer lições suaves
A branda Humanidade: Amor é aquela
    Paixão, que ela mais preza.
Quem não ama desmente a Natureza.
Tu sabes, ó Marília, que eu te amo,
    Que vives no meu peito,
Que é teu nome o nome por quem chamo,
Tu só por quem a Amor vivo sujeito;
    Vem unir-te comigo,
Faremos ao Amor um doce abrigo.
Vem, que ele aqui te espera, aqui o temos,
    Aqui entre os meus braços:
Olha que o tempo foge, e não podemos
O seu curso deter; vem, move os passos,
    E aqui em prazer grato
Das pombinhas seremos o retrato.[2]

Antônio José da Silva, chamado "o Judeu", é um dos autores disputados pelas histórias literárias do Brasil e de Portugal. Da poesia que freqüentemente ocorre em suas peças, destacamos os seguintes exemplos:

(Fala de Sacatrapo em *Os encantos de Medéa*, primeira parte, cena III:)[3]

É o amor, que uma alma engole,
Sabão mole;
Pois com ele quem se esfrega,
Cabra-cega,
Escorrega,
Cai aqui, cai acolá.
   Assim uma alma namorada,
Esfregada,
Ensaboada,
Que tropeço não fará!

(Fala de Esopo na primeira parte, cena III, de *Esopaida* ou *A vida de Esopo*:)

RECITADO

Lá vai à saúde dos Senhores,
E em suaves licores
Matarei a cruel melancolia,
Em doce hidropisia:
Apesar do pesar, e do cuidado,
Vestir quero a minha alma de encarnado.

ÁRIA

Nas guerras de Baco,
Sem o chuço, ou baioneta
Com esta trombeta,
Toco a degolar, tan, taran, tan, tan,
   E ao som deste som, torom, tom, tom,
Tudo terá fim, tirim, tim, tim,
Prostrando as cavernas
De tantas tavernas,
Por que delas possa
Baco triunfar.

(Fala de Lidoro em *Labirinto de Creta*, segunda parte,
cena III:)

Se este mal, que padeço, hei de mostrá-lo,
   Perífrases não acho a defini-lo;
   Pois, quando dentro d'alma sei senti-lo,
   Balbuciante é o gemido a declará-lo:
Por mais que intento em vozes decifrá-lo;
   Me sufoca o pesar ao proferi-lo,
   Pois contém este mal um tal sigilo,
   Que parece é delito o publicá-lo:
Se o tormento, que n'alma se resume,
   Reside inexplicável cá no interno
   Do peito, donde sinto um vivo lume:
Somente caberá seu mal eterno,
   Ou na língua do fogo do ciúme,
   Ou na boca voraz do mesmo inferno.

(Fala de Teseu na cena IV da segunda parte da mesma peça:)

Labirinto maior, mais intrincado,
  Tem amor em meu peito construído,
  De quem se ostenta aos golpes do gemido,
  Cinzel a mágoa, artífice o cuidado.
Na memória se vê delineado,
  O tormento de um gosto amortecido,
  Na confusão da dor o bem perdido
  Nunca se encontra, ainda quando achado.
À máquina mental desta estrutura
  Adornam, em funestos paralelos,
  Lâmina o susto, sombras a pintura:
Colunas são os míseros desvelos
  Estátua o desengano se afigura,
  Fio a esperança é, monstros os zelos. Vai-se.

A Biblioteca Nacional possui, na seção de obras raras, um volume que contém toda a obra extante de Manuel de Santa Maria Itaparica, nascido provavelmente em 1704. Dessa obra, o poema "Eustáquidos" (subtítulo: "Poema sacro e trágico-cômico, em que se contém a vida de santo Eustáquio, mártir, chamado antes Plácido, e de sua mulher e filhos") foi tido longamente como anônimo; hoje tem-se como certa a autoria de Frei Manuel, que compôs a "Descrição da Ilha de Itaparica" (lembrar "À Ilha da Maré", de Botelho de Oliveira), contida no mesmo volume.

"Eustáquidos" é de comovente e cômica ingenuidade. A versificação é em geral competente — coisa que se aprendia, então, como a ler latim. Algumas das melhores estrofes:

102

Jaz no centro da Terra uma caverna
De áspero, tosco e lúgubre edifício,
Onde nunca do Sol entrou lucerna,
Nem de pequena luz se viu indício.
Ali o horror e a sombra é sempiterna
Por um pungente e fúnebre artifício,
Cujas fenestras, que tu Monstro inflamas,
Respiradouros são de negras chamas.

Rodeiam este Alcáçar desditoso
Lagos imundos de palustres águas,
Onde um tremor e horror caliginoso
Penas descobre, desentranha mágoas:
Fontes heladas, fumo tenebroso,
Congelam ondas, e maquinam fráguas.
Mesclando em um confuso de crueldades
Chamas a neve, o fogo frialdades. [...]

Em o mais alto deste sólio infando,
Em um trono de chamas sempre ardentes
Jaz Lúcifer, a quem estão tragando
Áspides negros, serpes pestilentes;
Ele com ira e com furor bramando
Se despedaça com agudos dentes,
Sendo para seu dano e eterno fado
De si próprio Fiscal e Algoz irado.

Víboras por cabelos cento a cento,
Por olhos tem dois Etnas denegridos,
Por boca um Crocodilo truculento,
Por mãos dois Basiliscos retorcidos,

Por cérebro a soberba, e o tormento
Por coração, por membros os latidos,
Por pernas duas cobras sibilantes,
Por pés dois Mongibelos tem flamantes. [...]

Da "Descrição da Ilha de Itaparica":

Os camarões não fiquem esquecidos,
Que tendo crus a cor pouco vistosa,
Logo vestem depois que são cozidos
A cor do nácar, ou da Tíria rosa:
Os cranguejos nos mangues escondidos
Se mariscam sem arte industriosa,
Búzios também se vêem, de musgo sujos,
Cernambis, mexilhões e caramujos. [...]

Assim partem intrépidos sulcando
Os palácios da linda Panopéia,
Com cuidado solícito vigiando
Onde ressurge a sólida Baleia.
Ó gente, que furor tão execrando
A um perigo tal te sentencia?
Como, pequeno bicho, és atrevido
Contra o monstro do mar mais desmedido? [...]

Qual o ligeiro pássaro amarrado
Com um fio sutil, em cuja ponta
Vai um papel pequeno pendurado,
Voa veloz sentindo aquela afronta,
E apenas o papel, que vai atado,
Se vê pela presteza, com que monta,

Tal o peixe afrontado vai correndo
Em seus membros atada a lancha tendo. [...]
Também entre as mais frutas as jaqueiras
Dão pelo tronco a jaca adocicada,
Que vindo lá de partes estrangeiras
Nesta Província é fruta desejada:
Não fiquem esquecidas as mangueiras,
Que dão a manga muito celebrada,
Pomo não só ao gosto delicioso,
Mas para o cheiro almíscar oloroso. [...][4]

Contemporâneo de árcades, porém de índole inteiramente diversa, é Domingos Caldas Barbosa, o célebre sacerdote mulato, autor de centenas de modinhas e "lunduns" que se reproduzem por todo o Brasil, através dos anos, em mil e uma formas. Sua poesia é interessante sobretudo sob esse aspecto (alimentação da poesia popular) e pelo vocabulário muito brasileiro, por mais que mesclado de alusões clássicas. Passando grande parte da vida em Portugal (morreu em Lisboa), Caldas Barbosa (1738-1800) é mais brasileiro que vários de seus contemporâneos aqui nascidos, vividos e falecidos:

Se não tens mais quem te sirva
O teu moleque sou eu,
Chegadinho do Brasil
Aqui 'stá que todo é teu.[5]

Suas cantigas são colecionadas em trabalho de Francisco de Assis Barbosa, reeditando, pelo Instituto Nacional do Livro (1944) a *Viola de Lereno*, cuja *princeps* é de 1798, Lisboa. Amostras:

O NOME DO TEU PASTOR
CANTIGAS

No tronco de um verde Loiro
Me manda escrever Amor,
Misturado com teu nome,
O nome do teu Pastor:

Mil abelhas curiosas,
Revoando derredor,
Chupam teu nome, deixando
O nome, etc.

De um raminho pendurado,
Novo emplumado Cantor,
Suspirava ali defronte,
O nome, etc.

Ah! Lília, soberba Lília,
Donde vem tanto rancor?
Tu bem viste, mas não leste
O nome, etc.

Já não se via o teu nome,
Bando o levou roubador;
E ficou só desgraçado,
O nome, etc.

O teu nome que roubaram
A novo mel dá sabor
Sem o misto d'amargura
Do nome do teu Pastor.

106

O MEU LIVRE CORAÇÃO
CANTIGAS

Já de todo abandonei
De amor a cruel paixão;
Tenho em sossego no peito
O meu livre coração:

Mostro a todos em pedaços
O antigo, e duro grilhão;
Tenho em doce liberdade
O meu, etc.

Amor não torna a prender-me,
Que me defende a razão;
A razão é quem ampara
O meu, etc.

Ouço os gemidos dos outros,
Vejo d'outros a aflição;
Tenho dó, mas tenho livre,
O meu, etc.

Gosto da bela, que é bela;
Quer seja ingrata, quer não;
Das ingratas ri, e zomba
O meu, etc.

Escapei das mãos de Amor,
Dos seus golpes estou são;
Vivo livre, e em paz respira
O meu, etc.

LUNDUM
GENTES DE BEM PEGOU NELE
CANTIGAS

Amor, o travesso Amor
Fugia nuzinho em pele,
Cai aqui, cai acolá,
Gentes de bem pegou nele.

O Amor fez travessuras,
A mãe quis chegar-lhe à pele,
Ele fugiu coitadinho,
Gentes de bem pegou nele.

Coitadinho! aonde irá?
Temo que alguém o atropele,
Gentes de bem o acomoda,
Gentes de bem pegou nele.

Já não tenha dó de Amor
Quem Amor mesmo assim zele,
Está muito bem guardado,
Gentes de bem pegou nele.

Onde está meu coração,
Quis unir-se a este e àquele,
Mesmo no meio dos outros,
Gentes de bem pegou nele.

Amor de que eu tinha dó
Faz qu'eu assim me arrepele,
Ia levando-o roubado,
Gentes de bem pegou nele.

Saiu-me o meu coração
Sem rasgar do peito a pele,
Pelos olhos me saiu,
Gentes de bem pegou nele.[6]

(12 de outubro de 1958)

Trabalhador do verso[*]

Desde a Arcádia Romana (Itália, 1690), o arcadismo, onde ocorreu, caracterizou-se como reação ao estilo cultivado a Marini ou a Góngora — e sobretudo aos diluidores marinistas e gongóricos. Em alguns países, especialmente na Itália e na Espanha, o arcadismo pode ser considerado um verdadeiro neoclassicismo, disciplinador e exigente. Não assim em Portugal, nem no Brasil. Entre nós, raro é o poeta rotulado "arcádico" que verdadeiramente o seja, que ainda não exiba, em penca, os ornatos gongóricos. Em todo o caso, o arcadismo — dado o desconto sempre cabível em toda a nomenclatura tradicional da história literária neste país — serviu, aqui, de alguma disciplina: retorno às fontes greco-latinas (retorno que já tinha precedentes, como já vimos: a poesia jesuítica), abandono da metaforização sistemática da linguagem poética, preferência pelos símiles, re-

[*] Título atribuído pela organização.

torno mormente à renascença portuguesa, Sá de Miranda, Bernardes, Camões.

Insista-se em que, para efetivar essa volta, realizada conscientemente, tal como a cruzada européia anticulterana, os nossos poetas da antigamente chamada "escola mineira" não puseram inteiramente de lado a experiência gongórica; e o zelo de alguns deles em reviver a renascença portuguesa os identificou ainda mais como continuadores do barroco do qual, para bem ou para mal, ainda hoje não nos livramos: somente uma radical transformação de ordem não só cultural e social, como até ecológica no mais lato sentido, poderia dar lugar, nestas terras, a um genuíno classicismo.

O arcadismo, no Brasil, é causa e efeito do revigoramento das academias, que por aqui já existiam pelo menos desde 1724. Não confundir academicismo com arcadismo, nem aqui nem alhures: seria tomar a parte pelo todo; mesmo entre nós houve academias que nada tinham de neoclássicas, muito pelo contrário. Gongóricas ou arcádicas, entretanto, nossas várias academias tiveram grande importância, do ponto de vista da história e da sociologia literárias: formação da profissão de escritor, realização da responsabilidade social deste, tentativa de trabalho em equipe etc. Escritores permutando livros e experiências, aprendendo e escrevendo em conjunto, aparecendo como um grupo diante do público, facilitando a assimilação e a propagação de idéias e práticas literárias européias, procurando resolver o difícil problema da adaptação a nosso meio das tradições de além-mar.

Ainda mais grave que no caso dos nossos "gongóricos", o grande mal dos arcádicos foi a falta de originalidade. Todos imitam, nenhum inova; e só Gonzaga é um mestre. Em conjunto, o grupo "mineiro", todavia, serviu para elevar ainda mais os nossos índices de competência poética; e disciplinou, de vez, os exageros cultistas. Foi uma disciplina. O ideal teria sido, através dela, reaproximar a linguagem poética da linguagem coloquial. Europeus demais, só conseguiram, contudo, tornar prosaico o verso. Gonzaga é, como sempre, a exceção — poeta ele o foi sem dúvida, e dos maiores da língua.

Salvo, portanto, Gonzaga, os "mineiros" foram fazedores de versos, uns mais, outros menos, competentes. Deles o típico é Cláudio Manuel da Costa (Minas Gerais, 1729-1789; estudos no Rio e em Coimbra; inconfidente). Começando gongórico e continuando sempre com alguns tiques da sua primeira escola, o homem foi um apaixonado do barroco renascentista, sobretudo o de Camões. Mas disciplinou-se, neoclassicamente, o mais que pôde, estimulado pelos ideais de "bom gosto" de seu século. Culto, auto-exigente, exercitou-se na maioria das formas em voga a seu tempo, conseguindo fabricar alguns dos melhores sonetos produzidos no Brasil. A denominação "arcádico" serve-lhe muito mal: são raras as suas composições, e essas mesmo as menos relevantes, que versam os temas do arcadismo. Da Arcádia, Cláudio tem apenas o "Glauceste Satúrnio" e mais alguns maneirismos, inclusive os nomes alatinados e bucólicos das personagens; como também, talvez, o artificialismo de seu amor à natureza, amor onde alguns, não sabemos por quê, pretendem ver os primeiros sinais do romantismo subseqüente.

Um honesto trabalhador do verso: ritmos de *canzone*, *terza rima*, redondilha menor — até mesmo, por sinal, alguns poemas escritos em italiano. Tudo isso tem valor apenas de exercício, exercício para ele mesmo e para os outros que o liam, contemporâneos e pósteros: elevação dos níveis do idioma poético. Vejamos Cláudio em seu melhor, que são, repetimos, os sonetos.

Neste primeiro, temo-lo ainda gongórico, repleto de adjetivos, mas salvo pela exatidão léxica e rítmica:

Leia a posteridade, ó pátrio Rio,
    Em meus versos teu nome celebrado,
    Porque vejas uma hora despertado
    O sono vil do esquecimento frio:

Não vês nas tuas margens o sombrio,
    Fresco assento de um álamo copado:
    Não vês Ninfa cantar, pastar o gado
    Na tarde clara do calmoso estio.

Turvo banhando as pálidas areias
    Nas porções do riquíssimo tesouro
    O vasto campo da ambição recreias.

Que de seus raios o Planeta louro,
    Enriquecendo o influxo em tuas veias,
    Quanto em chamas fecunda, brota em ouro.[1]

Este é um belo soneto, de sabor latino (Horácio: "as mortas espécies"), rigoroso, despojado, substantivo; boa linguagem prosaica vazada em bom verso:

Este é o rio, a montanha é esta,
    Estes os troncos, estes os rochedos;

São estes inda os mesmos arvoredos;
Esta é a mesma rústica floresta.

Tudo cheio de horror se manifesta,
  Rio, montanha, troncos, e penedos;
  Que de amor nos suavíssimos enredos
  Foi Cena alegre, e urna é já funesta.

Oh quão lembrado estou de haver subido
  Aquele monte, e as vezes, que baixando
  Deixei do pranto o vale umedecido!

Tudo me está a memória retratando;
  Que da mesma saudade o infame ruído
  Vem as mortas espécies despertando.[2]

Neste outro vêem-se bem representadas as três personalidades de CMC, a neoclássica, a gongórica e a renascentista, dominando esta última:

Não vês, Nize, este vento desabrido,
  Que arranca os duros troncos? Não vês esta,
  Que vem cobrindo o Céu, sombra funesta,
  Entre o horror de um relâmpago incendido?

Não vês a cada instante o ar partido
  Dessas linhas de fogo? Tudo cresta,
  Tudo consome, tudo arrasa, e infesta
  O raio a cada instante despedido.

Ah! não temas o estrago, que ameaça

114

A tormenta fatal; que o Céu destina
Vejas mais feia, mais cruel desgraça:

Rasga o meu peito, já que és tão ferina;
Verás a tempestade, que em mim passa;
Conhecerás então, o que é ruína.[3]

Este último é também digno de menção:

Que tarde nasce o Sol, que vagaroso!
Parece, que se cansa, de que a um triste
Haja de aparecer: quanto resiste
A seu raio este sítio tenebroso!

Não pode ser, que o giro luminoso
Tanto tempo detenha: se persiste
Acaso o meu delírio! se me assiste
Ainda aquele humor tão venenoso!

Aquela porta ali se está cerrando;
Dela sai um Pastor: outro assobia,
E o gado para o monte vai chamando.

Ora não há mais louca fantasia!
Mas quem anda, como eu, assim penando,
Não sabe, quando é noite, ou quando é dia.[4]

O poema "Vila Rica", de Cláudio Manuel da Costa, é uma das mais infelizes tentativas de fazer poesia narrativa, em escala maior, no Brasil. Versificação monótona, tímida e ingênua de que os exemplos menos ruins são talvez estas amostras:

Fragmento do canto I:

Recolhidos a um tempo os companheiros
Junto aos troncos, nas grutas dos oiteiros
Se armam as mesas; de viandas servem
A mortas caças, que nos cobres fervem,
As aves, que do chumbo o globo estreito
Feriu nas asas, e rompeu o peito;
O veado, a que o índio na carreira
Seguiu, e a seta disparou ligeira;
Não falta o loiro mel da abelha astuta,
O grelo da palmeira, e a tosca fruta,
Que alguma árvore brota ali nascida
Por menos venenosa conhecida,
Enquanto os brutos animais a comem:
(Tanto dos brutos aprendera o homem!)

Fragmento do canto V (fala do gênio Filiponte aos europeus):

Assim dizendo, com a mão feria
O penedo de um lado, e já se via
Aberta uma estrutura transparente
De cristalinos vidros, tão luzente,
Que aos olhos retratava um firmamento
De estrelas esmaltado, e o nascimento
Do roxo sol, quando no mar desperta;
Em cada vidro a um tempo descoberta,
Uma imagem se vê, que os riscos formam,
Estas em outros vultos se transformam;
E a cena portentosa a cada instante

Se muda, e se converte: está diante
Uma extensão larguíssima de montes,
Que cortam vários rios, lagos, fontes;
Densos matos a cobrem; vêem-se as serras
De escabrosos rochedos, novas guerras
Tentar, buscando os Céus, como tentara
Briareu, quando aos Deuses escalara.[5]

(30 de novembro de 1958)

Rei caolho em terra de cegos*

O mestre do arcadismo — simplicidade, clareza, objetividade, realismo — foi Tomás Antônio Gonzaga (um dos poetas disputados por Brasil e Portugal; bons argumentos em favor de ambos; Porto, 1744, Moçambique, 1810; inconfidente mineiro; o conjunto de suas líricas, *Marília de Dirceu*, é o maior *best-seller* da poesia em nossa língua, depois dos *Lusíadas*). Se o arcadismo, movimento literário limitado, negativo, policial, artificioso e rococó, pudesse dar um grande poeta, "Dirceu" o teria sido. A estreiteza, a mediocridade burguesa de seu tempo, contudo, fizeram dele apenas o que é: um mestre, poeta sem dúvida, porém menor (e sem ser dono de uma área especificamente sua, incontestável), e, o que é mais, autor de pelo menos uma dúzia de verdadeiros poemas, que honrariam qualquer língua em que fossem escritos. Infelizmente, havia de ser ele o mais árcade de nossos

* Título atribuído pela organização.

árcades; o que mais aceitou a escola, sem discutir, sem hesitar; no Brasil, aliás, a escola o fez e ele a escola. Desta só escapou a natureza artificial, abstrata, de tese, que é a natureza de todos os árcades, europeus ou brasileiros. Freqüentemente, a terra mineira, a pecuária mineira, conseguiu forçar o arcadismo de Gonzaga, e vemos o poeta, em alguns de seus melhores versos, apresentando, genuinamente, uma paisagem vivida. Sem qualquer inovação — a não ser, talvez, a introdução de um parco vocabulário já com área semântica brasileira — Gonzaga é exatamente o que se chama um "mestre": corporificou a experiência de seus contemporâneos e predecessores imediatos, incorporou maneirismos e moldes pré-fabricados sublimando-os, magnificando-os, às vezes os superando. O reverso da medalha é ser Gonzaga um mestre entre medíocres, rei caolho em terra de cegos. Seus poemas enriquecem nosso acervo poético, mas só em muito pequena escala conseguem renovar, enriquecer a língua. Poeta que amamos, não um poeta que admiremos. Mas um poeta, entre tantos *verse makers*, mais ou menos competentes.

Em Gonzaga, sim, já encontramos seguros sinais de romantismo, em luta contra os maneirismos do neoclassicismo rococó. Gonzaga é um individualista, um naturalista à maneira do século XVIII, um idealista burguês. E embora quase toda a sua poesia seja objetiva, segundo os dogmas do neoclassicismo, já desponta em muitos versos, em contraposição à temática dos clássicos, a interiorização, o subjetivismo romântico; a variedade dos metros, as muitas liberdades tomadas, eis outras marcas do romantismo que em Gonzaga já anuncia sua próxima chegada.

A *Marília de Dirceu* é dos livros mais legíveis da ainda pobre poesia de nossa língua. Não se irrite o leitor, em demasia, com as alusões mitológicas, com os tiques neoclássicos. Veja, de preferência, as expressões felicíssimas, os súbitos achados de verdadeira linguagem poética, a segurança quase sempre inalterável da leve e fluente frase musical de Gonzaga. A "Lira I" da parte primeira é conhecida demais para que aqui a citemos inteira, como aliás merece. Mas vejam-se estas duas estrofes:

Eu, Marília, não sou algum vaqueiro,
Que viva de guardar alheio gado;
Do tosco trato, d'expressões grosseiro,
Dos frios gelos, e dos sóis queimado.
Tenho próprio casal, e nele assisto;
Dá-me vinho, legume, fruta, azeite,
Das brancas ovelhinhas tiro o leite,
E mais as finas lãs, de que me visto.
    Graças, Marília bela,
    Graças à minha estrela! [...]

Irás a divertir-te na floresta,
Sustentada, Marília, no meu braço;
Ali descansarei a quente sesta,
Dormindo um leve sono em teu regaço:
Enquanto a luta jogam os Pastores,
E emparelhados correm nas campinas,
Toucarei teus cabelos de boninas,
Nos troncos gravarei os teus louvores.
    Graças, Marília bela,
    Graças à minha estrela! [...][1]

A graça ingênua de Gonzaga assume às vezes formas surpreendentemente poéticas, como no último verso, isolado, deste fragmento da "Lira III" da parte I:

> [...] O grande Jove
> Uma vez se mudou em chuva de ouro:
> Outras vezes tomou as várias formas
> De General de Tebas, velha, e touro. [...][2]

A poesia de Gonzaga é poesia para ser cantada. Isso justifica plenamente as reiterações imediatas que têm irritado alguns. Toda a sua poesia é extremamente *cantabile*; donde talvez a influência que tem tido até hoje em nossa poesia e na portuguesa. Embora Gonzaga se sinta melhor entre decassílabos entremeados de heptassílabos, veja-se esta amostra em verso curto:[3]

> Acaso são estes
> Os sítios formosos,
> Aonde passava
> Os anos gostosos?
> São estes os prados,
> Aonde brincava,
> Enquanto pastava,
> O gordo rebanho,
> Que Alceu me deixou?
> > São estes os sítios?
> > São estes; mas eu
> > O mesmo não sou.
> > Marília, tu chamas?
> > Espera, que eu vou.

Daquele penhasco
Um rio caía;
Ao som do sussurro
Que vezes dormia!
Agora não cobrem
Espumas nevadas
As pedras quebradas:
Parece que o rio
O curso voltou.

São estes os sítios?
São estes; mas eu
O mesmo não sou.
Marília, tu chamas?
Espera, que eu vou.

Meus versos, alegre,
Aqui repetia:
O Eco as palavras
Três vezes dizia.
Se chamo por ele,
Já não me responde;
Parece se esconde,
Cansado de dar-me
Os ais, que lhe dou.

São estes os sítios?
São estes; mas eu
O mesmo não sou.
Marília, tu chamas?
Espera, que eu vou.

Aqui um regato
Corria sereno,

Por margens cobertas
De flores, e feno:
À esquerda se erguia
Um bosque fechado,
E o tempo apressado,
Que nada respeita,
Já tudo mudou.
São estes os sítios?
São estes; mas eu
O mesmo não sou.
Marília, tu chamas?
Espera, que eu vou.

Mas como discorro?
Acaso podia
Já tudo mudar-se
No espaço de um dia?
Existem as fontes,
E os feixos copados;
Dão flores os prados,
E corre a cascata,
Que nunca secou.
São estes os sítios?
São estes; mas eu
O mesmo não sou.
Marília, tu chamas?
Espera, que eu vou.

Minha alma, que tinha
Liberta a vontade,
Agora já sente
Amor, e saüdade.

Os sítios formosos,
Que já me agradaram,
Ah! não se mudaram;
Mudaram-se os olhos,
De triste que estou.
    São estes os sítios?
    São estes; mas eu
    O mesmo não sou.
    Marília, tu chamas?
    Espera, que eu vou.

Uma coleção de lugares-comuns; porém, a mestria do som justo e da palavra justa; uma grande peça de nomeação e musicalidade.

A "Lira v" começa por esta belíssima estrofe, capaz de dar a medida potencial de Gonzaga:

Oh! quanto pode em nós a vária Estrela!
Que diversos que são os gênios nossos!
    Qual solta a branca vela,
E afronta sobre o pinho os mares grossos.
Qual cinge com a malha o peito duro;
E marchando na frente das coortes:
Faz a torre voar, cair o muro. [...]

Mais adiante, este fragmento:

O sábio Galileu toma o compasso,
E sem voar ao Céu, calcula, e mede
Das Estrelas, e Sol o imenso espaço. [...][4]

124

Gonzaga compõe sempre na "seqüência da frase musical". Veja-se esta estrofe da "Lira VIII" da mesma parte:

O Vento quando parte em largas fitas
As folhas, que meneia com brandura;
    A fonte cristalina,
Que sobre as pedras cai de imensa altura,
Não forma um som tão doce, como forma
    A tua voz divina. [...][5]

A "Lira XIII"[6] é um dos maiores poemas da língua:

Minha bela Marília, tudo passa;
A sorte deste mundo é mal segura;
Se vem depois dos males a ventura,
Vem depois dos prazeres a desgraça.
    Estão os mesmos Deuses
Sujeitos ao poder do ímpio Fado:
Apolo já fugiu do Céu brilhante,
    Já foi Pastor de gado.

A devorante mão da negra Morte
Acaba de roubar o bem, que temos;
Até na triste campa não podemos
Zombar do braço da inconstante sorte.
    Qual fica no sepulcro,
Que seus avós ergueram, descansado;
Qual no campo, e lhe arranca os frios ossos
    Ferro do torto arado.

Ah! enquanto os Destinos impiedosos
Não voltam contra nós a face irada,

Façamos, sim façamos, doce amada,
Os nossos breves dias mais ditosos.
Um coração, que frouxo
A grata posse de seu bem difere,
A si, Marília, a si próprio rouba,
E a si próprio fere.

Ornemos nossas testas com as flores,
E façamos de feno um brando leito,
Prendamo-nos, Marília, em laço estreito,
Gozemos do prazer de sãos Amores.
Sobre as nossas cabeças,
Sem que o possam deter, o tempo corre;
E para nós o tempo, que se passa,
Também, Marília, morre.

Com os anos, Marília, o gosto falta,
E se entorpece o corpo já cansado;
Triste o velho cordeiro está deitado,
E o leve filho sempre alegre salta.
A mesma formosura
É dote, que só goza a mocidade:
Rugam-se as faces, o cabelo alveja,
Mal chega a longa idade.

Que havemos de esperar, Marília bela?
Que vão passando os florescentes dias?
As glórias, que vêm tarde, já vêm frias;
E pode enfim mudar-se a nossa estrela.
Ah! não, minha Marília,
Aproveite-se o tempo, antes que faça

O estrago de roubar ao corpo as forças,
 E ao semblante a graça.

Anacreonte, Horácio, Marvell, Ricardo Reis... *Carpe diem*, o sentimento trágico da vida... Na "Lira xv", este fragmento:

Eu posso romper os montes,
Dar às correntes desvios,
Por cercados espaçosos
 Nos caudosos,
 Turvos rios. [...][7]

A "Lira xvii" é outro dos grandes poemas de Gonzaga, da mesma fonte da "xiii":

Não vês aquele velho respeitável,
 Que à muleta encostado,
Apenas mal se move, e mal se arrasta?
Oh quanto estrago não lhe fez o tempo!
 O tempo arrebatado,
 Que o mesmo bronze gasta.

Enrugaram-se as faces, e perderam
 Seus olhos a viveza;
Voltou-se o seu cabelo em branca neve:
Já lhe treme a cabeça, a mão, o queixo,
 Nem tem uma beleza
 Das belezas, que teve.

Assim também serei, minha Marília,
 Daqui a poucos anos;

Que o ímpio tempo para todos corre.
Os dentes cairão, e os meus cabelos.
 Ah! sentirei os danos,
 Que evita só quem morre.

Mas sempre passarei uma velhice
 Muito menos penosa.
Não trarei a muleta carregada:
Descansarei o já vergado corpo
 Na tua mão piedosa,
 Na tua mão nevada.

Nas frias tardes, em que negra nuvem
 Os chuveiros não lance,
Irei contigo ao prado florescente:
Aqui me buscarás um sítio ameno,
 Onde os membros descanse,
 E ao brando Sol me aquente.

Apenas me sentar, então movendo
 Os olhos por aquela
Vistosa parte, que ficar fronteira;
Apontando direi: *Ali falamos,*
 Ali, ó minha bela,
 Te vi a vez primeira.

Verterão os meus olhos duas fontes,
 Nascidas de alegria:
Farão teus olhos ternos outro tanto:
Então darei, Marília, frios beijos
 Na mão formosa, e pia,
 Que me limpar o pranto.

Assim irá, Marília, docemente
  Meu corpo suportando
Do tempo desumano a dura guerra.
Contente morrerei, por ser Marília
  Quem sentida chorando
  Meus baços olhos cerra.

Na "Lira XIX", a famosa estrofe:

Atende, como aquela vaca preta
O novilhinho seu dos mais separa,
E o lambe, enquanto chupa a lisa teta.
  Atende mais, ó cara,
  Como a ruiva cadela
Suporta que lhe morda o filho o corpo,
  E salte em cima dela. [...][8]

E esta, da "Lira XXIV":

Deu as asas aos pássaros ligeiros,
Deu ao peixe escamoso as barbatanas;
  Deu veneno à serpente,
Ao membrudo elefante a enorme tromba,
  E ao javali o dente.
  Coube ao leão a garra:
Com leve pé saltando o cervo foge:
  E o bravo touro marra. [...][9]

O verso era, nas mãos de Gonzaga, instrumento hábil, adaptável a variadas circunstâncias. Note-se a fluência discursiva da "Lira I" da segunda parte:

A fumaça, Marília, da candeia,
Que a molhada parede ou suja, ou pinta,
   Bem que tosca, e feia,
   Agora me pode
   Ministrar a tinta.

Aos mais preparos o discurso apronta:
Ele me diz, que faça no pé de uma
   Má laranja ponta,
   E dele me sirva
   Em lugar de pluma. [...][10]

A "Lira III" da mesma segunda parte é outra obra-prima:

Esprema a vil calúnia muito embora
Entre as mãos denegridas, e insolentes,
   Os venenos das plantas,
   E das bravas serpentes.

Chovam raios e raios, no meu rosto
Não hás de ver, Marília, o medo escrito:
   O medo perturbado,
   Que infunde o vil delito.

Podem muito, conheço, podem muito,
As Fúrias infernais, que Pluto move;
   Mas pode mais que todas
   Um dedo só de Jove.

Este Deus converteu em flor mimosa,
A quem seu nome deram, a Narciso;

Fez de muitos os Astros,
Qu'inda no Céu diviso.

Ele pode livrar-me das injúrias
Do néscio, do atrevido, ingrato povo;
Em nova flor mudar-me,
Mudar-me em Astro novo.

Porém se os justos Céus por fins ocultos
Em tão tirano mal me não socorrem;
Verás então, que os sábios,
Bem como vivem, morrem.

Eu tenho um coração maior que o mundo.
Tu, formosa Marília, bem o sabes:
Um coração, e basta,
Onde tu mesma cabes.

São evidentes, nesse poema, como, aliás, tem sido freqüentemente indicado, as marcas de nosso proto-romantismo. As liras IV e V dessa parte são igualmente belas. Assim também a IX, de onde destacamos:

Toma a lira doirada,
E toca um pouco nela:
Levanta a voz celeste
Em parte que te escute a minha bela;
Enche todo o contorno de alegria;
Não sofras, que o desgosto
Afogue em pranto amargo
O seu divino rosto. [...][11]

A mestria de Gonzaga como fazedor de versos, além de poeta que foi em freqüentes ocasiões, está perfeitamente demonstrada na "Lira VIII" dessa parte, em que o poeta habilmente dialoga com a Fortuna. Não há aqui um só vestígio da ingenuidade artesanal que persegue, até hoje, nossa poesia. A "Lira XI", graciosíssima, termina:

> Assim vivia:
> Hoje em suspiros
> O canto mudo:
> Assim, Marília,
> Se acaba tudo.

A "Lira XIII" é um dos raros poemas brasileiros anteriores ao modernismo que realmente apresenta a nossa "cor local". Transcrevemos as primeiras estrofes, cheias de alusões a costumes e superstições da época e do meio:

> Arde o velho barril, arde a cabeça,
> Em honra de João na larga rua;
> O crédulo Mortal agora indaga,
> Qual seja a sorte sua?

> Eu não tenho alcachofra, que à luz chegue,
> E nela orvalhe o Céu de madrugada,
> Para ver se rebentam novas folhas,
> Aonde foi queimada.

> Também não tenho um ovo, que despeje
> Dentro de um copo d'água, e possa nela
> Fingir Palácios grandes, altas Torres,
> E uma Nau à vela.

132

Mas, ah! em bem me lembre; eu tenho ouvido
Que na boca de um bochecho d'água tome,
E atrás de qualquer porta atento esteja,
    Até ouvir um nome. [...][12]

A bela e nobre "Lira XII" termina:

Estou no Inferno, estou, Marília bela;
E numa cousa só é mais humana
    A minha dura estrela:
Uns não podem mover do Inferno os passos;
Eu pretendo voar, e voar cedo
    À glória dos teus braços.[13]

O poder descritivo e sublimador de Gonzaga se evidencia nas duas primeiras estrofes da "Lira XV" dessa parte:

    Vês, Marília, um cordeiro
    De flores enramado,
    Como alegre caminha
    A ser sacrificado?
O Povo para o Templo já concorre:
A Pira sacrossanta já acende:
O Ministro o fere; ele bala, e morre.

    Vês agora o novilho,
    A quem segura o laço,
    No chão as mãos especa,
    Nem quer mover um passo.
Não conhece que sai de um mau terreno;
Que o forte pulso, que a seguir o arrasta,
O conduz a viver num campo ameno. [...][14]

"O Ministro o fere: ele bala e morre." Essa vocação de Gonzaga para a verbalização e a substantivação exata também se demonstra na "Lira xvi":

Não é também de Herói um peito duro,
Que a sua glória firma,
Em que lhe não resiste ao ferro, e fogo,
Nem legião, nem muro. [...][15]

Isso para não falar nos adjetivos do poeta, já tanto e tão justamente celebrados. A "Lira xv" é também das mais belas, como a xxv, esta em versos de quatro sílabas. A xxxi é mais uma das nobres liras gonzaguianas, de ressonância clássica; inicia:

Detém-te, vil humano;
Não espremas cicutas
Para fazer-me dano.
O sumo, que elas dão, é pouco forte;
Procura outras bebidas,
Que apressem mais a morte. [...][16]

A vii é interessante. Citamos:

Pintam que os mares sulco da Bahia,
Onde passei a flor da minha idade!
Que descubro as palmeiras, e em dois bairros
Partida a grã cidade. [...][17]

E da "Lira xxxvi":

134

Ergue o corpo, os ares rompe,
Procura o Porto da Estrela,
Sobe à serra, e se cansares,
Descansa num tronco dela.

Toma de Minas a estrada;
Na Igreja nova, que fica
Ao direito lado, e segue
Sempre firme a Vila Rica.

Entra nesta grande terra,
Passa uma formosa ponte,
Passa a segunda, a terceira
Tem um palácio defronte. [...][18]

Influenciado pela poesia popular ou influenciando? O mais "brasileiro" dos poemas de Gonzaga é a "Lira XXVI" da primeira parte, já tão célebre:

Tu não verás, Marília, cem cativos
Tirarem o cascalho, e a rica terra,
Ou dos cercos dos rios caudalosos,
Ou da minada serra.

Não verás separar ao hábil negro
Do pesado esmeril a grossa areia,
E já brilharem os granetes de oiro
No fundo da Bateia.

Não verás derrubar os virgens matos;
Queimar as capoeiras ainda novas;

Servir de adubo à terra a fértil cinza;
  Lançar os grãos nas covas.

Não verás enrolar negros pacotes
Das secas folhas do cheiroso fumo;
Nem espremer entre as dentadas rodas
  Da doce cana o sumo.

Verás em cima da espaçosa mesa
Altos volumes de enredados feitos;
Ver-me-ás folhear os grandes livros,
  E decidir os pleitos.

Enquanto revolver os meus consultos,
Tu me farás gostosa companhia,
Lendo os fatos da sábia mestra história,
  E os cantos da poesia.

Lerás em alta voz a imagem bela,
Eu vendo que lhe dás o justo apreço,
Gostoso tornarei a ler de novo
  O cansado processo.

Se encontrares louvada uma beleza,
Marília, não lhe invejes a ventura,
Que tens quem leve à mais remota idade,
  A tua formosura.

A "Lira XXIX" da primeira parte contém esta estrofe de superior capacidade descritiva e recriadora:

Verás ao Deus Netuno sossegado,
Aplainar co' tridente as crespas ondas;
Ficar como dormindo o mar salgado;
    Sim, e verás d'alheta
    Soprar o brando vento;
Mover-se o leme desrinzar-se o linho:
Seguirem os Delfins o movimento,
    Que leva na carreira
    O empavesado pinho. [...][19]

(19 e 26 de outubro de 1958)

O autor das *Cartas chilenas*

Na parte terceira das liras de Gonzaga, pouco há mais a mencionar, além de uma ou outra estrofe e da "Lira VIII", que, inteira, é boa amostra do poder de observação muita vez presente no poeta. Nada há de interesse, tampouco, na parte final, outrora a terceira, publicada como apócrifa na edição de M. Rodrigues Lapa. Passada, assim, em rápida revista, a obra de Cláudio Manuel da Costa e a de Tomás Antônio Gonzaga, consideremos *As cartas chilenas*, atribuídas pela maioria dos críticos ora a um ora a outro dos dois principais poetas da chamada Escola Mineira. A questão da autoria das cartas está muito bem examinada no volume 1, tomo 1, de *A literatura no Brasil*, obra de equipe patrocinada pela Fundação Larragoiti e realizada sob a direção de Afrânio Coutinho (editora Sul-América, Rio de Janeiro, 1955). Enviamos o leitor ao levantamento ali apresentado das teses defendidas por múltiplos autores atribuindo as *Cartas* não só a Tomás (a maioria) e a Cláudio, como aos dois em colaboração, como ainda a Alvarenga Peixoto, a Antônio Diniz da Cruz e Silva (o português do "Hissope") e até mesmo à colaboração entre Gonzaga e o procurador da Fazenda Francisco Gregório Pires Bandeira. A questão, longamente debatida, não interessa a esta nova revisão-amostragem: deixamos apenas indicada a nossa opinião, pouco mais que intuitiva, de serem *As cartas* muito provavelmente da autoria de Gonzaga e apenas possivelmente resultantes de uma colaboração entre Gonzaga e Cláudio; as demais teses, por mais que brilhantemente defendidas, nos parecem pouco prováveis.

Interessa-nos, sim, o valor literário das *Cartas* nelas mesmas. Esse valor existe, é indiscutível. *As cartas* podem ter sido escritas apressadamente; são numerosos os descuidos; a versificação é freqüentemente monótona, demasiado discursiva, prosaica e redundante; as repetições imediatas, que nas canções de Gonzaga são várias vezes graciosas e *cantabiles*, nas *Cartas* apenas contribuem para a maior ocorrência dos bocejos do leitor; e, mesmo como linguagem prosaica em verso, não são poucas as críticas a fazer às *Cartas*: a menor não será, sem dúvida, a falta de clareza na condução do fio narrativo.

Na verdade, o forte do autor dessas *Cartas* não nos parece ter sido nem a narração, nem a própria sátira, fim expresso da obra. O que há de satírico nas *Chilenas* é muito inferior a numerosos exemplos dessa abundante versificação polêmica proliferante em qualquer das províncias brasileiras, mormente as mais tradicionais. Nas *Cartas chilenas*, a sátira é pouco contundente, às vezes ingênua e raramente capaz de provocar o riso. A narração, por outro lado, é aí pouco clara, pouco eloqüente e sem aquela capacidade mnemônica não rara entre os versos, até mesmo populares, de gênero semelhante ao das *Cartas*.

O melhor delas são as descrições — não lhes falta certa cor local — e, sobretudo, as divagações, aquilo que nada tem a ver com o móvel da obra, particularmente as introduções a quase todas as treze cartas. Tais considerações, naturalmente, redundam numa crítica pouco favorável ao livro como um todo: temos, entretanto, de repetir que, das *Cartas chilenas*, o melhor é o acidental e não o essencial:

> É doce esse descanso, não to nego.
> Também, prezado Amigo, também gosto
> De estar amadornado, mal ouvindo
> Das águas despenhadas brando estrondo;
> E vendo ao mesmo tempo as vãs quimeras,
> Que então me pintam os ligeiros sonhos.
> Mas, Doroteu, não sintas, que te acorde;
> Não falta tempo, em que do sono gozes:
> Então verás leões com pés de pato;
> Verás voarem Tigres e Camelos,
> Verás parirem homens, e nadarem
> Os roliços penedos sobre as ondas.
> Porém, que têm que ver estes delírios
> C'os sucessos reais que vou contar-te? [...][1]
>
> ("Carta I")

A capacidade poética — não apenas a versificação — do poeta das *Cartas* é inegável; pena, claro, que tal capacidade não se aplique à própria sátira (como é o caso do *Hu-*

dibras do grande Samuel Butler).[2] Exemplo dessa habilidade, na "Carta II":

> Do cavalo Andaluz, é, sim, provável
> Nascer também um potro de esperança,
> Que tenha frente aberta, largos peitos,
> Que tenha alegres olhos, e compridos, [...]

Ótima amostra do poder descritivo (e ainda digressivo) das *Chilenas* é o início da "Carta III":

> Que triste, Doroteu, se pôs a tarde!
> Assopra o vento Sul, e densa nuvem
> Os horizontes cobre; a grossa chuva,
> Caindo das biqueiras dos telhados,
> Forma regatos, que os portais inundam:
> Rompem os ares colubrinas fachas
> De fogo devorante, e ao longe soa
> De compridos trovões o baixo estrondo.
> Agora, Doroteu, ninguém passeia;
> Todos em casa estão, e todos buscam
> Divertir a tristeza, que nos peitos
> Infunde a tarde mais que a noite feia. [...]

Nessa mesma carta, ver também a descrição da cadeia, começando:

> Em cima de espaçosa escadaria [...]

Na "Carta IV", a mesma cadeia, por dentro:

Passam, prezado Amigo, de quinhentos
Os presos que se ajuntam na Cadeia.
Uns dormem encolhidos sobre a terra,
Mal cobertos dos trapos, que molharam
De dia no trabalho. Os outros ficam
Ainda mal sentados, e descansam
As pesadas cabeças sobre os braços,
Em cima dos joelhos encruzados.
O calor da estação, e os maus vapores
Que tantos corpos lançam, mui bem podem
Empestar, Doroteu, extensos ares.
A pálida doença aqui bafeja,
Batendo brandamente as negras asas. [...]

Um raro momento verdadeiramente engraçado, na "Carta v":

De susto os Camaristas nem respiram;
Quais chorosos meninos, que emudecem,
Quando as amas lhes dizem: Cala, cala,
Que lá vem o tutu, que papa a gente! [...]

Crítica de costumes, de certo modo eficiente, também rara nas *Cartas*:

Ninguém antigamente se sentava
Senão direito e grave nas cadeiras,
Agora as mesmas Damas atravessam
As pernas sobre as pernas. Noutro tempo
Ninguém se retirava dos Amigos,
Sem que dissesse adeus: Agora é moda
Sairmos dos congressos em segredo. [...]

Na "Carta VI" encontra-se uma digressão, para nós das mais reveladoras, em que o poeta descreve sua amada, vista, em sonho, num palanque, a assistir às corridas de touro (bois e vacas) a seguir postas a ridículo. A descrição parece-nos evidentemente de Gonzaga:

No meio de um palanque então descubro
A minha, a minha Nise: está vestida
Da cor mimosa com que o Céu se veste.
Oh! quanto, Oh! quanto é bela! A verde Olaia,
Quando se cobre de cheirosas flores:
A filha de Taumante, quando arqueia
No meio da tormenta, o lindo corpo;
A mesma Vênus, quando toma, e embraça
O grosso escudo, e lança, por que vença
A paixão do deus Marte com mais força;
Ou, quando lacrimosa se apresenta
Na sala de seu Pai, para que salve
Aos seus Troianos das soberbas ondas;
Não é, não é como ela, tão formosa! [...]

E assim por diante. Na mesma carta, talvez a melhor de todas, algumas boas descrições:

Feitas as cortesias do costume,
Os destros Cavaleiros galopeiam
Em círculos vistosos pelo campo:
Logo se formam em diversos corpos,
À maneira das Tropas que apresentam
Sangüinosas batalhas. Soam trompas,
Soam os atabales, os fagotes,
Os clarins, os boés, e mais as flautas.
O fogoso ginete as ventas abre

E bate com as mãos na dura terra:
Os dois mantenadores já se avançam. [...]

Já no sereno Céu resplandeciam
As brilhantes estrelas, os morcegos;
E as toucadas corujas já voavam,
Quando, prezado Amigo, nas janelas
Do nosso Santiago se acendiam,
Em sinal de prazer as luminárias; [...]

A "Carta IX" principia com saborosa linguagem satírica, que bom fora marcasse o nível geral das *Cartas*:

Agora, Doroteu, agora estava
Bamboando na rede preguiçosa
E tomando na fina porcelana
O mate saboroso, quando escuto
De grossa artilharia o rouco estrondo.
O sangue se congela, a casa treme,
E pesada porção de estuque velho
À violência do abalo despegada
Da barriguda esteira, faz que eu perca
A tigela esmaltada, que era a cousa,
Que tinha nesta casa de algum preço.

Apenas torno em mim daquele susto,
Me lembra ser o dia, em que o bom Chefe
Aos seus auxiliares lições dava,
Da que Saxi chamou pequena guerra. [...]

As demais cartas são de pouco, ou nenhum, interesse.

(30 de novembro de 1958)

Pequenas obras-primas*

Autor de uma obra menor, Manuel Inácio da Silva Alvarenga (com Cláudio e Gonzaga, um dos três componentes da outrora chamada Escola Mineira) é entretanto um mestre em duas artes: na de "escrever ao curso da seqüência musical" e na de apresentar, com toda a nitidez adjetiva, certos sutis estados e movimentos das coisas celebradas. Algumas das mais belas líricas da língua portuguesa no Brasil foram compostas por esse mineiro sempre consciente da boa melopéia: a não ser pelas alusões mitológicas com que macaqueou o arcadismo, quase todos os seus versos são de absoluta simplicidade léxica e sintática. Tímido "nacionalismo":

Sacro Loiro não me inflama:
Da Mangueira a nova rama
Orne a frente do Pastor. [...][1]

* Título atribuído pela organização.

Os metais adore o mundo;
Ame as pedras, com que sonha,
Do feliz Jequitinhonha,
Que em seu fundo as viu nascer. [...][2]

Ou celebrado o jambo:

[...] Ou fruto, que roubou da rosa o cheiro,
Ou rosa transformada em doce fruto. [...][3]

Ainda não se trata de marca romântica; apenas o prolongamento do hesitante nativismo encontrável tanto nos árcades como nos gongóricos anteriores.

O rococó de Silva Alvarenga não chega a prejudicar a espontaneidade que constitui, ao lado da musicalidade e da às vezes surpreendente adjetivação, uma das principais características do poeta. Isso tudo o leitor observará nas amostras seguintes:

O MEIO-DIA
(RONDÓ XIX)

Glaura, as Ninfas te chamaram,
E buscaram doce abrigo:
Vem comigo, e nesta gruta
Branda escuta o meu amor.

Treme agora o ar extenso
Pela Esfera cristalina;
Que os seus raios não declina
Esse imenso resplandor.

Busca o toiro fatigado
Frias sombras, verde relva:
Co'a cigarra zune a selva,
Foge o gado, e o Pastor.

Glaura, as Ninfas te chamaram,
E buscaram doce abrigo:
Vem comigo, e nesta gruta
Branda escuta o meu amor.

Ferve a areia desta praia,
Arde o musgo no rochedo,
Esmorece o arvoredo,
E desmaia a tenra flor.

Todo o campo se desgosta,
Tudo... ah! tudo a calma sente:
Só a gélida serpente
Dorme exposta ao vivo ardor.

Glaura, as ninfas te chamaram,
E buscaram doce abrigo:
Vem comigo, e nesta gruta
Branda escuta o meu amor.

Vês a plebe namorada
De volantes borboletas?
Loiras são, e azuis, e pretas,
De mesclada, e vária cor.

Aquela ave enternecida,
Que cantou ao ver a Aurora,

Abre as asas, geme agora
Oprimida do calor.

Glaura, as Ninfas te chamaram,
E buscaram doce abrigo:
Vem comigo, e nesta gruta
Branda escuta o meu amor.

Fonte aqui não se despenha
Com ruído, que entristece:
Gota a gota a Linfa desce,
Lava a penha sem rumor.

Aqui vive preciosa
Escondida amenidade,
O segredo, e a saudade
E a chorosa minha dor.

Glaura, as Ninfas te chamaram,
E buscaram doce abrigo:
Vem comigo, e nesta gruta
Branda escuta o meu amor.

Transcrevemos esse rondó por inteiro, para que o leitor possa observar o sistema de rimas e metros, que se repete em todos os rondós de Silva Alvarenga. O rondó seguinte, número xx ("A tarde"), é igualmente belo. Destacamos:

Que gigante os Céus adorna
Com chuveiros d'oiro, e prata!
Sobe, e cresce, e se desata,
E se torna todo em ar! [...]

Pouco a pouco a luz desmaia;
Mas não cede à noite feia:
Inda vejo a solta areia
Nesta praia branquejar. [...][4]

Do Rondó XXIII:

Não te alegra a curva praia,
Quando o Sol já se retira? [...]

Do XXV:

Desta rocha curva, e alta
Pela tarde com descanso
Vejo, ó Ninfa, no remanso
Como salta o peixe ao ar. [...]

Do XXVIII:

Pelo golfo curvo, e largo
Aparece a Deusa bela:
Ora a vaga se encapela,
Ora o pargo surge ao ar. [...]

O Madrigal I já foi transcrito uma vez em Poesia-Experiência;[5] é sem dúvida um dos mais belos e "clássicos" poemas da língua. Comparar, ao mesmo tempo, com Anacreonte e com Ricardo Reis:

Suave fonte pura,
Que desces murmurando sobre a areia,

Eu sei que a linda Glaura se recreia
Vendo em ti de seus olhos a ternura:
        Ela já te procura;
Ah! como vem formosa, e sem desgosto!
        Não lhe pintes o rosto:
Pinta-lhe, ó clara fonte, por piedade
Meu terno amor, minha infeliz saudade.

Belos são também os madrigais III, IV, VI, VII, IX, XI, XII, XVII, XXI, XXII, XXIX, XXXVI. São pequenas obras-primas, que nada renovam, mas que ressuscitam uma forma eficiente, ao nível do que de melhor ela já anteriormente originara. O XIX honraria qualquer lírico de qualquer época:

        Ó sono fugitivo,
De vermelhas papoulas coroado,
Torna, torna amoroso, e compassivo
A consolar um triste, e desgraçado.
Gemendo nesta gruta recostado,
        Sinto mortal desgosto;
Não vejo mais que o rosto descorado
Da saudade, e da mágoa, com que vivo;
        Ó sono fugitivo,
Torna, torna amoroso, e suspirado
A consolar um triste, e desgraçado.

Quase no mesmo nível é o XLVI:

        Ó garça voadora,
Se além do golfo inclinas os teus giros,
        Ah! leva os meus suspiros

À mais gentil Pastora desses montes.
Não temo que te enganes; prados, fontes,
    Tudo se ri com ela;
    Não é, não é tão bela,
Quando surge no Céu purpúrea Aurora;
    Ó garça voadora,
Se além do golfo inclinas os teus giros,
Ah! leva por piedade os meus suspiros.

De grande beleza é igualmente o XLVII, que principia:

O inverno congelado
    As montanhas cobriu de aguda neve:[...]

Ver também os dois seguintes XLVIII e XLIX.

(30 de novembro de 1958)

Poeta-elo*

Dar à língua uma nova dimensão, seja em que sentido for — eis o que marca, antes de mais nada, a importância de um poeta. Numa época voluntariamente superficial, o padre Antônio Pereira de Souza Caldas tentou valentemente devolver à poesia de língua portuguesa a altitude de seus clássicos (e particularmente dos clássicos das línguas que formaram nossa cultura: o latim, o grego, o hebraico), emprestando-lhe uma dignidade que, embora freqüentemente artificial, garantiu a continuidade de uma tendência relevante do idioma, já precedendo, entre outras coisas, a eloqüência romântica. Um poeta-elo dos mais importantes e que, por outro lado, enriqueceu nosso acervo poético com algumas composições de primeira classe, relativamente à pobreza de nossa poesia, antes, durante e bastante depois dele; pois, nunca é demais repetir, a poesia brasileira — com duas ou três

* Título atribuído pela organização.

exceções — só atinge o nível internacional já em pleno século xx.

Uma das marcas de nossa deficiência cultural é a tendência a somente levar em consideração, no julgamento dos poetas, a sua obra original, passando-se ao largo as traduções; ora, é preciso reconhecer encontrar-se na tradução, na paráfrase, na "homenagem" (à maneira de Pound), na paródia mesmo, um dos terrenos mais fortes — e indispensáveis — do trabalho poético. A língua inglesa é exemplo disso, algumas de cujas obras-primas são traduções: as várias versões da *Bíblia*, as *Metamorfoses* de Ovídio-Golding, os *Rubaiyat* de Khayyam-Fitzgerald, recentemente as *Fábulas* de La Fontaine-Marianne Moore. No caso presente, é preciso deixar bem claro que pouquíssimas obras poéticas contemporâneas de Souza Caldas representam para a língua o que significam suas traduções (diretamente do hebraico) de numerosos salmos da *Bíblia*.

A obra original de Souza Caldas não tem interesse poético. Seu interesse literário residirá, talvez, no esforço pró-restauração de padrões "clássicos" e em certas atitudes anunciadoras do romantismo: a admiração por Rousseau, a influência do direito natural (lembrar Gonzaga), a condenação da sociedade. Dentro de uma ótica poética, sua obra não passa, contudo, de versificação, ora boa, ora má, ora comprovando a capacidade do poeta para a grande medida, ora simplesmente amontoando licenças poéticas desnecessárias e lugares-comuns. O Souza Caldas original não passa muito de um imitador dos latinos e dos portugueses seus antecessores próximos ou remotos como Camões e Corrêa Garção (a "Cantata de Dido"). Para exemplificar, eis o início da cantata "Pigmalião":

Já da lúcida Aurora cintilava
O trêmulo fulgor, e a Noite fria
Nas mais remotas praias do Ocidente,
Entre abismos gelados, se escondia.
    Amor impaciente
Dos Filhos de Morfeu se acompanhava,
E de Pigmalião a altiva mente,
Com lisonjeiros sonhos, afagava. [...][1]

Como se vê, um fazedor de versos tocando instrumentos alheios. Há coisa um pouco melhor, todavia, nesse repositório de metros variados que é a obra original (também as traduções) de Souza Caldas; na primeira cantata sacra, por exemplo, temos:

    Os montes erguidos,
Os vales retumbam
Ao som dos rugidos,
Dos feros leões.
    Nas asas sustidas,
As aves revoam: [...][2]

Não é mau. Como é também de interesse a primeira estrofe da Ode VII, onde se demonstra a força (ainda que imitativa) do poeta:

Entre azuladas ondulantes chamas,
Que em turbilhões de fumo envoltas ardem
    No lago triste e horrendo,
Onde irosa se mostra a mão potente
    Do Deus imenso e justo,

154

Teu tortuoso colo, ó vil pecado!
Em vão raivoso, sem cessar agitas.[3]

A verdadeira obra de Souza Caldas é, porém, reiteramos, a tradução de grande número dos "Salmos" bíblicos. Defronte do original hebraico, sem muito se preocupar com a Vulgata latina, o Padre Caldas não se limitou a traduzir. O hebraico é mero ponto de partida — do mesmo modo que qualquer tema num poema original. Infelizmente não conhecemos a língua de Davi e Asaph; o leitor que participar de nossa deficiência poderá, no entanto, constatar o que há de criador nas traduções de Caldas comparando-as com as traduções correntes, em prosa, católicas ou protestantes. Não há muita coisa no século XVIII, brasileiro ou português, que se iguale a isto como versificação competente e riqueza de linguagem:

SALMO III

Ah SENHOR! que crescendo meus imigos,
Apinham-se, e me encaram furiosos!
      Quantos me estão bradando:
"Debalde espera que o seu DEUS o salve"!
Mas tu és, ó SENHOR, o meu esteio,
      E a minha doce glória;
O rosto entre os perigos tu me exaltas.
A DEUS clamei, e sobre o monte santo
      Minhas vozes toaram.
Pesado sono me cerrou os olhos,
Dormi, e alegre despertei nos braços
      Do DEUS que a si tomou-me.

Cerque-me embora numeroso exército:
Sem susto o arrosto; mas é tempo, acode-me,
Ergue-te, ó DEUS, e salva-me.
Já outras vezes meus perseguidores
Tu desfizeste, e os dentes esmagaste
Dos ferozes malvados:
De ti pende, SENHOR, o libertar-me:
E da tua bênção goze, esperançoso,
O povo que escolheste!

Nossa língua, como todas as neolatinas, não tem a sorte do inglês e do alemão: traduções dos testamentos que sejam monumentos literários; algumas versões de Caldas servem para marcar um alvo a atingir por futuros tradutores preocupados não só com a letra como com a poesia do original. Uma seleção desses salmos poderia transformar-se num pequeno *best-seller*, com grandes benefícios para a língua. Veja-se a exatidão da primeira estrofe do Salmo XVII em Caldas:

Eu te amarei, ó DEUS, meu doce amparo,
Ó minha fortaleza, e férreo escudo!
Tu meu libertador, minha esperança,
Tu és da minha vida o firme esteio;
Mal te invoco, recua,
Desatinado foge
Dos inimigos meus o informe bando,
Que feros contra mim vinham bradando. [...]

Também este fragmento do Salmo XIX:

Falcados coches, férvidos cavalos

Dos inimigos são firme esperança;
A nossa, é DEUS somente.
Nas corredoras rodas enleados,
Confusos caem [...]

E numa das versões do XXI:

Despovoado o abismo,
E despedaçada a morte,
Abri ufano e forte
Os encerrados céus: [...]

O leitor que tiver à mão o volume publicado por Stockler (Paris, 1820) veja também, inteiro, o Salmo XXV. Na segunda tradução do XXVIII veja-se a força desta antístrofe:

Escutai o estampido pavoroso,
 Com que a voz do DEUS grande
Sobre as águas se espalha; qual ressoa
Nos ares o trovão, e tudo atroa;
 O tom onipotente
As fez vivificar; nelas banhados
Os homens afogaram seus pecados. [...]

Às vezes Souza Caldas consegue ser péssimo tradutor. O deslumbrante início do Salmo XLI ("assim como o cervo suspira pelas fontes das águas, assim a minha alma suspira por ti, oh Deus") transforma-se, nele, em:

Qual suspira sequioso
Lasso cervo a clara fonte,

Tal anelo fervoroso
Por ver o meu criador.
Meu espírito ansioso
Teve sede de seu DEUS; [...]

Etc., paráfrase digna do pior parnasiano. A tradução do XLII é, entretanto, inteiramente bela. Belo também é este fragmento do XLV:

Com hórrido estampido ressoaram
Do mar as turvas águas;
Abalados estalam seus rochedos;
Mas, entre tanto horror, pequeno rio
Mana sereno, e lambe
As praias da cidade, que DEUS ama,
Onde assentou seu trono augusto e santo. [...]

Souza Caldas é às vezes bom na fanopéia:

Reveste as minha trêmulas entranhas
Da retidão perdida: [...]

Nas traduções comuns do Salmo não se encontra a eloqüente adjetivação "trêmulas". No Salmo LXV encontramos:

Ali cheiroso incenso,
Ali tenros cordeiros,
Os bois mais nédios, os mais nédios hircos
De meus longos rebanhos e manadas,
Pelo sagrado fogo
Consumidos, serão em honra tua. [...]

Finalmente a tradução do Salmo cxxxvi ("Super flumina Babylonis...") não se compara com a "homenagem" camoniana ("Sôbolos rios que vão..."); mas começa, também, com alguma beleza:

Nas praias que o Eufrates rega,
Abatidos nos sentamos,
De pranto amaro as banhamos,
Com saudades de Sião.

Dos salgueiros que as guarnecem,
Nossos doces instrumentos
Pendem, ludíbrio dos ventos,
Sinal da nossa aflição. [...]

Sirva, enfim, esta amostragem, para que em análises futuras não mais se diga, apressadamente, que "as traduções dos Salmos, feitas por Souza Caldas, em nada contribuem para melhorar o juízo crítico que se possa fazer de suas qualidades poéticas"; muito pelo contrário, conforme esperamos ter demonstrado, é exatamente nessas traduções que se encontra a contribuição de Caldas, qualquer que seja a sua magnitude.

Além dos poetas, já passados em revista, e à parte Basílio da Gama e Santa Rita Durão, poetas narrativos que veremos a seguir, o século xviii e o seu prolongamento pré-romântico forneceram-nos quantidade de poetas que pouco passam de menções em nossa história literária.

As pesquisas que efetuamos nesse terreno foram perda de tempo: Vicente da Costa Jaques, frei Francisco de Paula

Santa Gertrude Magna, Manuel Ferreira de Araujo Guimarães, frei Francisco de São Carlos, Francisco de Melo Franco, José Bonifácio de Andrada e Silva, José Elói Otoni, Bento de Figueiredo Tenreiro Aranha, Francisco Vilela Barbosa, Domingos Borges de Barros, José da Natividade Saldanha etc. todos merecem, a nosso ver, o esquecimento em que têm andado.

A maioria dos versos satíricos publicados em nossa imprensa provinciana é pelo menos tão boa quanto o "Reino da estupidez", de Francisco de Melo Franco; completamente morta, igualmente, encontra-se "A assunção", o pretensioso poema de frei Francisco de São Carlos, quase sempre ingênuo e muita vez risível; Elói Otoni é mau versejador tanto na obra original como nas paráfrases bíblicas; a obra poética de José Bonifácio de Andrada e Silva é toda má retórica e tola erudição, tanto quanto a de José da Natividade Saldanha. De Bento de Figueiredo Tenreiro Aranha é conhecido o convencional soneto "A mameluca Maria Bárbara, mulher de um soldado, cruelmente assassinada no caminho da Fonte do Marco, perto desta cidade de Belém, porque preferiu a morte à mancha de infiel ao seu esposo"; talvez tenham algum remoto interesse certas "odes anacreônticas" de José da Natividade Saldanha. O resto é nada.

(14 de dezembro de 1958)

Verificador competente[*]

A "quantidade", a grande medida, em todos os sentidos, materiais e imateriais — o grande verso, a grandiloqüência (no bom sentido), o grande motivo, os grandes heróis, o grande poema, e, ao mesmo tempo, verso grande, assunto grande, poema grande —, eis a qualidade por definição dessa variedade de poesia narrativa que é o *epos*, a epopéia, o poema épico. A ausência de uma total magnitude (características tanto dos épicos nacionais, *Ilíada, Odisséia, Eneida, Beowulf, Chanson de Roland, Lusíadas,* o *Cid* etc., como da *Divina comédia* ou do *Paraíso perdido*) é que impede de ser épica a nossa poesia narrativa de certo fôlego do século XVIII: o *Caramuru*, de Santa Rita Durão, e o *Uraguai*, de Basílio da Gama. Assuntos relativamente mesquinhos e absolutamente imediatos sem um momento escapar às limitações locais e atuais, sem qualquer sentido agônico, sem verdadeiro drama, sem

---

[*] Título atribuído pela organização.

heroísmo, sem sublime e sem purgação, os dois poemas não podem, dentro dos limites do bom senso, aspirar à classificação de épicos.

Não são, contudo, de modo nenhum, obras que se ponham de lado, por falta de interesse. Sacrificou-as a demasiada ambição de seus autores: circunscritos ao despretensioso romance, à narrativa ibérica tradicional, entre lírica e dramática, popular e erudita, teríamos neles, talvez, dois verdadeiros clássicos do idioma no Brasil: tais como foram escritos, todavia, aí estão eles, em grande parte e no essencial, frustrados, esquerdos, ingênuos, dignos de serem lidos apenas em fragmentos.

A poesia lírica de Basílio da Gama é quase toda desinteressante; legível será talvez, apenas, e não por motivos poéticos, a "Declamação trágica". O que ainda estará vivo de Basílio é este ou aquele trecho mais feliz do *Uraguai*, poema em versos brancos e cinco cantos, de estrofes irregulares, narração meramente anedótica e descritiva de uma expedição luso-espanhola contra índios e jesuítas das Missões. Nem se trata de um poema "brasileiro": pouco interessam a Basílio os costumes dos índios, a terra descrita não é nossa (trata-se, hoje, do território uruguaio), os heróis celebrados ou são portugueses ou são índios pouco reais, índios "românticos", que no essencial poderiam ter nascido tanto no Canadá como nos Estados Unidos como no Paraguai. O que nos importa, porém, é a razoável quantidade de bons versos — alguns de boa linguagem poética — encontrável no *Uraguai*. Os versos brancos desse poema são, em geral, de um bom técnico e, várias vezes, de um poeta. Há certa dignidade e alguma altitude desde as primeiras linhas:

Fumam ainda nas desertas praias
Lagos de sangue tépidos, e impuros,
Em que ondeiam cadáveres despidos,
Pasto de corvos. Dura inda nos vales
O rouco som da irada artilheria. [...][1]

Tais versões são típicas, desde logo, de Basílio, notadamente pela excessiva, se bem que geralmente apropriada, adjetivação: seis qualificativos evidentes em cinco versos! Logo adiante, temos:

Águia, que depois foge à humilde terra,
E vai ver de mais perto no ar vazio
O espaço azul, onde não chega o raio. [...][2]

E depois:

Quentes sonoros eixos vão gemendo
Co' peso da funesta artilheria. [...][3]

Se eleva aos Céus a curva, e grave bomba
Prenhe de fogo: [...][4]

A disciplina militar dos Índios
Tinha esterilizado aqueles campos. [...][5]

Dentro de pouco tempo um meu aceno
Vai cobrir este monte, e essas campinas
De semivivos palpitantes corpos
De míseros mortais, que inda não sabem

Por que causa o seu sangue vai agora
Lavar a terra, e recolher-se em lagos. [...][6]

Todo esse plano espaço imenso de águas. [...][7]

Embora o melhor de *Uraguai* sejam as ocasionais expressões de inegável poder de apresentação, há, no segundo canto, por exemplo, algumas boas descrições de combates. Realizando-as, o poeta utilizou-se de todo o arsenal dos épicos que o precederam, os longos símiles sustentados, as imagens batidas etc. Não são contudo de todo negligenciáveis versos como:

Disparou-lhe a pistola, e fez-lhe a um tempo
Co' reflexo do Sol luzir a espada. [...]

Era pequeno o espaço, e fez o tiro
No corpo desarmado estrago horrendo.
Viam-se dentro pelas rotas costas
Palpitar as entranhas. Quis três vezes
Levantar-se do chão: caiu três vezes,
E os olhos já nadando em fria morte
Lhe cobriu sombra escura, e férreo sono. [...][8]

Nada de novo, como se vê, porém, sem dúvida, alguma competência na diluição de modelos anteriores e certa felicidade expressional. Há, também, algumas boas descrições; exemplo:

Fizeram alto, e se acamparam, onde
Incultas várgeas, por espaço imenso,

Enfadonhas, e estéreis acompanham
Ambas as margens de um profundo rio.
Todas estas vastíssimas campinas
Cobrem palustres, e tecidas canas,
E leves juncos do calor tostados,
Pronta matéria de voraz incêndio.
O Índio habitador de quando em quando
Com estranha cultura entrega ao fogo
Muitas léguas de campo: o incêndio dura,
Enquanto dura, e o favorece o vento.
Da erva, que renasce, se apascenta
O imenso gado, que dos montes desce; [...][9]

Há algo de cinematográfico em certas minúcias de tais
descrições:

Acorda o Índio valeroso, e salta
Longe da curva rede, e sem demora
O arco, e as setas arrebata, e fere
O chão com o pé: [...]

E onde mais manso, e mais quieto o rio
Se estende, e espraia sobre a ruiva areia,
Pensativo, e turbado entra; e com água
Já por cima do peito as mãos, e os olhos
Levanta ao Céu, que ele não via, e às ondas
O corpo entrega. [...]

Outra vez se lançou, e foi de um salto
Ao fundo rio a visitar a areia.
Debalde gritam, e debalde às margens
Corre a gente apressada. Ele entretanto

Sacode as pernas, e os nervosos braços:
Rompe as escumas assoprando, e a um tempo
Suspendido nas mãos, voltando o rosto,
Via nas águas trêmulas a imagem
Do arrebatado incêndio, e se alegrava. [...]

[...] Uns já cortam
As combustíveis palhas, outros trazem
Nos prontos vasos as vizinhas ondas. [...][10]

Há numerosos outros fragmentos do *Uraguai* em que, como nos citados, fica provada a capacidade de Basílio da Gama não só como versificador, mas também como, algumas vezes, de verdadeiro poeta, apto a falar na linguagem específica, criadora, da poesia. Fragmentos, repetimos. O todo do *Uraguai* é acanhado, ingênuo, desencontrado, incerto — narração-descrição muito abaixo do nível épico. Dos cinco cantos, o único trecho suficientemente longo em que é sustentado, sem altos e baixos, um padrão elevado de dicção eficaz é aquele, bastante célebre, da morte de Lindóia, que o leitor encontrará em qualquer antologia, começando:

Um frio susto corre pelas veias

e terminando pelo verso tão celebrado (sem muita razão):

Tanto era bela no seu rosto a morte![11]

São cinqüenta e oito versos de classe, que honrariam qualquer profissional competente. O trecho é significativo, também, por seu caráter de perfeita amostragem estatística da obra de Basílio, com seus ecos gongóricos, sua relativa disciplina e seus prenúncios de romantismo. O ponto alto parece-nos ser:

Tinha a face na mão, e a mão no tronco
De um fúnebre cipreste, que espalhava
Melancólica sombra. Mais de perto
Descobrem que se enrola no seu corpo
Verde serpente, e lhe passeia, e cinge
Pescoço, e braços, e lhe lambe o seio.
Fogem de a ver assim sobressaltados,
E param cheios de temor ao longe;
E nem se atrevem a chamá-la, e temem
Que desperte assustada, e irrite o monstro,
E fuja, e apresse no fugir a morte. [...][12]

Outros fragmentos relevantes do *Uraguai*:

E em ferrugento vaso licor puro
De viva fonte recolheu. Três vezes
Girou em roda, e murmurou três vezes
Co'a carcomida boca ímpias palavras,
E as águas assoprou: depois com o dedo
Lhe impõe silêncio, e faz que as águas note.
Como no mar azul, quando recolhe
A lisonjeira viração as asas,
Adormecem as ondas, e retratam
Ao natural as debruçadas penhas,
O copado arvoredo, e as nuvens altas:
Não de outra sorte à tímida Lindóia
Aquelas águas fielmente pintam

O rio, a praia, o vale, e os montes, onde
Tinha sido Lisboa; e viu Lisboa
Entre despedaçados edifícios,
Com o solto cabelo descomposto,
Tropeçando em ruínas encostar-se.
Desamparada dos habitadores
A Rainha do Tejo, e solitária,
No meio de sepulcros procurava
Com seus olhos socorro; e com seus olhos
Só descobria de um, e de outro lado
Pendentes muros, e inclinadas torres. [...][13]

(Notar as ressonâncias latinas; o "tom" de Virgílio lamen-
tando Dido e Tróia, o *et campos ubi Troia fuit*.)[14]

[...] Mais ao longe
Prontas no Tejo, e ao curvo ferro atadas
Aos olhos dão de si terrível mostra,
Ameaçando o mar, as poderosas
Soberbas naus. Por entre as cordas negras
Alvejam as bandeiras: [...]

[...] quando a velha
Bateu co'a mão, e fez tremer as águas.
Desaparecem as fingidas torres,
E os verdes campos; nem já deles resta
Leve sinal. Debalde os olhos buscam
As naus: já não são naus, nem mar, nem montes,
Nem o lugar, onde estiveram. Torna
Ao pranto a saudosíssima Lindóia,
E de novo outra vez suspira, e geme.
Até que a Noite compassiva, e atenta,

Que as magoadas lástimas lhe ouvira,
Ao partir sacudiu das fuscas asas,
Envolto em frio orvalho, um leve sono,
Suave esquecimento de seus males.[15]

[...] Ao mar largo
Lança do profanado oculto seio
O irado Tejo os frios nadadores. [...][16]

(14 de dezembro de 1958 e 11 de janeiro de 1959)

Arremedo de épico[*]

Santa Rita Durão, o autor do *Caramuru*, fez muito mais esforços para tornar seu poema um épico do que o autor do *Uraguai*. Tais esforços se concentraram, infelizmente, apenas em dar à obra as exterioridades convencionais do épico renascentista, imitando-se, para tanto, a construção, em todos os planos — sintaxe, métrica, estrutura geral —, de *Os lusíadas*. A diferença fundamental entre o *Uraguai* e o *Caramuru* (à parte a evidente inferioridade deste, bem como a envergadura dos dois trabalhos, o primeiro muito menos extenso que o segundo) é que aquele é obra de um pequeno poeta, pequeno, mas poeta, desleixado e não muito ambicioso, e este último o trabalho de um escritor relativamente competente, trabalhador diligente, e que se considerava capaz, nada mais nada menos, de transformar algumas lendas sem importância (mais algumas escaramuças misturadas

[*] Título atribuído pela organização.

com maior ou menor habilidade) no épico de uma futura grande nação.

O *Caramuru* é um enorme e tediosíssimo fracasso. Porém, como sempre — no perde-ganha de quem escreve —, nele ainda se encontram fragmentos de certo valor, quase sempre literário, histórico, até antropológico, e três ou quatro vezes poético. Em qualquer história literária do Brasil achará o leitor suficientes *data* sobre o poema. Basta-nos, aqui (tendo em vista, particularmente nossa dificuldade, e decerto a do leitor, em ler o verso geralmente prosaico de Santa Rita Durão), indicar os trechos mais significativos do poema.

Desde o princípio, tudo é convencional e cansativo no *Caramuru*: a exposição do assunto, a invocação, a dedicatória... A descrição do naufrágio de Diogo Álvares é dos melhores momentos, sobretudo o encontro dos selvagens com os náufragos:

> Algum chegando aos míseros, que à areia
>   O mar arroja extintos, nota o vulto;
>   Ora o tenta despir, e ora receia
>   Não seja astúcia, com que o assalte oculto.
> Outros do jacaré tomando a idéia
>   Temem que acorde com violento insulto;
>   Ou que o sono fingindo os arrebate,
>   E entre a presas cruéis no fundo os mate.

> Mas, vendo a Sancho, um náufrago que espira,
>   Rota a cabeça n'uma penha aguda,
>   Que ia trêmulo a erguer-se, e que caíra,
>   Que com voz lastimosa implora ajuda:
>   E vendo os olhos, que ele em branco vira;

Cadavérica a face, a boca muda,
Pela experiência da comua sorte
Reconhecem também que aquilo é morte. [...][1]

Seguem descrições dos índios, de seus trajes e costumes; é entremeada uma lenda; descrevem-se os preparativos do festim dos antropófagos. No Canto II, o português assusta os índios só com aparecer-lhes armado, o que tira o *suspense* do famoso tiro que lhe valeu o cognome. Mais lendas entremeadas, mais descrições de costumes, aparecimento de Paraguaçu, com subseqüente batizado e casamento. Há dois momentos engraçados:

[...] outro ensopa
Em visgo as longas ramas do palmito,
Onde impróvido caía o Periquito. [...]

Põe-lhe de fuga os olhos, que abaixara;
E, ou de amante, ou também de vergonhosa,
Um tão belo rubor lhe tinge a cara,
Como quando entre lírios nasce a rosa:
Três vezes quis falar, três se calara;
E ficou do soçobro tão formosa,
Quanto ele ficou cego; e em tal porfia,
Nem um, nem outro então de si sabia. [...][2]

Essa Paraguaçu, aliás, é descrita não como os outros índios (de "brutal catadura, hórrida e feia"), mas à européia, "de cor tão alva como a branca neve". O Canto III é recheado de mais descrições de costumes. Começa com uma boa imitação de certa poesia greco-latina.

172

Já nos confins extremos do Horizonte
Dourava o Sol no ocaso rubicundo
Com tíbio raio acima do alto monte;
E as sombras caem sobre o vale fundo:
Ia morrendo a cor no prado, e fonte;
E a noite, que voava ao novo Mundo,
Nas asas traz com viração suave
O descanso aos mortais no sono grave. [...][3]

Na estrofe 88 desse canto a imitação de Camões (Alju-
barrota) chega a ser caso de polícia:

[...] e o eco horrendo,
Retumbando nas árvores sombrias
Fez que as mães, escutando os murmurinhos,
Apertassem no peito os seus filhinhos.

O Canto IV começa com um desses versos de inexplicável beleza que resultam do perde-ganha de que repetida-
mente já falamos:

Era o Invasor noturno um Chefe errante, [...]

Como sempre, abundam os momentos cômicos:

Quais torravam o Aipi; quem mandiocas;
Outros na cinza as cândidas pipocas. [...]

E em morrendo qualquer mulher, ou homem,
Choram muito, e depois assam-no, e comem. [...][4]

Nesse canto, o poeta pretende, simplesmente, imitar a descrição dos exércitos e de seus chefes, na *Ilíada* como na *Eneida*; e resultam coisas do jaez de:

> Urubu, monstro horrendo, e cabeludo,
> Vinte mil Ovecates fero doma; [...]

> Da gente fera, e do brutal comando
> Capitão Jararaca eleito veio; [...][5]

O Canto v traz um sermão de Caramuru a Paraguaçu sobre a bondade de Deus, juntamente com uma batalha marítima. Há sempre qualquer coisa que se salve, ainda que meras imitações:

> Ao resplendor da Lua que saía,
> Misturava-se o horror com a piedade,
> Porque em lagos de sangue só se via
> Sanguinolenta horrível mortandade:
> O vale igual ao monte parecia,
> E do estrago na vasta imensidade,
> O outeiro estava, donde foi o assalto,
> Com montes de cadáveres mais alto.[6]

No vi o herói é disputado por donzelas de vários clãs, as quais pretendem tomá-lo de Paraguaçu; mais lendas pias (uma das teses do poema é que os índios já eram católicos sem o saberem); o casal Caramuru-Paraguaçu parte em lua-de-mel para a Europa, numa nau francesa; as índias pretendentes, teimosas, acompanham o navio o quanto podem; o famoso (não sabemos por quê) "episódio de Moema"; ação retrospectiva: Diogo Álvares narra ao capitão francês a história e a geografia do Brasil.

Só mesmo uma crítica influenciada por preconceitos sub-românticos e pseudoparnasianos poderia deliciar-se com as ingenuidades do referido episódio, em que uma índia absurda (que não tinha entrado na história) surge, sem mais nem menos, para, agarrada ao leme do navio, gritar ao amado coisas como:

Bárbaro (a bela diz) tigre, e não homem... [...]

Fúrias, raios, coriscos, que o ar consomem,
   Como não consumis aquele infame?
   Mas pagar tanto amor com tédio, e asco...
   Ah que o corisco és tu... raio... penhasco. [...]

Por serva, por escrava te seguira,
   Se não temera de chamar Senhora
   À vil Paraguaçu, que sem que o creia,
   Sobre ser-me inferior, é néscia, e feia. [...][7]

E ainda hoje há críticos levianos que afirmam, *tout en passant*, ser esse "sem dúvida o melhor trecho do poema".

No Canto VII o casal heróico faz turismo em Paris, é recebido pelos reis de França, e Paraguaçu é batizada (madrinha: Catarina de Médicis; nome cristão da índia: Catarina). Mais descrições retrospectivas do Brasil; Santa Rita Durão imita à vontade seu predecessor Itaparica, na enumeração das riquezas da terra:

Nas comestíveis ervas é louvada
O Quiabo, o Jiló, os Maxixeres,
A Maniçoba peitoral prezada,
A Taioba agradável nos comeres: [...][8]

Terminando a descrição da fauna marinha, encontra-se talvez a melhor estrofe do poema:

Sobre a costa o marisco apetecido
No arrecife se colhe, e nas ribeiras
As Lagostas, e o Polvo retorcido,
Os Lagostins, Santolas, Sapateiras:
Ostras famosas, Camarão crescido,
Caranguejos também de mil maneiras,
Por entre os Mangues, donde o tino perde
A humana vista em labirinto verde.[9]

No Canto VIII os franceses procuram convencer Caramuru a entregar-lhes o Brasil; o herói, naturalmente, recusa. De volta a este país, em alto-mar, Paraguaçu cai em êxtase e sonha com nossa história futura, num arremedo do *in media res* épico:

Vi, não sei s'era impulso imaginário,
Um globo de diamante claro, e imenso;
E nos seus fundos figurar-se vário
Um País opulento, rico, e extenso:
E aplicando o cuidado necessário,
Em nada do meu próprio o diferenço;
Era o áureo Brasil tão vasto, e fundo,
Que parecia no diamante um Mundo. [...][10]

176

Narrando o sonho aos companheiros de viagem, Paraguaçu conta as invasões francesas e holandesas. Uns versos razoáveis:

E ao eco dos canhões entre o ruído,
    Tudo está cego, e surdo em campo, e praça;
    E no horrível relâmpago das peças
    Caem por terra os bustos sem cabeças.

Voam as naus de chamas ocupadas,
    Enchendo a enseada do infernal estrondo,
    As canoas dos nossos abordadas,
    E os galeões, que em linha se vão pondo:
Os golpes, que retinem das espadas,
    O golfo, que arde em chamas em redondo,
    Eram na terra, e mar em sangue tinto
    Um abismo, um inferno, um labirinto.[11]

No Canto IX, prossegue a narração do sonho; fragmento:

Noventa dos seus perde o Lusitano;
    E enquanto o Belga se retira incerto,
    Descobre a aurora todo o monte, e plano
    De bandeiras, canhões, e armas coberto:
Muitos ali do Batavo tirano,
    Perdidos pela noite em campo aberto,
    Deixa o dia, inexpertos nos roteiros,
    Nas mãos da nossa Tropa prisioneiros.[12]

No Canto X, chegada à Bahia, mais uma lenda de re-

cheio, e a posse de Tomé de Souza. O poema termina "brilhantemente":

> Por fim publica do Monarca reto,
>> Em favor de Diogo, e Catarina,
>> Um Real honorífico Decreto,
>> Que ao seu merecimento honras destina:
> E em recompensa do leal afeto,
>> Com que a coroa a Dama lhe consigna,
>> Manda honrar na Colônia Lusitana
>> Diogo Álvares Corrêa de Viana.[13]

A superioridade do menos pretensioso *Uraguai* sobre o
ambicioso *Caramuru* tem sido corroborada pelo tempo: treze edições, até hoje, teve o poema de Basílio da Gama, contra apenas cinco da obra de Durão.

(11 de janeiro de 1959)

MODERNISMO

O livro por dentro[1]

Cecília Meireles pode não ser o mais fértil dos poetas brasileiros de importância: é, sem dúvida, o mais prolixo. Dez livros de poemas publicados antes deste *Canções* (Livros de Portugal, fins de 1956); dez livros dos quais pelo menos o *Mar absoluto* e o *Romanceiro da Inconfidência*[2] estão entre os mais alentados da poesia brasileira.

Deles não conhecemos *Nunca mais e Poema dos poemas*, nem *Baladas para El-Rei* — respectivamente 1923 e 1925 — como também não chegamos a ver *Amor em Leonoreta*,[3] saído em 1952. Os muitos livros seus que conhecemos, mais as traduções, nos têm alimentado, de Cecília, as seguintes impressões, confirmadas pelas releituras e pelo tempo tanto quanto pelos poemas que ela publica, de quando em vez, nos suplementos literários:

1. Cecília é, de longe, o melhor poeta do seu sexo na língua portuguesa e na América Latina. De todas as "poeti-

sas" que já lemos, apenas Safo, Emily Dickson, Marianne Moore e Edith Sitwell são-lhe superiores. Nem Emily Brontë, nem Louise Labbé, nem Ada Negri, nem as alemãs, nem as portuguesas, nem as espanholas, nem a Noialles, nem as hispano-americanas, a Mistral inclusive e Juana Inés de la Cruz. Há uma americana residindo em Petrópolis — Elizabeth Bishop — que é sua igual. Mas tudo isso só importa, quando muito, como um tipo *sui generis* de louvor.

2. D. Cecília publica demais. O melhor que se poderia fazer em prol de sua glória seria preservar o *Romanceiro* completo, fazer uma antologia de uns cinqüenta grandes poemas (*Mar absoluto* seria o maior contribuinte) e queimar o resto. Mas não nos esqueçamos de perguntar: quantos poetas em nossa língua já assinaram cinqüenta grandes poemas? A outra pergunta que nos ocorre: por que d. Cecília publica tanto? — cabe aos psicanalistas responder.

3. Cecília Meireles escreveu os melhores poemas-canções da língua desde a renascença portuguesa.

4. Cecília Meireles, em matéria de versificação técnica, tem só um rival sério na poesia contemporânea da língua: Manuel Bandeira (se nós estivéssemos nos referindo a vidrilhos, lantejoulas, esmaltes e camafeus, teríamos dito, talvez, Guilherme de Almeida ou Olegário Mariano, porém até na fabricação desses inúteis objetos Cecília os bate longe). É também um dos três ou quatro melhores tradutores que possuímos.

Ora, o livro de *Canções* confirma quase todas essas impressões anteriores. Antes de tudo, igual como uns sessenta por cento de Cecília, não devia ter sido publicado. O poeta devia ter guardado a meia dúzia de grandes canções (ou fragmentos de canções), que valoriza o livro, para ulterior publicação, quando a meia dúzia se multiplicasse, e jogado o resto na cesta. A cesta, não as livrarias e bibliotecas, é o lugar de

> (Ó fitas soltas, ó cortinas
> levadas por um amplo vento
> além de campos e colinas!...)

e de

> Palavra. Pequeno rumor
> entre a eternidade e o momento.

e de

> Ó peso do coração!
> Na grande noite da vida,
> teus pesares que serão?

Essas coisas, em seu melhor, são apenas cacoetes femininos, iguais aos de Bette Davis ou aos da Morineau. Em seu pior, são vulgaridades, efeitos baratos, *bric-à-brac* indigno de quem escreveu, em *Romanceiro da Inconfidência* e em *Mar absoluto*, alguns dos maiores versos da língua. Para citar só um exemplo da grande Cecília Meireles:

> As mesmas salas deram-me agasalho
> onde a face brilhou de homens antigos,
> iluminada por aflito orvalho.

Terceto extraído do "Cenário" do *Romanceiro*. "Cenário" que é a melhor *terza rima* existente em português.

O pior defeito das mulheres-poetas é pensarem — como, aliás, muito homem também pensa — que palavras bonitas, relembrando ao leitor coisas bonitas, "palavras que fazem suspirar", é pensarem que essas palavras, nelas mesmas, já são poesia. Pode ser que sejam, mas pode ser que não sejam: geralmente não são. Quem quiser conhecer o extremo oposto, isto é, poesia só poesia mesmo, sem nada a ver com as tais "coisas bonitas", leia Blake e leia Donne.

Há, porém, entre as *Canções* versos que, se não chegam a justificar a publicação de um livro inteiro (nem o trabalho que isso dá a quem, como nós, respeita e muito a obra de Cecília Meireles), pelo menos trazem algo de sólido e alimentício à debilidade de nosso verso atual. Temos em mente:

> Eu tinha um cavalo de asas,
> que morreu sem ter pascigo.
> E em labirintos se movem
> os fantasmas que persigo.

ou

> Como os passivos afogados
> esperando o tempo da areia,
> pelo mar de inúmeros lados

(*The many-sided sea...*) ou citando um poema inteiro, o melhor do livro:

EQUILIBRISTA

> Alto, pálido vidente,
> caminhante do vazio,

cujo solo suficiente
é um frágil, aéreo fio!

Sem transigência nenhuma,
experimentas teu passo,
com levitações de pluma
e rigores de compasso.

No mundo, jogam à sorte,
detrás de formosos muros,
à espera de tua morte
e dos despojos futuros.

E tu, cintilante louco,
vais, entre a nuvem e o solo,
só com teu ritmo — tão pouco!
Estrela no alto do pólo.

Tudo isso é poesia-canção em seu melhor, descendência de Meistersinger e jograis, de menestréis e de romanceiros, de provençais, espanhóis e portugueses. Lamentável que a autora, o mais das vezes, se esqueça de que o objeto em poesia é mais importante que o sujeito. Ou seja, que o poema é mais importante que o poeta. Que o leitor pode muito não estar interessado no perfil da autora, em seus espelhos, em seus suspiros. Que sua obrigação, enfim, é utilizar o que é e o que sabe e o que faz para o progresso de nosso idioma poético pelo qual, aliás, já fez um bocado.

E nunca mais publicar coisas como "Ciclo do sabiá".

(24 de março de 1957)

Victor Hugo brasileiro*

Uma das principais contribuições de Ezra Pound para a crítica literária de nossa época é a classificação dos escritores, apresentada da seguinte maneira em seu *ABC da literatura*:

> Quando você começar a procurar pelos "elementos puros" em literatura, descobrirá que a literatura tem sido criada pelas seguintes espécies de pessoas:
>
> 1. Inventores. Homens que encontraram um processo novo, ou cuja obra extante nos fornece o primeiro exemplo conhecido de um processo.
>
> 2. Os mestres. Homens que combinaram certo número de tais processos, e que os utilizaram tão bem ou melhor do que os inventores.
>
> 3. Os diluidores. Homens que chegaram depois das duas pri-

---

* Título atribuído pela organização à resenha do livro *Poesias completas*, de Cassiano Ricardo (Rio de Janeiro, José Olympio, 1957).

meiras espécies de escritor, e que não puderam fazer o trabalho igualmente bem.

4. Bons escritores sem qualidades salientes. Homens que tiveram a felicidade de nascer num tempo em que a literatura de certo país se encontra em boa ordem de trabalho, ou quando algum ramo particular do escrever se encontra "com saúde". Por exemplo, homens que escreveram sonetos ao tempo de Dante, homens que escreveram canções curtas na época de Shakespeare, ou por algumas décadas depois dele, ou os que escreveram romances e contos na França depois que Flaubert lhes havia mostrado como.

5. Escritores de belles-lettres. Isto é, homens que na realidade não inventaram coisa alguma, porém que se especializaram em algum aspecto particular do escrever, que não puderam ser considerados como "grandes homens" ou como autores que tentaram fornecer uma completa apresentação da vida, ou de sua época.

6. Os i n i c i a d o r e s de moda, de manias.[1]

Problema: dentro de qual dessas categorias deveremos incluir o sr. Cassiano Ricardo, que agora se apresenta em panorama, com as *Poesias completas* publicadas pela José Olympio?

Para nós não há dúvida que o sr. Cassiano Ricardo é um "diluidor". Não vai na palavra qualquer intenção pejorativa. O sr. Cassiano Ricardo é um diluidor porque, partindo do princípio, que aceitamos, de que a classificação poundiana é completa:

a) não é um inventor: não encontramos, em seus numerosos livros, um "processo" importante que, antes dele, não tivesse sido descoberto, usado e elevado a alto grau por outros poetas;

187

b) não é um mestre: parece-nos que homens como Oswald, Mário e Carlos Drummond de Andrade (dois inventores e um inventor-mestre), Fernando Pessoa, Manuel Bandeira, Murilo Mendes, João Cabral de Melo Neto, Décio Pignatari, Augusto e Haroldo de Campos, etc. (onde quer que se encontrem esses poetas na supra-exposta classificação), parece-nos que esses homens, inventores ou lançadores em português dos processos usados pelo sr. Cassiano Ricardo, conseguem, freqüentemente, como já dissemos, utilizar tais processos melhor do que ele;

c) não é um "bom escritor com qualidades salientes". É um bom escritor, não há dúvida. O sr. Cassiano Ricardo tem poemas que, objetivamente, teriam de figurar na menor antologia do melhor que se escreveu, em nosso século, em português. Porém, lendo e relendo, durante uma semana, estas *Poesias completas* (que, com raras exceções e noutra ordem, já conhecíamos de outros volumes), não conseguimos encontrar suas "qualidades salientes". Por outro lado, a poesia brasileira, neste momento, está longe desse estado "saudável" que Pound, com razão, atribuiu ao soneto italiano no *turn-of-the-century XIII-XIV*, à canção elisabetana inglesa, ao romance francês imediatamente após Flaubert.

d) não é um *writer of belles-lettres* pelo simples fato de que, conforme veremos adiante, não há no sr. Cassiano Ricardo qualquer especialização. O poeta tem feito de tudo, muita vez muito bem, porém sempre no sentido extensivo, nunca no intensivo.

e) não é um *starter of crazes* (decerto Gertrude Stein; entre nós, talvez Vinicius): nunca ouvimos falar numa "mania", numa "sensação", numa "moda" Cassiano Ricardo.

Em nossa opinião, portanto, encontra-se o sr. Cassiano

188

Ricardo, sem pejorativo, entre os "diluidores" de nossa literatura. Importantes poetas o têm sido. Em nossa época pensamos, imediatamente, num Spender, num Lewis, num Mac Neice — diluidores do "processo" Auden (por sua vez *diluidor* de muitos processos anteriores, porém decerto um *master* de outros processos). Durante bastante tempo João Cabral de Melo Neto foi um diluidor do processo Drummond. Por outro lado, a literatura precisa de bons diluidores. Eles divulgam, intensificam, "promovem" o processo, ajudam os inventores e os mestres a incorporar novos processos à poesia e à língua. São a "prática" de uma "teoria".

O problema da classificação do sr. Cassiano Ricardo dentro da progressão de nossa poesia parece, assim, resolvido — com o auxílio, mais uma vez, de um utensílio poundiano. Quanto à sua colocação na estante, não padece dúvida de que o homem pertence à primeira fila de nossos poetas "consagrados": abaixo deste, acima daquele, empate com aquele outro, Cassiano fica à vontade entre Drummond, João Cabral de Melo Neto, Jorge de Lima, Manuel Bandeira, Cecília Meireles, Murilo Mendes, Vinicius de Moraes. Gostaríamos de testá-lo, como gostaríamos de testar qualquer um desses, contra os poetas da outra equipe — Pignatari, os Campos, Gullar —, mas isso criaria problemas para cuja formulação e eventual solução não há espaço nem tempo neste momento.

(Certos leitores hão de estranhar o jeito. Lembramos que não estamos escrevendo nos papiros da eternidade e sim no barato papel de um jornal vivo: o que nos interessa é instigar, provocar, excitar, em certas direções, a mente do leitor competente. Preferimos escrever num laboratório a escrever num templo. E, mais uma vez, Laurence Sterne: "Gravidade, misteriosa equipagem do corpo para esconder as falhas do espírito".[2])

A principal falha da obra de Cassiano Ricardo é da mesma natureza daquela que apontávamos, há duas semanas, em Cecília Meireles: publicar demais. A publicação das *Poesias completas* serve mais à história de nossa poesia do que à nossa poesia. Esta teria ficado muito mais satisfeita com uma antologia. Cassiano sempre escreveu coisas ótimas, desde *Dentro da noite*, cujas camadas e camadas de convenções não conseguem ameaçar a beleza do verso

> o sol me agride, o azul passa da conta. [...][3]

escrito, senhores, antes de 1915!

A frauta de Pã,[4] repleta de platitudes, afirma, contudo, a competência do autor, dentro da faixa tradição, terreno sem minas, "criar sem arriscar". Bons sonetos como "Pã e Sirinx" e "Paisagem submarina".

Por toda parte, agradável leitura sempre, muito pouca linguagem indubitavelmente poética. Em *Vamos caçar papagaios, Deixa estar, jacaré* e *Martim Cererê*,[5] quase tudo teria sido bem melhor se escrito numa boa prosa como a de *Macunaíma*, de Mário. Aqui e ali, contudo, em meio à versificação diluidora de "vers-libre-verde-e-amarelo", acha-se um

> dos papagaios ásperos, verde-gaios,
>
> um

> Um morro-assombração cobre a cabeça com o
> lençol da cerração.

um

desenrolou os seus músculos de ondas na praia[6]

ou uma "Balada a el-rey Sol" que é, inteira, uma beleza, particularmente:

O mais cru significado
fica suave se dourado
sob o reflexo de um lustre. [...]

Em *O sangue das horas*:[7] técnica, algumas descobertas de pormenor, o bom ritmo da primeira metade de "Rosas de espuma", um bom poema *in totum*, como "Presentemente".

Um dia depois do outro[8] continua *O sangue das horas*. Bons poemas como "Meio-dia", "A imagem oposta", "A flauta que me roubaram " (notar a rima), "Ode mais ou menos ana-creôntica". Um poema importante *successful* e onde se lê

E vou do espelho ao retrato
(de cabelo repartido)
e do retrato ao espelho
(caco de espelho partido)
com qual dos dois me assemelho?
Lá fora dançam as árvores
no crepúsculo vermelho...[9]

detalhe perfeito em qualquer sentido. Em *Um dia depois do outro*, contudo, é Cassiano, em várias ocasiões, simples he-terônimo de outros poetas: Fernando Pessoa poderia assi-nar o "Relógio", há muito de CDA na "Imagem oposta", há

Manuel Bandeira em "O boi e o arco-íris", há experiências contemporâneas (1947) em "A orquídea", "Serenata sintética" etc.

O "Soneto da ausente" exemplifica bem um problema freqüente em Cassiano: o da coisa bonita que, entretanto, por mais que isso nos "parta o coração", não chega a ser poesia — pelo menos não chega a ser linguagem poética. Esse soneto é belíssimo, a gente decora logo, mandamos para quem amamos... *tant pis*: "isto ainda não é poesia".

Há nesse livro, como nos precedentes e nos seguintes, muitos poemas que ficariam melhor na forma a que em português se dá o nome de "crônica" e que fez famosos os senhores Braga, Pongetti, Sabino, mais algumas senhoras. O gênero é o mesmo em prosa e em verso: coisas interessantes, coisas engraçadas, pseudopoesia, a melhor várzea contemporânea para a cultura de lugares-comuns — mas faz enorme mal à literatura, desfigurando-a e ocupando nela e na atenção pública um lugar indevidamente importante. Só entre nós isso — prosa ou verso — é considerado literatura e levado a sério. A "crônica" em verso está por toda parte, como erva daninha, em Cassiano, mas não é só nele: a praga deu em quase todo mundo, Bandeira, Drummond...

> Só por estar tão longe
> o céu é azul, e existe.
> É o que a cerração
> me conta, e eu fico triste.[10]

e, mais adiante, em

Entre o meu olhar o sol
e o sol existir em razão dos meus olhos
cai a noite.[11]

CDA está em cinqüenta por cento do livro. Combina-se com Murilo Mendes em "Atribulação". Com João Cabral de Melo Neto em "As mãos e os naipes". Murilo sozinho em "A ilha de fogo", em "O carro do triunfo". Manuel Bandeira em "Canção do medo". Mas a "1ª dança em frente do sol" (um dos melhores veios da poesia de Cassiano tem sido sempre uma espécie de poesia "antropológica") é uma beleza. Item:

Para mim, um pavão
de cabeça encoberta
pela chuva, em arco-
íris, a cauda aberta.

Aí o poeta se refere ao sol. Tão bom quanto em "A mosca azul (ou dourada?)" aquele

E pousa em nossa lágrima,
na xícara de café,
na sopa cor-de-rosa,
ou, por falta de assunto,
(azul ou dourada?)
no rosto do defunto.

"A viagem obscura" é, *in totum*, um poema. A "2ª dança em frente do sol", não tão boa quanto a primeira, tem contudo

Ainda hoje, ninguém lhe pode olhar, diretamente
no rosto, entre os clarins acesos.
A sua graça, indiscutível, proibida,
só nos permite reduzi-lo a uma rosa, de um lado
do nosso corpo,
e a um relógio de sombra na pedra, do outro.

Ou acendê-lo, setecoloridamente,
numa gota de suor — à hora em que enxugamos a fronte.

Em várias ocasiões — o exemplo mais evidente é "A
canção mais recente" — o livro apresenta pontos de contato com várias das experiências do grupo *Noigandres*[12] anteriores à poesia concreta. O sr. Cassiano Ricardo tem-se mostrado uma espécie de Victor Hugo brasileiro: à medida que vai
"envelhecendo", vai refletindo em seu espelho (espelho: um
de seus lugares-comuns, com "cacto" e "bíblico"...) o rejuve-
nescimento da poesia nacional.

Ao poema "O elefante que fugiu do circo" falta uma es-
truturação mais sólida, que lhe sustente e justifique a extensão. Nisso o poema parece com o tema. Bom, todavia, é

Eras um coração de pomba. Os pássaros
poderiam gorjear na tua tromba.

E também:

[...] os guizos, que te tilintavam,
alegremente, aos pulsos; [...]

E:

> Quando podias ser a graça, é lógico,
> de um zôo, não zoológico mas lógico.

No livro seguinte, *Poemas murais*,[13] encontramos "Boi Blau, em campo de prata", um dos melhores poemas da língua —

> O meu boi gorjeia
> quando puxa a água
> para quem tem sede.

mas que exemplifica bem uma das maiores deficiências de Cassiano Ricardo: a incapacidade de criar palavras-realidades (como faz Jorge de Lima com sua "vaca", seu "cavalo", suas "éguas") inteiramente novas na *ocasião* do poema. Seu boi, por mais que blau e em campo de prata, continua boi mesmo, ainda que transposto em símbolo e enriquecido pelas mais diversas conotações. É também o que acontece com outros animais de Cassiano, e com suas bombas atômicas, seus móbiles, seus discos-voadores. São mitos à Walt Disney, não à Yeats.

A "canção dos óculos pretos" é outra obra-prima, digna de João Cabral de Melo Neto. "A notícia de hoje" é uma lição aos poetas "marxistas". O "Poema escrito na parede do Bar 15" é também um dos maiores da língua e também exemplifica uma das grandes falhas de Cassiano: a hesitação em dar o passo final que leva do "belo verso" à linguagem poética. O trecho

Ó dono do bar, que possuis
espelho tão maravilhoso,
sei que esse espelho policial
é o teu cão, teu cão de cristal.

é uma obra-prima em si, mas poderia ser muito mais importante com apenas um gesto mais, feito pelo poeta na direção da Poesia.

Em "A dispersão" encontramos

O sagitário, o câncer,
o touro, o escorpião...
E o céu, sem ruga,
céu-zôo-dia-cal.

que é uma descoberta, mas que o poeta deixou de explorar, em todas as suas enormes possibilidades estruturais.

Em tão bom livro há, contudo, muita e má "literatura": "Cristo pintado no muro", "O guarda-noturno", "O homem dormindo"... Todavia, o soneto "O juízo final", dentro das limitações do gênero, é antológico.

"Musa paradisíaca" constitui um dos maiores êxitos de Cassiano Ricardo. Trata-se de uma espécie de retificação do seu período verde-amarelo: "Musa paradisíaca" universaliza uma experiência nacional e atinge, dentro de um espaço limítrofe da prosa e da poesia, um tempo verdadeiramente poético. Uma das experiências mais importantes e mais rendosas intentadas pelo autor.

O mesmo não se pode dizer de "Eu no barco de Ulisses". A idéia central emprestada dos *Cantos*, de Ezra Pound (aproveitar, modernamente, o Canto XI da Odisséia), a versificação emprestada de Carlos Alberto Nunes (tradução, ritmicamente conforme ao original grego, da *Ilíada* e da *Odisséia*)...[14] excesso de meios e deficiência de resultados.

Chegamos, assim, a "O arranha-céu de vidro",[15] o último e mais relevante livro incluído nas *Poesias completas*. Aqui temos o poeta na plenitude de suas qualidades, prejudicado ainda, contudo, por suas falhas básicas. O "Berimbau" é um passo no rumo de um padrão formal realmente novo e aproveita com felicidade experiências "concretistas". Pouca, muito pouca gente, no Brasil, é capaz de escrever um poema como "O banquete". A transcrição completa, aqui, desse poema, dá muito melhor que qualquer comentário a idéia do preço-teto de Cassiano Ricardo:

O BANQUETE

Em meu quarto, o silêncio
e a lâmpada que me divide em dois.
O meu quarto é mais pobre que o de Jó;
duas vezes eu e uma lâmpada só.

No salão do vizinho,
que não me convidou, a mesa alva;
e os convivas bebendo um vinho triste.
Será sangue de Orfeu? lácrima-crísti?

Porém, se o vinho é triste,
há estrelas líquidas em copos altos
que cintilam, qual geométricos lírios,
erguidos no ar à hora dos delírios.

Sinto-me bem, assim,
não convidado, pois não bebo estrela
nem sangue; sou enteado da alegria.
A tristeza é o meu pão de cada dia.

Seria eu, na festa,
um insulto aos demais, algo de cômico.
Uma pedra aos que têm, no ombro, uma asa
Um carvão quando tudo, ali, é brasa.

Sinto-me bem, porque
sou um cacto com folhas de silêncio.
Não troco por nenhum gole de vinho
este meu ser noturno e submarinho.

Que só me cheguem, pois,
o terrincar das taças, o confuso
gorjeio das bacantes. Só me agrada
beber — rosa num copo — a madrugada.

Ah, se soubessem, todos,
o bem que me fizeram, excluindo-me
do banquete — o mais lógico dos olvidos —
ergueriam um brinde aos excluídos.

Outro poema que mantém, porém sublima, os defeitos
do autor é o "Poema explicativo", onde se lê:

"Responde-me, dou-te uma rosa:
És mesmo uma girafa viva
ou, na cidade sem sossego,
um erro de perspectiva?"

e, mais adiante:

> "Responde-me, dou-te um jasmim:
> O mapa que trazes no corpo,
> salpicado de rosa dúbia,
> é um mapa da Pérsia, ou da Núbia?"

E, para terminar:

> Mas Zarafa, Girafa ou Zirafa
> lhe responde: gente incauta!
> não sabeis, então, que o mundo
> foi feito ao som de uma flauta?

Atingir tamanho êxito na transfiguração poética do anedótico, transmitir tamanho *humour* talvez justifique páginas e páginas de "crônica", presentes ainda nesse livro.

"O avião e o gavião" é mais um grande poema. Contém:

> O gavião obrigou o avião
> a descer em furiosa algazarra,
> pois viu nele um outro gavião
> só sem o g da sua garra.

Dentro do método *stream-of-consciousness*, "Os três leopardos" é um dos melhores poemas que conhecemos. Também este é preciso transcrever:

OS TRÊS LEOPARDOS

Acordei, sem querer,
os três jovens leopardos
que estavam dormindo
no chão do meu jardim.

Estavam sob as flores
quando neles toquei.
Pensando que eram mansos,
que faziam parte

dos azuis manipansos
e outros objetos de arte
que aí moram, num quadro
que é também de azulejo.

E de conchas trazidas
pelas pombas do ensejo.
Um jardim sem formigas,
sem, ao menos, o incesto

dos sátiros com as ninfas,
sem, enfim, nenhum gesto
que os acordasse, pardos,
os três jovens leopardos.

Que lhes crestasse o pêlo
e lhes ferisse a pata
(Que eles, por mimetismo,
tinham unhas de prata).

Como os ter visto claro
se tinham olhos verdes
como os têm as árvores
para quem é ignaro?

Se um pastor afoito
aí vindo da Holanda
tocava a sua flauta
do século XVIII?

Palavra puxa palavra: sentido puxa sentido, conotação puxa conotação, som puxa som, imagem puxa imagem, sentido puxa imagem, som puxa sentido, etc., etc. E tudo isso cria um objeto vivo, composto, equilibrado: um poema, ser novo, acordado, rompente, inconfundível.

Todas as províncias da poesia brasileira contemporânea encontram-se representadas, como numa assembléia, na poesia de Cassiano Ricardo. A poesia de Cassiano Ricardo não constitui, contudo, uma província definida, insubstituível, da poesia brasileira.

O sr. Cassiano Ricardo escreveu numerosos bons poemas, diversos grandes poemas, que formam significativa parcela na soma total da boa poesia brasileira. Por outro lado, o sr. Cassiano Ricardo — cujo *estilo* é difícil de reconhecer — não acrescentou aspectos novos à nossa poesia, não lhe aumentou a versatilidade, não conquistou para ela novos terrenos a cultivar. E, outrossim, não levou adiante nossa linguagem poética, não contribuiu de maneira relevante para o aperfeiçoamento, para a *diversification* do próprio idioma.

Pessoalmente, contudo, o sr. Cassiano Ricardo é um exemplo de juventude espiritual, de auto-renovação. De tal

modo que um próximo livro seu bem poderá completar o
que as *Poesias completas*, tais como agora se apresentam, deixaram de fazer.[16]

(7 de abril de 1957)

Poeta maior*

Os "Cadernos de Cultura" do Serviço de Documentação do Ministério da Educação e Cultura publicam (Caderno nº 100) *50 poemas escolhidos pelo autor*: Carlos Drummond de Andrade. É a primeira vez que CDA aparece em forma de livro (ainda que pequeno) desde que esta página funciona: oportunidade, assim, especial, para discutirmos com os leitores alguns aspectos de sua poesia — a mais importante, em vários sentidos, jamais aparecida entre nós.

Antes, porém, falemos sobre o Caderno, sobre a seleção que ele representa. Cinqüenta poemas, cerca de um quinto da obra completa (até agora) de CDA publicada pela José Olympio. Cinqüenta poemas, noventa e tantas páginas. Sobre a seleção diz o autor que "poemas escolhidos não são, necessariamente, poemas preferidos, pelo menos quando a escolha é feita pelo autor. Aqui se reúnem documentos ilus-

* Título atribuído pela organização.

trativos de preocupações e processos, através de diferentes fases da vida. O selecionador não teve em mira o que mais lhe agrada, se é que alguma coisa lhe agrade; preferiu informar". *50 poemas* não são, portanto, os melhores de Drummond, segundo Drummond, e nem uma história *objetiva* do desenvolvimento da poesia de Drummond, do ponto de vista de Drummond. Constituem um documentário pessoal do que o poeta andou querendo fazer com sua poesia, vinda a público entre 1930 e 1955 — um quarto de século de *poesia, marulho e náusea*. Por tudo isso, não há que discutir com o selecionador o seu critério de seleção. Trata-se, apenas, de procurar compreendê-lo e usar esse critério como um utensílio a mais para o entendimento do fenômeno Drummond. Não há que discutir, mas há que lamentar.

O leitor de Drummond que pega uma antologia dele e não encontra "No meio do caminho", "A flor e a náusea", "Fragilidade", "O mito", "Caso do vestido", "Morte do leiteiro", "Morte no avião", "Idade madura", "Versos à boca da noite", "Carta a Estalingrado", "Desaparecimento de Luísa Porto", "Remissão", "Confissão", "Tarde de maio", "Os bens e o sangue", "A mesa" e "Relógio do Rosário", para só falar daqueles cuja ausência é mais gritante, vai com certeza perguntar: "Que diabo de seleção é essa?". A pergunta talvez tenha tanto mais razão de ser quanto se encontram, em *50 poemas*, não poucos ("Quero me casar", "Castidade", "Os mortos de sobrecasaca", "Os ombros suportam o mundo", "Mãos dadas", "Tristeza no céu", "Á p o r o", "Vida menor", "Episódio", "Consolo na praia", "Canção amiga", "Canto esponjoso", "Legado" — como é que se publica este sem publicar "No meio do caminho"? —, "Memória", "Oficina irritada",

204

"Entre o ser e as coisas", "Estampas de Vila Rica", "Encontro", "Domicílio" etc.), cuja presença no pequeno volume, tomando o espaço de outros talvez melhores e mais relevantes, gostaríamos de ver explicada pelo próprio Carlos Drummond de Andrade.

A propósito disso, aqui vai uma sugestão ao responsável pelos "Cadernos de Cultura": por que não publicar outros *50 poemas*, de Carlos Drummond de Andrade, desta vez escolhidos não pelo autor, porém por um grupo de conhecedores e admiradores de sua obra? Nessa segunda seleção gostaríamos de ver incluídos, além dos citados mais atrás, "Poema do jornal", "Papai Noel às avessas", "Anedota búlgara", "Balada do amor através das idades", "O amor bate na aorta", "Em face dos últimos acontecimentos", "Necrológio dos desiludidos do amor", "Desdobramento de Adalgisa", "Madrigal lúgubre", "O lutador", "A mão suja", "Elegia 1938", "Edifício esplendor", "Os rostos imóveis", "Consideração do poema", "O embrulho", "Anoitecer", "Nosso tempo", "Passagem do ano", "Passagem da noite", "Uma hora e mais outra", "Nos áureos tempos", "América", "Os últimos dias", "Composição", "Um boi vê os homens", "Amar", "Morte das casas de Ouro Preto", "Convívio", "Permanência", "Brinde no banquete das musas", "Morte de Neco Andrade" e "Escada". O total, se não estamos enganados, perfaria outros cinqüenta poemas; a segunda antologia, temos pouca dúvida, não seria nada inferior à primeira; e a publicação seria mais justificável que muitos dentre os demais "Cadernos".

Isso quanto aos *50 poemas*. Quanto à poesia de Drummond — sobre a qual, como dissemos no princípio, esta é uma boa oportunidade de conversar com os leitores —

ocorrem-nos, nesta manhã de abril de 1957, neste momento de nossa própria evolução, algumas considerações. Antes de mais nada, sobre o que representa para nós, jovens poetas, a poesia desse *Poeta major* dentre os tão raros *poetae majores* de nossa língua. Vejamos:

1. Carlos Drummond de Andrade é um exemplo de competência, de autodomínio, de autocrítica, de unidade, de contenção, de poeta que sustenta sua poesia, através dos anos, em um nível quase sempre digno dela mesma.

2. Carlos Drummond de Andrade não é um auto-satisfeito, um autocaritativo: a transformação ocorrida entre *A rosa do povo* e os *Novos poemas* é suficiente prova disso.

3. A poesia de Carlos Drummond de Andrade é documento crítico de um país e de uma época (no futuro, quem quiser conhecer o *Geist* brasileiro, pelo menos de entre 1930 e 1945, terá que recorrer muito mais a Drummond que a certos historiadores, sociólogos, antropólogos e "filósofos" nossos...) e um documento humano "apologético do Homem". Quanto a essa última parte, a coisa é tão forte, que chega, às vezes, a prejudicar a "ação poética" drummondiana: todos esses "críticos" que, em vez de tratarem da poesia do homem, falam de Itabira, de sua magreza, de seu modo de andar, de falar, de sorrir... Houve um que descobriu que CDA era um homem cabisbaixo, isso porque, em vários de seus poemas, trata-se de "pernas" e não de "cabeças"...[1]

4. Carlos Drummond de Andrade é um "inventor". Se não o é ao nível universal (é meio incerto encontrar um "processo" seu que já não esteja em Heine, Laforgue, Valéry, Eliot, Auden etc.), sem dúvida o é entre nós: poemas como "Soneto da perdida esperança", "José", "A flor e a náu-

206

sea", "Os bens e o sangue" etc., para não falar de pormenores, trouxeram, ao aparecerem, contribuição quase que inteiramente original ao desenvolvimento de nossa poética. A esse respeito, note-se que Carlos Drummond de Andrade talvez seja o único de nossos poetas importantes a possuir uma descendência válida, não simplesmente imitativa: João Cabral de Melo Neto e outros menores.

5. A poesia de Carlos Drummond de Andrade é um momento central, um *turning-point* não só de nossa poesia como de toda a nossa literatura — trata-se de uma das principais reações (com Machado de Assis, com Graciliano Ramos) contra alguns dos males mais nocivos de nossa língua e de nossa literatura — conforme já foi indicado noutra ocasião, a "saudade", a "água-de-flor-de-laranja", a facilidade, a autopiedade...

6. Por tudo isso e por outros motivos, não parece restar dúvida de que Carlos Drummond de Andrade é um de nossos raros *masters*, ao lado de Camões, de Fernando Pessoa, de Jorge de Lima. A grande prova de sua poesia deverá ser enfrentada quando — com o progresso do Brasil e da cultura brasileira — seus poemas tiverem curso realmente universal. Já há bons indícios de que a luta será travada com sucesso. O homem é o mesmo em espanhol, em francês... Ouçam-no, por exemplo, em inglês:

CONFESSION

I have not loved my counterpart enough
have neither hunted his lice nor nursed his itch.
I have proffered only some few words,
melodious, late, upon returning from the feast.

Without giving I gave and without kissing kissed.
He who hides his eyes beneath the cot
perhaps is blind. And in the halflight
even the most peerless treasures tarnish.

How, from what is left, compose a man
and all that he implies of suavity,
vegetable harmony, murmured
laughter, love, surrender, and mercy?

I have not even loved myself enough,
close as I am. No one have I loved
except that bird — erazed and blue it came —
that ended smash against the airplane's wing.

(Trad. Robert Stock)[2]

Sobre a linguagem de Carlos Drummond de Andrade há muito que estudar, que optar, que decidir. Antes de mais nada, dentro de um conceito contemporâneo de linguagem poética, bem distinto da linguagem prosaica e da linguagem retórica, e da "expressão sentimental ou imediata" (Croce), será essa linguagem realmente poética? A resposta seria, a nosso ver (neste momento, pelo menos, de nossa própria evolução): ocasionalmente, sim; o mais das vezes, não.

Ocasionalmente, sim. A linguagem de Carlos Drummond de Andrade sempre teve momentos indubitavelmente "poéticos" (i.e., linguagem de *criação*, e não só de *expressão*; meio de *doação*, e não só de *comunicação*; *apresentação* do objeto, e não apenas alusão ou comentário ao objeto), como, por exemplo, "Cota zero", "Poema patético", "Bolero de Ravel", como

a noite dissolve as pátrias,
apagou os almirantes
cintilantes! nas suas fardas.[3]

ou como o "Noturno à janela do apartamento", que é preciso citar inteiro:

Silencioso cubo de treva:
um salto, e seria a morte.
Mas é apenas, sob o vento,
a integração na noite.

Nenhum pensamento de infância,
nem saudade nem vão propósito.
Somente a contemplação
de um mundo enorme e parado.

A soma da vida é nula.
Mas a vida tem tal poder:
na escuridão absoluta,
como um líquido, circula.

Suicídio, riqueza, ciência...
À alma severa se interroga
e logo se cala. E não sabe
se é noite, mar ou distância.

Triste farol da ilha Rasa.

ou como:

Acordei e vi a cidade:

eram mortos mecânicos,
eram casas de mortos,
ondas desfalecidas,
peito exausto cheirando a lírios,
pés amarrados. [...]

O mau cheiro zumbia em tudo.[4]

ou como:

> [...] não são jornais
> nem deslizar de lancha entre camélias:[5]

ou como o celebérrimo:

> Pequenos pontos brancos movem-se no mar, galinhas em
> [pânico. [...]

> É feia. Mas é uma flor. Furou o asfalto, o tédio, o nojo e o
> [ódio.[6]

ou como "Episódio", ou como:

> A perna que pensa
> outrora voava
> sobre telhados.[7]

ou como:

> Às gaivotas que deixaram
> pelo ar um risco de gula,[8]

210

ou como "Composição", ou como:

A morte baixou dos ermos,
gavião molhado. [...]

ou como:

num pátio branco e áureo de laranjas. [...]⁹

ou como:

ao ouvido do muro,
ao liso ouvido gotejante
de uma piscina que não sabe o tempo, e fia
seu tapete de água, distraída. [...]

como os homens se matam, e as enguias
à loca se recolhem, na água fria. [...]¹⁰

Numerosos momentos — redargüirá o leitor competente, e sabedor de como são raros os poetas, não só entre
nós, como no mundo inteiro, capazes de acertar tantas vezes no alvo da Poesia-Criação. No caso Drummond, entretanto, esse freqüente acertar não basta ainda, porque não o
define. Não constitui o principal em sua obra. Ele nos surge, neste momento, sobretudo, como o renovador, com seus
versos, de nossa linguagem prosaica, como o homem que
emprestou à nossa língua uma precisão, um *mot juste* em
grau que ela ainda desconhecia. O primeiro escritor (embora em verso) do Brasil a conseguir, depois de Machado de
Assis, um alto padrão daquilo que se chama em inglês *diction*,

211

isto é, *adequação* das palavras utilizadas ao objeto expresso. Também nos surge, neste momento, como o grande *verse maker*, ponto máximo de uma tradição relativamente pobre nesse sentido. Ou como o homem que colocou a linguagem retórica em nossa língua — fê-lo em verso, mas o serviço é válido também para a nossa prosa — em seus devidos termos. Veja-se a diferença que vai de Castro Alves ou de nossos famosos "oradores" para os grandes momentos de *A rosa do povo*.

Como Poeta, entretanto, no sentido de Criador de palavras-realidades, somos levados a pensar que um Jorge de Lima — muito menos importante que ele sob qualquer outro aspecto — o vence nesta tarefa, por excelência da linguagem poética, de identificar magicamente sujeito e objeto de conhecimento poético, de recriar a palavra na ocasião do poema, tarefa de criação, repetimos, e não apenas de expressão. Sob esse ponto de vista estrito, CDA nada tem que se compare, por exemplo, com o Jorge de Lima de (escolhendo ao acaso):

Na oscilação das noites e dos dias,
ouve-se a avena suave, distribuída
sobre esse tempo como estrela exata,
tão gaia estrela, tão ocaso frio.
Contempla-se o ondulante movimento
das cabras, belas cabras recolhendo-se.
Seus olhares sensíveis colhem lírios
que lhes perfumam os chavelhos altos.

Dirige-se a canção por onde nunca
nem as cabras subiram nem os ecos,

campo alegre com íris e bonanças,
bocas leves de flautas dissolvidas,
mãos nas mãos, manjeronas e aves mansas
e desejados peixes que pastassem
e encantados penedos que ressoassem
com silvestres planetas refloridos.[11]

Há ainda melhores exemplos, muitos mais — quase em qualquer página — na *Invenção de Orfeu*. O trecho que indicamos, Carlos Drummond de Andrade poderia melhorá-lo, torná-lo melhor verso, melhor linguagem no sentido lato. Mas essa enumeração recriadora, essa sintaxe reorganizadora do caos, essa "linguagem poética", não apenas aproximativa, mas reconstrutiva — tudo isso que é o fulcro da Poesia parece-nos ter escapado quase sempre ao trabalho, nem por isso menos útil, de Carlos Drummond de Andrade.

Outro aspecto da criação poética que nos parece praticamente ausente na obra de CDA é o da criação de padrões logomelophanopoéticos (Pound) ou verbovocovisuais, como diriam Joyce ou os concretistas paulistas. Não há, que saibamos, um só poema seu que represente, nesse sentido, o sucesso atingido, por vezes, por exemplo, em "Uma faca só lâmina", de João Cabral de Melo Neto — cuja poesia entretanto, é bom frisar, teria sido impossível sem a existência prévia de Drummond. Há, todavia, no *Fazendeiro do ar*, o mais recente livro de CDA, certo poema que parece indicar um caminhar o poeta nesse rumo essencial. Trata-se da "Escada", onde lemos:

E mortos, e proscritos
de toda comunhão no século (esta espira
é testemunha, e conta), que restava
das línguas infinitas
que falávamos ou surdas se lambiam
no céu da boca sempre azul e oco?

Fala-se, de quando em quando, nas chamadas rodas literárias, em uma "decadência" de Carlos Drummond de Andrade. A coisa não nos parece colocada em seus devidos termos. É verdade que o poeta tem publicado, nestes dois últimos anos, alguns poemas, nos suplementos literários, que somente subtraem à sua glória, nada lhe acrescentando. Poemas que não deleitam, não movem, não ensinam, não esclarecem, não criticam, não tomam parte — nem na vida social nem na vida estética —, poemas que não criam nem exprimem. Isso, contudo, não significa muito, quando nos lembramos que Carlos Drummond há muito publica poemas medíocres nos suplementos, deixando de incluí-los em suas obras completas, quando José Olympio as edita.

Por outro lado, dizem-nos que *O fazendeiro do ar*, o último livro dessas obras reunidas, seria o pior livro de Drummond. Não concordamos. O livro talvez seja um dos menores, em número de páginas. Contém vários maus sonetos (o soneto está longe de ser o forte de CDA). Mas contém obras-primas como o "Brinde no banquete das musas", a "Viagem de Américo Facó" — um soneto, aliás —, a última parte ("Errante") dos "Cemitérios", um grande poema em prosa ("Morte de Neco Andrade") contém a "Escada", que abre, como indicamos, um caminho novo, e, sobretudo, aquela "Ele-

214

gia" que é, em nossa opinião, um dos cinco ou seis melhores poemas jamais escritos por Carlos Drummond de Andrade.

Decadência? Esperemos os próximos livros de Drummond (cujos poemas ele naturalmente não publica nos suplementos), para julgar melhor a questão. Onde talvez exista, não decadência, porém mera acentuação, com a idade, de antigos "defeitos" humanos, é em outros aspectos da obra — em sentido amplo — de Carlos Drummond de Andrade. Já apontamos, de outra feita, aquilo que consideramos o seu grande pecado de omissão: o não se ter nunca realmente interessado (e hoje em dia ainda menos) pelo desenvolvimento da poesia brasileira como forma de cultura. O não propagar. O não ensinar, por um de tantos meios. O não lutar abertamente contra os inimigos de nossa poesia: a facilidade, as falsas glórias, a caótica escala de valores, para a qual ele mesmo contribui, às vezes, assinando, ou quase assinando, elogios públicos a poetas que ele mesmo sabe, ou devia saber, estarem longe de merecer tais elogios.

Tudo isso, porém, pouco importa. Como também pouco importa a baixa qualidade dos produtos das outras linhas de montagem da fábrica Drummond: as "crônicas", por exemplo, em prosa e verso, do canto de página "CDA" da imprensa diária. O que importa é que temos, mesmo nos *50 poemas*, quanto mais nos 262 de *Fazendeiro do ar & poesia até agora*, a mais importante contribuição jamais feita em verso para o aprofundamento, para o aguçamento e para a diversificação da língua portuguesa no Brasil.

(21 de abril de 1957)

Revendo Jorge de Lima[1]

"O algodão do Seridó é o melhor do mundo." O "Empire State" é o mais alto edifício do mundo. O "Mengo". Rio ou São Paulo. URSS ou USA. "Acho que a poesia inglesa é mais rica do que a francesa, mas a prosa francesa é mais rica do que a inglesa." Concretismo "paulista" ou concretismo "carioca"?[2]

Esse grande Jorge de Lima, que teve de desertar da poesia brasileira quando o bom do combate apenas começava, único no Brasil a ter possuído o tom e a medida do *epos*, é para nós, com todos os seus pavorosos, arrepiantes defeitos, o maior nome de nossa poesia. É um *pequeno* poeta *maior* — mas é, até agora, o nosso único poeta maior. Com bons argumentos poder-se-á colocar acima dele um *grande* poeta *menor* como é, *até agora*, um João Cabral de Melo Neto, ou, melhor ainda, um grande poeta menor, *quase* também um pequeno poeta maior, como o sr. Carlos Drummond de Andrade. Dentro de certos contextos, poder-se-á até mesmo dizer que um Manuel Bandeira, ou uma Cecília Meireles é o maior poeta brasileiro: em algumas coisas são estes os maiores. Para nós, todavia, pelo menos neste momento de nossa própria evolução, é Jorge de Lima o maior, o mais alto, o mais vasto, o mais importante, o mais original dos poetas brasileiros de todos os tempos. Tem também a vantagem de estar morto.

(Mais de um leitor, coberto daquela *gravity* de que nos fala Sterne, há de dar seu sorrisozinho superior, ao ler o parágrafo acima. O amigo se esquece de que, havendo na arte muita coisa de lúdico, logo de esportivo, a emulação continua a ser um *motif* da grandeza literária. Cf. a Provença. O resto é farisaísmo.)

Por conseguinte, é bom de quando em quando voltar a ler De Lima — como o chamam os norte-americanos, entre os quais é cada vez mais conhecido, através de mais de uma tradução. Nesta página raras vezes falamos dele, e sempre de passagem. O leitor agora que nos acompanhe numa vista de olhos (apenas a modo de *instigation*, poundianamente, e não para dizer, como muitos pretenderiam, a última palavra sobre o assunto) pela vasta, ai de nós, obra jorgiana.

Todo o Jorge de Lima anterior à *Invenção de Orfeu* parece encontrar-se na *Obra poética* bem organizada por Otto Maria Carpeaux e horrivelmente editada pela Getúlio Costa.[3] As duas primeiras partes, *Sonetos* e *XIV alexandrinos*, este o primeiro livro publicado por J. de L., são trabalhos de adolescente, mas contêm alguns poemas que nada ficam a dever aos poetas célebres da época. Na primeira parte, por exemplo, entre coisas de incrível mau gosto, encontram-se versos como:

[...] a mente em Sagres,
marinheiro de Henrique, reproduzo
minhas bravezas como bom vassalo.[4]

que poderiam figurar na *Invenção*, ou

Como se nasce plátano ou carvalho
Eu nasci mangue no meu pátrio solo.
Enquanto alteio em meu louvor um galho
Trinta raízes de alicerce atolo[5]

que são o Jorge de sempre, como também

[...] desenganos
afloram, com a perfídia dos abrolhos,
que as naus aventurosas desarvoram;[6]

O rapazola que escreveu essas coisas já era, evidentemente, o épico barroco e o poeta mesmo de decênios mais tarde.

Os *XIV alexandrinos*, não sabemos por quê, tiveram sua fama, sobretudo o "Acendedor de lampiões", que é, para nós, um sonetinho sem graça nenhuma. Não se acham nesta coleção nem mesmo versos como os que citamos da precedente.

Na terceira parte — *Poemas* — Jorge de Lima larga o "parnasianismo" (sempre hesitamos em empregar o termo em português) para tentar o *vers libre*, ou coisa que valha, com maior ou menor sucesso. Desde logo mostra bom ritmo, sempre instintivo, parece-nos, nesse poeta nato — a coisa existe — que Jorge é mesmo. Imitando todo mundo, Whitman, Lindsay, Mário de Andrade, Oswald de Andrade, Bandeira, etc., constitui sempre, contudo, leitura viva e agradável, acertando freqüentemente no poético, como:

gentes daquelas eras: nobres espúrios,
bobos, bastardos e bardos;
crenças, daquela gente: cruzes,
crescentes, mitras, capuchos
e bruxos.[7]

Poemas tem sempre, no seu pior, poder descritivo e fluência, muita fluência. O poeta experimenta o mais que lhe permitem a época, o lugar e seus próprios conhecimentos. Experimenta a medida dos versos, tanto musical como graficamente. Experimenta misturar a sua com línguas estrangeiras. Faz experiências de "mural", como em "Rio de São Francisco", que, por incrível que pareça, lembra os *Cantos* de Pound. E experimenta o folclore, o "regional", muitas vezes com bem maior sucesso que outros poetas, famosos à custa disso.

Novos poemas, a parte seguinte, está cheia de obras-primas, incomparáveis no gênero, como "Essa nega Fulô", uma das coisas mais musicais já escritas no país, "Inverno" (o poder de evocação deste é milagroso), e "Madorna de Iaiá", todos marcos com que Jorge se apossa de um terreno indisputável. Mesmo os poemas menos felizes do livro são fluentes, correntes, frescos e saudáveis. Vá o leitor ver, além dos já citados, "Serra da Barriga", "Comidas", "Os cavalinhos" (J. de L. entra glorioso em terras de Bandeira), "Poema de duas mãozinhas". Um dos primeiros grandes livros de poesia publicados no Brasil.

Poemas escolhidos segue o livro anterior, mas com menos eficiência. O mais interessante parece-nos ser o "Poema de Natal". Coisas como "O filho pródigo", "Poema a Marcel Proust" e "Felicidade" não prestam, a nosso ver.

Em *Poemas negros*, Jorge volta ao nível anterior. "Bicho encantado", "Bangüê", sobretudo "Obambá é batizado", são grandes poemas brasileiros. O "Banho das negras" e especialmente "Pra donde que você me leva" são da nossa melhor prosa poética.

Dos livros de Jorge de Lima, há três mais ou menos "ligados" ao catolicismo romano — e são, ao mesmo tempo, se excetuarmos os primeiros sonetos e os *XIV alexandrinos* (Jorge de Lima adolescente), os piores da obra de J. de L. Não que não se possa fazer boa poesia atrelando esta a uma religião: há a grande poesia mística de todos os tempos, religiosa ou não, há os hindus e os hebreus, há são João da Cruz, santa Teresa, sóror Juana Inés, são Francisco de Assis, há, em nosso tempo, a grandeza telúrica de um Claudel e a comovente ingenuidade de um Péguy, houve, na Inglaterra, os grandes poetas religiosos (Herbert, Crashaw, Vaughan, etc.), tanto católico-romanos como anglicanos, sem falar em contemporâneos como Hopkins, Thompson, etc. A poesia religiosa, mística ou não — repetimos —, é, mesmo, uma das áreas mais ricas da poesia universal.

Pode-se observar, em toda a poesia de Jorge, antes e depois dos três livros religiosamente engajados — *Tempo e eternidade* (publicado em conjunto com Murilo Mendes, sob o lema "restaurar a poesia em Cristo"), *Túnica inconsútil* e

Anunciação e encontro de Mira-Celi — a presença de preocupações religiosas, sempre dirigidas rumo da solução católica, da Igreja de sua família e de seu povo. Nos três livros, essas preocupações se transformam em tema central, daí resultando uma poesia com pretensões bíblicas, proféticas, carismáticas, apocalíticas, mas sem a força, mais uma vez, das tentativas semelhantes de um Hopkins ou de um Claudel, nem mesmo de um Péguy, de um Lowell ou de um Thomas Merton — para citar apenas gente de nossa época.

Vejamos o primeiro livro, *Tempo e eternidade*. A parte de Jorge de Lima — a que nos interessa no momento — começa com dois poemas bem interessantes, em que se mistura algo da poesia dos cancioneiros portugueses à tradição católica poética: "Distribuição da poesia" e "A noite desabou sobre o cais". Ambos têm sua eficiência e há, no primeiro, um belo verso:

Vi homens obesos dentro do fogo.

Em "O navio viajando", menos interessante, há a destacar:

O plano do mar já está dividido.

Em todos esses poemas, nota-se a influência de Murilo Mendes e até de Augusto Frederico Schmidt ou então, o que é mais provável, uma fonte de influências comum aos três. "Na carreira do vento" possui um ritmo eficaz, bem mantido até o final, quando o poeta fracassa. "Fuja no meu carneiro" pouco difere de muitos poemas de Murilo Mendes. Os demais trabalhos do livro, com raras exceções, são de pouco interesse. Exceções:

Dorme, dorme, a noite é boa,
o dia é oco como um guizo.

(Em "Sono e despertar do poeta".)

Vi dos centauros caírem cascos,
saírem asas.

(Em "Os vôos eram fora do tempo".)

Como também o poema "A planície e as flores carnívoras", de uma força bem jorgiana, porém ainda impotente ou mal dirigida.

Em suma, um livro pouco relevante na obra de J. de L., fracassando em atingir seus objetivos evidentes e salvando-se apenas quando o Jorge de sempre vem à tona. *A túnica inconsútil*, o livro seguinte, possui praticamente as mesmas características. O *vers libre*, por mais que se esticasse rumo ao versículo bíblico, andava doente, de tão *libre*. A cura, mais panacéia, Jorge encontrou-a na volta às formas tradicionais, realizada, ainda que só em parte, no *Livro de sonetos* e na *Invenção de Orfeu*.

Quem abrir *A túnica inconsútil*, fora do contexto da obra completa de Jorge de Lima, à procura de poesia séria, sem dúvida há de ficar, de um modo geral, decepcionado. Nesse constante mas negligente mirar, por parte de Jorge, de alvo longínquo e impreciso, o livro é daqueles em que o poeta menos acerta. Ao contrário das outras, difícil é achar, nesta parte, um verso realmente válido, uma expressão realmente poética, i.e., formulativa, recriadora, reificadora. Encontra-se, no máximo, e como por acaso, a poesia (e assim mesmo suspeita) do tipo de:

Os pelicanos se escravizaram nos viveiros dos príncipes. [...][8]

ou o exemplo mais autêntico de:

[...] à poeira sonâmbula [...][9]

É raro, e quase que só isso. Porém, Jorge, nesse livro, talvez andasse fazendo outra coisa. Pesquisa. Levantamento de dados. Reunião de material para posterior aproveitamento poético. Nessa parte, talvez mais que nas outras, vemos marcada a característica geral da obra de J. de L. anterior à *Invenção de Orfeu*: a ruminação desta, a "Ur-Invenção". Sob esse aspecto, que também implica a própria elucidação da *Invenção de Orfeu*, *A túnica inconsútil* tem importância. No mais, trata-se apenas de longa série de poemas de todas as influências, embaraçados caminhos cruzados onde mal importa ao autor a construção da unidade poema, onde pouco se lhe dá emitir uma linguagem poética. Além das influências e semelhanças já apontadas quanto a *Tempo e eternidade* (*Bíblia*, Claudel, Péguy; Murilo Mendes, Schmidt), temos nesse caso, freqüentemente, ecos da prosa poética francesa (Gourmont, St.-Pol-Roux, especialmente St.-John Perse), quase sempre ressoando de encontro a um *vers libre* metido a versículo e raramente tão bem temperado quanto o dos melhores poemas "regionalistas". A "coisa bonita" confundida com a "coisa poética"; o bizarro, o "sagrado", etc. como *Ersatz* de poesia; os fáceis recursos a objetos, palavras, situações, personagens pseudopoéticos... Esse o principal lado negativo do livro. Lado positivo ou, pelo menos, neutro: era a poesia da moda, em seu círculo, e Jorge, em vez de rebaixá-la, empresta-lhe certo interesse (a *Túnica* é de leitura relativamente agradável) e, às vezes, a ornamentação dessa poesia chega, por instantes, a enganar o leitor mais atento. Há poemas como "Perturbações nas Ilhas de Páscoa" que, não sabemos se por acaso, mostram uma certa estrutura, uma certa "montagem" um tanto cinematográfica. "O grande circo místico" deixa-nos perplexos: atinge-nos quase como os grandes versos (talvez pela simplicidade e fluência narrativas), ou, pelo menos, como uma peça antológica de linguagem prosaica, em verso ou não. O encanto do motivo assegura o encanto da expressão.

Há no livro coisas insuportáveis, como a insistência em explorar temas bíblicos sem nem de longe igualar (muito menos acrescentar-lhes algo) as incomparáveis qualidades literárias de boa parte do Antigo e do Novo Testamentos, ou como as fatigantes tentativas de mitificação da figura do poeta, tarefa que exige, no mínimo, a força de um Rilke. *A túnica inconsútil* serve, contudo, como um dos melhores exemplos de um aspecto capital da poesia de Jorge de Lima: a audácia com que este — ao contrário, por exemplo, da timidez de um CDA — sempre soube abordar o convencionalmente ridículo. Exemplos, na *Túnica*, dessa ingenuidade "ridícula" de Jorge, sem a qual a *Invenção de Orfeu* teria sido talvez impossível:

224

[...] Sodoma foi queimada
porque a mulher tinha sido demitida, [...][10]

Sou bombeiro do incêndio de Sodoma. [...][11]

[...] E vejo a louca abraçada ao ramalhete de rosas, que
ela pensou ser o pára-quedas, e a prima-dona com a longa cauda
de lantejoulas riscando o céu como um cometa. [...][12]

Então, Margarethe tatuou o corpo
sofrendo muito por amor de Deus,
pois gravou em sua pele rósea
a Via-Sacra do Senhor dos Passos.
E nenhum tigre a ofendeu jamais;
e o leão Nero que já havia comido dois ventríloquos,
quando ela entrava nua pela jaula adentro,
chorava como um recém-nascido. [...][13]

Note-se que não é bem a intenção do poeta, nesses versos, fazer *humour*. A intenção é séria — e ingênua. Repetimos: sem essa *délivrance* do grotesco, sem essa intimidade
com o absurdo, sem essa ingenuidade no *approach* do convencionalmente ridículo, Jorge de Lima não teria chegado
ao plano livre, à ampla medida, ao "barroco" da *Invenção*.
São preços que alguns poetas estão dispostos a pagar, outros
não — ambas as atitudes podendo ser férteis e propiciado-
ras de poesia e do progresso desta. Só a primeira, todavia,
parece-nos capaz de gerar o *epos* e, especialmente, o bizarro encanto do ornamentismo barroco.

Os poemas de *A túnica inconsútil* são, em geral, a des-
centração, a *Anti-Dichtung*, a Não-Poesia por excelência. Va-

lem mais como documento da evolução de Jorge. Seus pontos altos são os *trailers* que apresenta da *Invenção de Orfeu*, como, por exemplo:

> No dia do nascimento de Cristo descobrimos a capitania das
> [ilhas
> que tomou o mais belo dos nomes.
> Descobrimos então outras ilhas povoadas,
> e viajando para oeste penetramos nos mares sem fim.
> Lançamos as redes sobre os mares revoltos [...][14]

A obra inteira de Jorge de Lima, *Invenção* inclusive, talvez se explique pela insistência do poeta épico vocacional diante da provável impraticabilidade do gênero em nossa época.

Sobre *Anunciação e encontro de Mira-Celi* diga-se, de um modo geral, o mesmo que foi dito da precedente "poesia religiosa" de Jorge de Lima: desigualdade, altos e baixos, influência *Bíblia*-Claudel-Péguy e da prosa poética francesa, pesquisa de temas e treinamento de dicção para a *Invenção de Orfeu*, substituição, decerto inconsciente, da verdadeira linguagem poética pelo *bric-à-brac* verbal sacro-bizarro, etc. A diferença, aqui, é que há mais unidade temática (o mito de *Mira-Celi*, a "Poesia" identificada com a "Mulher") e maior variedade de metros e padrões formais: numa coisa como noutra, *Mira-Celi* já está mais próxima da *Invenção*. Por outro lado, esse livro é também o melhor dos três religiosamente "inspirados": uma poesia menos aleatória, mais segura, e onde os pontos altos de dicção são mais freqüentes. A nosso ver, essa parte, como as duas precedentes, deveria ter sido totalmente escrita na "prosa poética" de que Jorge de Lima é o mestre entre nós e que é mais empregada em *Mira-Celi* que em qualquer outro de seus livros. Mas embora se registrem platitudes e mais platitudes do gênero de

Os grandes poemas ainda permanecem inéditos,[15]

encontram-se nesse livro grandes trechos — sempre soando como anúncios da *Invenção*. Exemplos:

Aqui nessa Mesopotâmia
a gestação nunca foi estancada,
e as vozes mais tenras ressoam pelo interior do vale.
Aqui todos os seres têm órbitas donde os cometas nascem;
e aos lábios de qualquer virgem descem sempre androceus,
e dos ventres brota húmus — glória de Mesopotâmia
que o Senhor fez irrigar com sua saliva em fogo.
À noite, as flores são vísceras
e pulsam como sanguíneos vasos;
muitas descem da encosta para fecundar os peixes que, pela
[manhã, são aves.[16]

Estando o poeta recostado sobre as bordas do lago,
eis que ficou semelhante a um veleiro adernado;
mas visto de outro ângulo era esquisito cisne. [...][17]

As aves que vão sair de meu canto eram lírios outrora. [...]

Hoje são potros de ferro que retinem no ar. [...]
como uma catedral envolvida de velas: [...]

Creio que um ovo de formiga
tem mistérios como um ovo de sol. [...][18]

Mira-Celi inclui um poema curioso — dos mais eficazes
da obra de Jorge — e onde notamos inconfundível semelhança com aquela produção que aproxima Heine, Corbière, Laforgue, Pound e Eliot. É a parte número 25 do livro,
que é preciso transcrever na íntegra:

O avô tinha sido um ancião convencional,
que se enterrou de sobrecasaca e polainas;
e a avó — uma menina pálida que morreu ao pari-la;
e o pai fez algumas baladas;
contam que tinha uma luneta para olhar ao longe.
Daí, — a mão dobra a página do livro,
e a história da tetraneta finda com uma estocada no ventre:
há destinos travados, lenços quentes de lágrimas,
algum incesto, uma violação sobre um sofá antigo. —
Quando a mão dobra a página, há rastros de sangue no soalho.
Esta é a mais nova das cinco.
Veja que os seios são como neve que nós nunca vimos
e ninguém nunca viu o pai que lhe fez um filho;
e o filho desta menina é este moço de luto.
Agora vire a página e olhe o anjo que ele possuiu,
veja esta mantilha sobre este ombro puro,
e estes olhos que parecem contemplar as nuvens
através da luneta avoenga. Veja que sem o fotógrafo querer
as cortinas dão a impressão de casas impressionantes
por detrás da gravura: um estudante de cavanhaque e outro
[de capa.
Repare bem o braço que ninguém sabe de onde

circunda o busto da moça e a quer levar para um lugar

                                                      [esconso.

Fixe bem o olhar com o ouvido à escuta para perceber a

                                        [respiração grossa,

os gritos, os juramentos... A saia negra parece um sino de luto,
e o decote é a nau que a levou para sempre. E este fundo de

                                                  [água

pode ser o mar muito bem; mas pode ser as lágrimas do

                                              [fotógrafo.

Esse poema, escrito em língua mais divulgada que a nossa, teria, por si só, garantido a J. de L. um lugar na poesia universal. Pode não ser a linguagem poética hoje finalmente postulada; mas é "verso" no seu melhor, é *logos* como só mesmo os cinco grandes da estirpe citada poderiam superar. E, no gênero, não tem igual em nossa língua. Com esse poema, depois de muitos anos, Jorge volta ao nível criador da "Nega Fulô", nível que, daí por diante, a partir do *Livro de sonetos*, não lhe seria difícil manter — embora com as tenebrosas quedas de sempre. E basta para justificar esse massudo *Mira-Celi* em que ainda são raros, embora menos que nos dois livros anteriores, os momentos de verdadeiro interesse estético. Vejamos, agora, o *Livro de sonetos*.

Livro de sonetos. Jorge sempre havia praticado a forma — ou a fôrma (o trocadilho está ficando velho e é trocadilho; mas é revelador) — com maior ou menor sucesso, conforme antes vimos. Aqui começa a utilizar-se dela (continuaria na *Invenção*) como meio de atender — mais de fugir —

229

a uma das necessidades prementes sentidas, por definição, pelos poetas de todos os tempos: o poema necessita ser uma forma, um padrão, uma coisa composta, por sua vez, de outras coisas, as palavras. Ocasionalmente, ao longo de sua obra, Jorge atingiu uma linguagem poética, isto é, reificadora, coisificante — em pormenor, contudo, como vimos. Seus melhores poemas anteriores a este livro ("Essa nega Fulô", "Inverno", a parte 25 de *Mira-Celi*) ou eram *melos* ou eram *logos*, nunca no todo (e sim em parte, repetimos), *phanos* — imagem, conjunto de imagens, padrão, estrutura. A prosa, o "verso", etc., são modos de discurso, que só têm começo e fim por contingência e por convenção — não por necessidade, como no verdadeiro poema, em que deve haver estrutura, soma de partes, mais alguma coisa que decorre e não decorre da mesma adição.

Ora, o sucesso do soneto em todo o Ocidente desde que um toscano mais preguiçoso não conseguiu terminar uma *canzone*... — talvez seja devido a essa panacéia, a essa meia solução do grande problema. O soneto, quem sabe mais que qualquer outra forma fixa, facilita extremamente a criação, virtual e atualmente visual, de um "padrão". E os grandes sonetos — os melhores de Cavalcanti, Dante, Shakespeare, Keats, Camões, Sá de Miranda, Diogo Bernardes —, sobretudo quando predomina a preocupação visual (o *That time of year thou mayest in me behold*, de Shakespeare, ou o *Bright star, would I were stedfast as thou art*, de Keats,[19] para nós os exemplos mais perfeitos e mais acabados do que estamos querendo expressar), chegam a produzir uma estrutura bastante satisfatória no plano menor, embora estejam longe de resolver o mesmo problema em plano maior.

Jorge de Lima, barroco por excelência, mas essencialmente poeta, sentiu decerto o mesmo imperativo. E, não havendo em torno dele condições para tentativas mais ousadas, voltou à velha forma — tendo, contudo, a "classe" de usá-la, de dominá-la, de revolucioná-la, de lutar contra ela — e não de a ela submeter-se, como fazem os mais fracos. São 78 sonetos, a grande maioria "irregulares", em vários metros (a maioria decassílabos), rimados, assonantados, quase brancos, quase nunca ritmicamente marcados conforme as medidas tradicionais do verso empregado, quase todos cheios de surpresas e de irregularidades métricas — umas funcionam, outras não. Por toda parte, a necessidade de emprestar uma forma à massa amorfa que foi quase sempre — e continuaria a ser — a linguagem de Jorge de Lima. E, quanto à palavra em si, começa aqui, em Jorge, a tendência para a nomeação original, para a encantação primitiva que lhe daria, aqui e na *Invenção*, as suas mais belas *touchstones*. Este *Livro de sonetos* deve ser lido e relido — empiriocriticamente... — pelos poetas principiantes: até em seus fracassos, Jorge, como grande poeta, é instrutivo. Ali encontrará o poeta mais jovem a grande "dicção" jorgiana — quase perfeita correlação entre a coisa a dizer e a coisa dita; encontrará a identificação, pela primeira vez em Jorge, da linguagem poética com a própria percepção fenomenológica do imundo ("Se essa estrela de absinto desabar"); e, por toda parte observará Jorge, em sua grande tarefa histórica de abrir as comportas da linguagem — poética e prosaica — brasileira, quebrando as convençõezinhas, as falsas sintaxes — dando à nossa semântica o maior impulso que um só de nossos escritores já lhe emprestou até Guimarães Rosa.

231

* * *

O *Livro de sonetos* é um grande prefácio da *Invenção de Orfeu*. Qualquer edição deste poema, em separado das *Obras completas*, deveria trazer, ainda que em apêndice, o *Livro de sonetos*. São obras, evidentemente, da mesma fase, e uma completa a outra — basta considerar os inúmeros sonetos incluídos na *Invenção*. Os melhores sonetos de Jorge estão numa como na outra dessas partes de sua obra. Para nós, pelo menos, as duas constituem uma só e mesma coisa, em "conteúdo" como, freqüentemente, em "forma".

Melhor que comentar um objeto de arte é, sempre, apresentá-lo, diria Pound. E exibiria:

1. Um padrão imagístico.

Os seus enfeites,
Suas bandeiras,
O amplo velame
Dormem na sombra.

Os mastaréus
Furam a treva;
Na tarde fria
São como ogivas.

É um mudo rito,
Agudo, agudo
No ar nevoento.

232

E a nave suave
Parece uma ave
Insubsistente[20]

2. Boa poesia "religiosa".

Sei Teu grito profundo, e não me animo
a cortar a raiz que a Ti me embasa.
Em mão mais primitiva não me arrimo
Devo-Te tudo, origem, patas, asas.

Permite que eu revele história e limo
sem desobedecer a Tua casa.
Nazareno dos lagos, lume primo,
atende à pobre enguia de águas rasas.

Se desses versos outro lume alar-se
misturado com os Teus em joio e trigo,
sete vezes por sete me perdoa.

Ó Desnudado, é meu todo o disfarce
em revelar os tempos que persigo
— na vazante maré com inversa proa.

3. Montagem (notar as "pedras-de-toque" deste "anti-estrambote"):

Olhos, olhos de boi pendidos vertem
prantos por quem se foi. Ouvidos ouvem,
calam. Crepes enlutam as janelas.
Fundas ouças escutam seus gemidos.

Tudo é um soluço, ói, ói, soluço inerte.
ninguém, ninguém, ninguém. Nem os ciprestes.
A morte é surda. Amém nos teus ouvidos.

O céu mata, o sol mata, a mão também.
Quem é que está jorrando sangue sem
espelho para ver-se em fronte rubra?

Um duro som de sombra prolongada
enche a negra mortalha congelada,
que com ela não há quem não se cubra.

4. Um grande soneto, tipicamente jorgiano:

E são setas do céu. (Ó sagitário!)
Versos brotam de mim. Depois de lidos
os distribuo por um destino vário,
dispondo em seus percursos meus sentidos.

Exijo que eles sejam meu sudário.
Reconheço-me: aqui os meus gemidos,
e ali esse vulcão desnecessário,
jogando lava em todos os sentidos.

Que chegar de presenças! Que contágio!
Que pajens anunciados e banidos!
Nos bosques sugeridos — que prességio!

Perscruto-me nos verbos nunca ouvidos,
apenas pressentidos ou passados,
Ó bosque ermo de pássaros calados!

5. Tempo e espaço; poesia órfica; a percepção identificada à linguagem poética; nomeação original; "pedras-detoque":

Se essa estrela de absinto desabar
terei pena das águas sempre vivas
porque um torpor virá do céu ao mar
amortecer o pêndulo das vidas.

Sob o livor da morte coisas idas
já são as coisas deste mundo. No ar
as vozes claras, tristes e exauridas.
Há sombras ocultando a luz solar.

Galopes surdos, cascos como goma.
Viscosos seres, dedos de medusas
Contando silenciosos coisas nulas.

Verdoengo e mole um ser estranho soma:
Crânios como algas, vísceras confusas,
massas embranquecidas de medulas.

6. Outro grande soneto, começando por um verdadeiro ideograma, cheio de "pedras-de-toque":

A torre de marfim, a torre alada,
esguia e triste[21] sob o céu cinzento,
corredores de bruma congelada,
galerias de sombras e lamentos.

A torre de marfim fez-se esqueleto
e o esqueleto desfez-se num momento,

Ó! não julgueis as coisas pelo aspecto
que as coisas mudam como muda o vento.

E com o vento revive o que era inerme.
Os peixes também podem criar asas
as asas brancas podem gerar vermes.

Olhei a torre de marfim exangue
e vi a torre transformar-se em brasa
e a brasa rubra transformar-se em sangue.

7. Grande dicção, boa retórica, tentativa "anti-sintáti-
ca" e semanticamente renovadora:

Em que distância de ontem te modulo,
mundo de relativos compromissos?
Novas larvas e germes em casulo,
novos santos e monges e noviços.

Não máscaras nos olhos. Nem simulo.
Eu era pião, já vão evos mortiços
naquele calendário agora nulo,
com seus cerimoniais de escuros viços.

Recordas-te do afim, teu rei colaço?
Lembras-te dele em queda? Céus dos dias
com luzeiros — incêndios, lumes de aço.

E tu grande Lusbel, guia dos guias
para reinar perdeste-me também
a mim que fui o espelho em que te vias.

(Notar, neste e noutros sonetos, a quase-miltoniana figura do Diabo jorgiano.)

8. Um exemplo de bom êxito na audácia ímpar de Jorge:

E todavia a trave na garganta,
e a grossa mão medrosa sem poder
interpretar sequer a ave que canta
e canta e canta oculta no meu ser.

Há uma santa presença (sei que é santa)
Deus, ó Deus, Tu pretendes submeter-me
a mim morosa lesma, Tu minha anta,
seta de luz e luz de incandescer.

E a mão grossa vagando a Teu sabor
sem poder-Te seguir pobre mão, pobre
pata calosa atenta em Teu louvor.
E tão suja na pele em que se cobre,
imitação de Ti, sombra, arremedos
da luz que se desprende de Teus dedos.

9. Grande soneto, com alguns péssimos versos:

E esse vento indo e vindo pela porta,
e o ambiente se diluindo, se diluindo,
e com ele o crepúsculo. Olhai bem
que a mão pendida se assemelha a uma

tombada luva branca, luva morta
(luva inerte no vento). O rosto lindo

começou a esvair-se e inda contém
a delícia da vida que se esfuma.

Mas ninguém sabe se esse vento quando
passa gemendo pela sala obscura
e vai esconder-se em seu cabelo ruivo,

se é o hálito de Deus ou antes o uivo
das potências adversas à criatura
umas e outras sem trégua dialogando.

10. Outro grande soneto. Jorge apocalíptico. Quase todo *touchstone*. O sexto verso é um dos mais belos da língua:

E eis que surgem dos flancos bem-amados
o negro potro que me arrasta à insânia
— areia, espiga ou ramo em que levanto
a rosa pela noite entrecortada.

Vive meu peito que antes era nada
o tempo com seu pêndulo de oceano.
Minha respiração vai a seu lado
por tenebroso mar predestinado;

com esplendor de lume subterrâneo
nas alamedas cinzas devolutas,
o infeliz trevo geme entre outras folhas

a pobre condição de planta obscura;
e há um álbum e um violino e um candelabro
circundado de símbolos noturnos.

11. É difícil superar isto em matéria de metáfora:

Dormes. Surgem de ti coisas pressagas.
Ó bela adormecida, não tens sexo,
como as algas marítimas que as vagas
jogam na praia em renovado amplexo.

O vendaval é o mesmo em que te apagas
num torvelinho de ímpeto convexo;
dormindo, rodopias, e te alagas
num turbilhão de diálogos sem nexo.

Sonâmbula parada, és andarilha,
ilhada entre lençóis. Virgem tens prole,
pois és ao mesmo tempo avó, mãe, filha.

E que o sono multíparo te viole,
anjo desnudo, salamandra de asas
ressuscitada de dormidas brasas.

12. *Melos* em modo contínuo:

Essa pavana é para uma defunta
infanta, bem-amada, ungida e santa,
e que foi encerrada num profundo
sepulcro recoberto pelos ramos.

de salgueiros silvestres para nunca
ser retirada desse leito estranho
em que repousa ouvindo essa pavana
recomeçada sempre sem descanso,

sem consolo, através dos desenganos
dos reveses e obstáculos da vida,
das ventanias que se insurgem contra

a chama inapagada, a eterna chama
que anima esta defunta infanta ungida
e bem-amada e para sempre santa.

13. Este é para nós o mais belo — e mais "novo" — soneto do livro:

Este é o marinho e primitivo galo
de penas reais em concha e tartaruga.
Com seu concerto afônico me embalo,
turva-se o vento, o Pélago se enruga.

Silencioso clarim, mudo badalo,
dos ruídos e ecos rápido se enxuga.
Jorra o canto sem voz de seu gargalo
e se encrespa no oceano em onda e ruga.

Galo sem Pedro, em pedra vivo galo,
de córneos esporões de caramujo,
— tubas dos espadartes e cações.

O dia sem mistério, seu vassalo
esvai-se no seu bico imenso, em cujo
som as brasas da crista são carvões.

14. O grande rival do soneto precedente é este, com que Jorge encerra seu livro:

240

E sempre vos direi: é a mesma face,
a mesma noite: o galo sotoposto
virando-se pra todos os quadrantes.
Inconsútil porém é aquele rosto,

humanado cilindro silencioso
frente ao tempo, em poesia recomposto.
Quanto ao mais um deserto para freires,
que em maio era jardim, mar em agosto.

Uma esfera fechada cobre o poema
relativo e refeito na memória
una e indivisa, espessa como a noite,

a primitiva e eterna noite, glória
de Deus que a fez de seu perdão extrema
unção desde a cabeça aos pés, amém.

Aos meus caros colegas jovens poetas brasileiros: pensem duas vezes antes de publicar sonetos, depois de Jorge de Lima ter feito o que fez.

Pound sobre Camões: "é o Rubens do verso".[22] Camões e Jorge de Lima: na escala maior, os dois pontos máximos da língua — e ambos barrocos, o segundo ainda mais que o primeiro, por mais que L. de C. estivesse dentro da época (barroco: séculos XVI, XVII e XVIII).

Para compreender a *Invenção de Orfeu* é preciso compreender o barroco. Lembrar, antes de mais, que este é, ainda, o nosso único estilo. Afinal de contas, ainda existe — hoje talvez até um pouco mais que ontem — a coisa chamada nação. Há a nacionalidade luso-brasileira (nada tem a ver com essa brincadeira de "comunidade"). Tal nacionalidade, por estas ou por aquelas, foi e tem sido católica tanto quanto se pode ser. O barroco é o catolicismo. O estilo "jesuíta", do *Gesù* igreja-mãe da *Societas*, em Roma. O estilo da Contra-Reforma. O estilo combatido nos países protestantes. O que só frutificou em Itália, Espanha, Portugal, Alemanha católica, Império Austro-Húngaro, Polônia.

O estilo "manuelino". Tudo o que de melhor se fez em Portugal arquitetônico. Tomar: a janela do Convento de Cristo. As "capelas imperfeitas" da Batalha. No Brasil: o Aleijadinho, os azulejos, Minas, Bahia, Recife, Olinda, São Luís, Belém. Diante de Mies van der Rohe, Oscar Niemeyer é barroco. (Há barroco para todos os estilos: há o barroco helênico; há o gótico barroco; há o moderno barroco. Barroco em sentido lato: toda reação dinâmica, hiperdionisíaca, subseqüente a um classicismo ou neoclassicismo estático.)

Portanto, o barroco parece ter sido e vir sendo e ser um estilo natural nosso. Graças aos deuses, contudo, até entre nós há coisas com que equilibrá-lo. Houve Machado de Assis, equilibrando as coelhonetices. Houve Graciliano, equilibrando as regionalices. Há Drummond e há João Cabral para equilibrar o próprio Jorge. *Deo gratia.*

Algumas noções encontráveis em qualquer dicionário: o barroco substitui a linha pelas massas. Se fôssemos um dos *letterati*, aproveitaríamos, gostosamente, uma das origens sugeridas para o termo: *barrueco*, em espanhol, uma grande pérola inchada e disforme. Barroco: o movimento livre em lugar do equilíbrio fixo. A policromia em lugar da cor uniforme. Um dinamismo que pode ir até ao paroxismo. Um estilo cuja estrutura é sempre a de outros estilos, um estilo que está apenas na camada exterior, da decoração. Barroco: o amor pelas curvas. Barroco *ad absurdum*: o rococó. Resumo do barroco: o pitoresco, o inesperado, o selvagem, o primitivo, o bizarro, o fantástico, o acidental, o realismo, a ilogicidade, o informal, o caos, a desproporção, a ordem da desordem, um certo automatismo, o terror, o grotesco, o obscuro, a distorção...

Ora, como se vê, essas palavras descrevem tão bem o barroco quanto a própria *Invenção de Orfeu*. Mais ainda que *Os lusíadas* (que ainda tinham uma estrutura "neoclássica", emprestada), esse é o poema barroco por excelência. Não há nada mais barroco em nenhuma das artes, em lugar nem em tempo algum.

Mas não vamos dormir com isso. A *Invenção* não é só barroca. É muita coisa mais. É a primeira tentativa que se faz na poesia brasileira de escrever seriamente em grande escala (esquecei-vos dos uraguais, dos caramurus). A prosa já o tinha tentado e continua tentando. A prosa, entre nós, sempre foi (ainda será?) coisa mais séria que a poesia. Houve *Os sertões*. Há o *Grande sertão: veredas*. A vasta poesia começa com a *Invenção de Orfeu*.

A exegese, as definições, etc., nada disso vai interessar ao nosso trabalho. Estabeleceremos, apenas, de saída, algumas posições, que ocupamos agora, mas que amanhã poderemos abandonar. Estamos sempre dispostos a mudar de idéia.

Em primeiro lugar, não acreditamos na unidade que laboriosamente alguns procuram atribuir à *Invenção*. Não há nesse livro nem a pseudo-unidade (panacéia que recorre a simetrias falazes, à monotonia da versificação, da organização em cantos, do eterno retorno, etc.) dos grandes poemas desde a *Ilíada*, nem a unidade mais veraz, se bem que ainda pouco eficaz, intentada pelo processo ideogrâmico do Pound dos *Cantos*. (Falam-nos em intensa correspondência mantida entre E. P. e Jorge de Lima; *si è vero*, por que não publicá-la, urgente?) Na *Invenção* existe apenas a ordem da desordem; a unidade interior; o entrejogo de temas que se aproximam por semelhança ou dessemelhança.

Dentre muitas, interessam-nos aqui duas motivações básicas da arte: a necessidade de criar e a necessidade de organizar. As duas agem sempre um tanto em conjunto, uma sempre, contudo, domina. Em Jorge há o primado quase absoluto da criação sobre a organização. Pouco lhe interessa a estrutura de seu poema, no todo ou em partes. O que faz a *Invenção* — o nome foi muito bem escolhido por Murilo Mendes — é a urgência de criar um mundo, uma "ilha". A necessidade órfica por definição. Dédalo. A *Invenção* é uma *natura naturans*. Um mundo verbal. Um mundo de antes mesmo da criação da palavra. Jorge, por seus processos de encantação, de nomeação original, de repetição mágica das palavras, de designação (notar os seus freqüentes "estes", "esses", "aqueles"), cria a palavra; percebe o mundo pelas palavras que cria e, assim, cria um outro mundo, uma outra natureza, de palavras-objetos, de frases-objetos, de estrofes-objetos, de poemas-objetos: a *Invenção de Orfeu*-objeto, o objeto *Invenção de Orfeu*. Como diria Sartre, Jorge, aí, nem fala nem cala. Faz outra coisa: coloca, dizemos nós, as palavras em ação, por elas mesmas, rumo da criação de um mundo. Através de todas as suas inter-relações possíveis e imagináveis, as pala-

244

vras-coisas de Jorge, em toda a sua caótica, urwéltica desordem, vão-se combinando para formar seu próprio universo. Os objetos por ele nomeados não são os mesmos do mundo que conhecemos através de palavras prosaicamente semelhantes às suas, poéticas. Esses objetos são apenas pontos de referência — termos de comparação e de diferenciação. A palavra, no Jorge da *Invenção* (pelo menos), não é simples signo, rótulo, utensílio de comunicação. É um ser vivo, molécula orgânica que, associada a outras, compõe um cosmos. Por isso mesmo é a *Invenção de Orfeu* intraduzível, num sentido muito mais absoluto que a prosa, ou o mero verso, ou qualquer outra poesia menos originária.

Invenção de Orfeu: a fenomenologia a caminho da antologia. A percepção criadora das coisas presentes. A percepção criadora das coisas passadas: *à la recherche du temps perdu, stream-of-consciousness*. A percepção criadora do futuro: magia e profecia. *Invenção de Orfeu*, o tempo e o espaço numa nova medida: a ilha intemporal e extra-espacial, a ilha dentro de seu tempo e dentro de seu próprio espaço, a ilha em si e a não-ilha.

Em tempo: a *Invenção de Orfeu* como poema épico. Por que cargas-d'água? Por que razão mal-usar termos? Não nos basta possuirmos um grande poema órfico? Preferimos aproximar a *Invenção* das *Metamorfoses* de Ovídio a aproximá-la, por exemplo, da *Odisséia*. Um poema épico é por definição objetivo. Há o épico dramático. Épico lírico, subjetivo, só mesmo o falso-épico. Reside aí a principal objeção a fazer à *Eneida*. Enéias identifica-se demasiado a Virgílio. A *Invenção* é subjetiva demais. Dirige-se tanto ao passado do próprio Jorge quanto ao presente e ao futuro, quanto à criação da ilha.

245

O herói da invenção é Orfeu, é o Poeta, é Jorge. Onde está, nisso, o épico? Quando se diz épica a *Invenção*, está-se confundindo quantidade com qualidade. Mas os poemas órficos, não-épicos, são igualmente vastos, em qualquer sentido. Eis, assim, nossa posição: a *Invenção de Orfeu* tem a medida do *epos*, mas não é épica: é órfica. Basta de comentar a coisa. Olhemos para ela. Mais uma vez, é o melhor a fazer. À medida que o leitor nos for acompanhando, *Invenção de Orfeu* aberta defronte, irá vendo Jorge bombardear, o máximo que lhe era possível, a nossa cansadíssima e falacíssima sintaxe: irá vendo Jorge proceder à sua própria semântica; irá vendo suas palavras, de certo modo as mesmas da língua portuguesa que diariamente usamos, renascerem, coisificadas, em seu poema, e nele se unirem a outras, se transformarem, criando, ainda que apenas numa *semi-revolution*, sua própria semântica, sua própria sintaxe; contemplará, maravilhado, o gigantesco vocabulário jorgiano; verá, na *Invenção*, um inventário de quase todas as formas de verso, de estrofe e de poema já intentados na poética portuguesa; verá os enormes erros e os enormes acertos de Jorge; notará, desgostoso, seu descuido, sua falta de rigor; mas, verá, afinal, que o poema, como boa coisa barroca, é um universo que justifica, pelo todo, os seus próprios monstros, as suas próprias aberrações; residirá na ilha de Orfeu, assistirá à *Invenção de Orfeu*.

Senão vejamos.

O poema começa, gentilmente, com uma homenagem a Camões:

Um barão assinalado
sem brasão, sem gume e fama [...]

E começa (os dois primeiros poemas) *cantabile*. Começa soando lírico. O fim do segundo poema lembra até Cecília Meireles (aliás, na *Invenção*, todas as maneiras e maneirismos de nossa poesia e de nossos poetas estão como que representados):

Quereis outros achamentos
além dessas ventanias
tão tristes, tão alegrias?

Só no terceiro poema, Jorge alcança um tom maior, apropriado a Orfeu e, de certo modo, "épico":

reinventamos o mar com seus colombos,
e columbas revoando sobre as ondas,
e as ondas envolvendo o peixe, e o peixe [...]

Vêm depois os dois primeiros sonetos do livro. Extrato:

Vós sabeis onde estão as latitudes,
longitudes, limites, tordesilhas
e as fronteiras fechadas para as ilhas. [...]

(Notar a aliteração desses versos.)

O sexto poema faz inveja a João Cabral de Melo Neto:

A proa é que é,
é que é timão
furando em cheio,
furando em vão.

A proa é que é ave,
peixe de velas,
velas e penas,
tudo o que é a nave.

A proa é em si,
em si andada.
Ave poesia,
ela e mais nada.

Soa que soa
fendendo a vaga,
peixe que voa,
ave, vôo, som.

Proa sem quilha,
ave em si e proa,
peixe sonoro
que em si reboa.

Peixe veleiro,
que tudo o deixe
ser só o que é:
anterior peixe.

Ora, isso é uma obra-prima. Isso não pode, como a
maioria dos poemas que entre nós se escrevem, ser reduzido à prosa, à má prosa, a croniquinhas. A coisa — a proa —
é aí: *da ist, ek-siste*. E o ritmo, senhores! Arre, que o melhor
provençal não faria melhor.

Pulemos para o oitavo poema. Houvesse espaço e o
transcreveríamos inteiro. É um dos pontos altos da língua.

O princípio já foi transcrito nesta página, como exemplo de linguagem propriamente poética:

Na oscilação das noites e dos dias,
ouve-se a avena suave, distribuída [...]

Vai, leitor, vai, abre o livro na página 23. Vai lendo. Na página 25 encontras isto:

O sol tão ali perto em ramo de asas
baixado até consultas de corolas,
até despetalado entre sorrisos
de meninas suspensas em bailados
de bucles açoitados por algum
apelo em lábios, natureza e vida,
ciclo total de júbilos largados
nos véus dos ásperos convites. Pródigos.

Isso é tão bom quanto Horácio. Cf.:

[...] Nunc et Campus et areae
Lenesque sub noctem susurri
composita repetantur hora,
nunc et latentis proditor intumo
gratus puellae risus ab angulo
pignusque dereptum lacertis
aut digito male pertinaci.[23]

([...] Agora vai ao encontro, na hora marcada — o campo de Marte, as praças públicas, as doces conversações em voz baixa, quando cai a noite, agora escuta o riso agradável pelo qual

se trai a jovem escondida a um canto secreto, e toma-lhe a
jóia que lhe orna o braço e que seu dedo mal sabe reter.)

Ou quanto Eliot em:

Go, said the bird, for the leaves were full of children,
Hidden excitedly, containing laughter.[24]

Vem logo em seguida este grandíssimo soneto, que este
sim vale a pena, o princípio de um universo, este ovo cósmico, este mito:

Há umas coisas parindo, ninguém sabe
em que leito, em que chuvas, em que mês.
Coisas aparecidas. Céus morados.
As presenças destilam. Chamam de onde?

Em que útero fundo este ovo cabe,
no regaço alcançado em que te vês?
A porta aberta, os vales saturados,
e um gemido bivalve que se esconde.

Fios para as aranhas orvalhadas.
Rosas florindo pêlos. Graves molhos
mugidos sob as órbitas dos bois.

Há apelos nas pelejas procuradas
na multiplicidade de cem olhos
refletidos na espreita. Choram dois.

A metáfora cria a língua. A metáfora organiza, orfica-
mente, o mundo. A metáfora mostra. A metáfora cria a coisa.

250

Rosas florindo pêlos. [...]

Um soneto prenhe. Demore aí, leitor, e viva.
O poema x é meio Fernando Pessoa. Termina:

Os rios não são
parados ou rápidos,
alegres ou tristes,
são rios.

Mais adiante, este pequeno monumento, cuja simples
existência serve para justificar toda a legenda, e até toda a
ideologia, todas as ideologias mosaicas:

Padeço, Ré vegetal,
    por ti.
Estavas no meio do éden.
Uma voluta cingia-te,
voluta que tinha voz,
voz que tinha sedução.
    Cedi.
Num momento rei e ré,
eu e tu, sombras ali.
Fronde e fronte entrelaçadas,
reino, rei, ré renegados
    de si.[25]

Logo depois, um padrão de versos breves e longos cujo
ritmo lembra Donne. E, mais adiante, o famoso:

A garupa da vaca era palustre e bela,
uma penugem havia em seu queixo formoso;

251

e na fronte lunada onde ardia uma estrela
pairava um pensamento em constante repouso.[26]

A quadra é uma das "pedras-de-toque" da língua. Mas
em seguida o soneto se lirifica, liquefaz em demasia, e perde o interesse. (Costuma acontecer o mesmo com M. Baudelaire.) O soneto seguinte é, *in totum*, bem melhor:

Desse leite profundo emergido do sonho
coagulou-se essa ilha e essa nuvem e esse rio
e essa sombra bulindo e esse reino e esse pranto
e essa dança contínua amortalhada e pia.

Hoje brota uma flor, amanhã fonte oculta,
e depois de amanhã, a memória sepulta
aventuras e fins, relicários e estios;
nasce a nova palavra em calendários frios.

Descobrem-se o mercúrio e a febre e a ressonância
e esses velosos pés e o pranto dessa vaca
indo e vindo e nascendo em leite e morte e infância

E em cada passo surge um serpentário de erros
e uma face sutil que de repente estaca
os meninos, os pés, os sonhos e os bezerros.[27]

Verso por verso, palavra por palavra, é esse um dos maiores sonetos de Jorge, *erga* da língua. Notar o riquíssimo trocadilho latente na palavra *velosos*. Através dele, os "pés" ficam
ao mesmo tempo rápidos e peludos. Notar o "leite profundo". Notar a semelhança-dessemelhança das parelhas ver-

252

bais: "relicários e estios", "amortalhada e pia". A palavra "serpentário" serve para resumir e nomear todo o poema, toda a coisa. Notar a predominância de substantivos: a nomeação original, a encantação mágica do objeto na linguagem poética.

Mais adiante, este grande poema, este labirinto de relações, esta molécula verbal, este princípio-e-fim, este friso primitivo, este rupestre:

> Éguas vieram, à tarde, perseguidas,
> depositaram bostas sob as vides.
> Logo após borboletas vespertinas,
> gordas e veludosas como urtigas
>
> sugar vieram o esterco fumegante.
> Se as vísseis, vós diríeis que o composto
> das asas e dos restos eram flores.
> Porque parecem sexos; nesse instante,
>
> os mais belos centauros do alto empíreo,
> pelas pétalas desceram atraídos,
> e agora debruçados formam círculos;
> depois as beijam como beijam lírios.[28]

Não, isto não é descrição. Isto não é prosa e não é apenas verso. É apresentação, é criação, é poesia.

Continuando a examinar essa "Fundação da ilha", primeiro canto da *Invenção de Orfeu*, temos, a partir do último citado, uma série de poemas que são verdadeiros exemplos de como Jorge sabe escrever mal. São as vezes em que seu método fracassa, em que falha sua abordagem diretamente verbal do fenômeno poético — ou, se quiserem, diretamente poética do fenômeno verbal. Os grandes versos, quase sempre, de mistura aos péssimos: em conjunto, são os vários poemas uns altares barrocos, de anjos misturados a monstros, a anjos monstruosos, a monstros angélicos. Muita vez, o poeta diz e repete palavras, numa enumeração nem caótica nem poética, simples rol prosaico em que Jorge dá todas as mostras de um desespero de mágico incapaz de fazer o coelho sair do chapéu. O poema XXII exemplifica a retórica, boa e má, de J. de L. No XXIII, o poeta, como em vários outros, antes e depois deste, não se limita a criar: diz, e não só diz, restringe, distingue, corrige-se, nega-se; e os substantivos (inúmeros) enumerados não se combinam para a criação de objetos poéticos, sucedem-se, apenas. O XXIV é um emblema de toda a *Invenção*: ótimo + péssimo. Cf.:

Lemos contos de Grimm, colamos mariposas
nesse jato de luz em frente às velhas tias;
e sob esse luar conversamos baixinho
com esse pranto casual que os velhos textos têm.

O pródigo engenheiro acendeu seu cachimbo
e falou-nos depois de flores canibais
que sorvem qualquer ser com seus pólens de urânio.
"Feliz de quem ainda em cera se confina"...
disse-nos afinal o engenheiro noturno.

Em seguida sorriu. Era perito e bom. [...]

Péssimo verso, péssima prosa, nada de poesia. O diretor desse filme podia ser bom, os *takes* talvez tivessem sido bem tomados — mas a montagem falhou. Relaxamento, falta de rigor. O poema, contudo, possui altos momentos, como:

As âncoras dos pés pedalam nos abismos,
a sombra é como o peixe aprofundado e cego. [...]

Ou como:

[...] medusas
em seu mergulho undoso enlousado de escamas. [...]

Infelizmente, não temos tempo nem espaço para analisar poema por poema a *Invenção de Orfeu*. Sirva tudo isso apenas como estímulo para que o leitor o faça sozinho. Verá, então, como no meio de um bom soneto, cf. o poema XXVI, o negligente Jorge acha meio de meter um verso deste quilate:

E vendo em torno as mais terríveis cenas,

um recheio, como se vê, insignificante em todos os sentidos do termo. O XXVII é bem melhor:

Há uns eclipses, há; e há outros casos:
de sementes de coisas serem outras,
rochedos esvoaçados por acasos
e acasos serem tudo, coisas todas.

Lãs de faces, madeiras invisíveis,
visão de coitos entre os impossíveis,

folhas brotando de âmagos de bronze,
demônios tristes choros nas bifrontes.

Tudo é veleiro sobre as ondas íris,
condores podem ser os baixos ramos,
montes boiarem, aços se delirem.

Vemos ao longe sombras, e são flâmulas,
lábios sedentos, lírios com ventosas,
ódios gerando flores amorosas.

Podia ser melhor *escrito, composto* — mas, com todos os "recheios", eis aí um exemplo de como J. de L. percebe poeticamente o mundo à medida que cria o seu (o poema), e de como faz o leitor perceber ambos em conjunto, fazendo do poema uma coisa em si, significante, e não um mero rótulo, uma significação. A coisa poética, esse soneto, é perpetuamente gerada e regenerada dentro dos limites do poema, cujas imperfeições como que se justificam: a essência é justa e a existência, se imperfeita, é existência, com todos os seus acidentes e contingências — uma coisa viva.

Por altos e baixos, trancos e barrancos, sigamos adiante. Em meio a incríveis quedas, encontram-se elevações como, falando de rochas:

Contemplo-as, e elas guardam minha sombra,
transportam-na à mansão mais tormentosa,
agito-me em seus veios, tempo alado,
coluna de guerreiros, ressonâncias
dias e dias calmos, densas vozes

latejando nas pedras incendidas,
encerrando as estátuas habitadas. [...]

Contemplo as rochas puras que assistiram
passar por essas tardes caravelas; [...]

Chamam-me as rochas. Mães, vós me chamastes?
Elas se encrespam rígidas nos ares. [...][29]

O poema XXXI é um labirinto de efeitos lógicos, musicais e visuais, de rimas e *off-rhymes*, de trocadilhos atuais e virtuais. Com seus maus versos, mais um grande soneto, sobre o tema da geofagia, central na *Invenção de Orfeu*:

Inda meninos, íamos com febre
comer juntos o barro dessa encosta.
Será talvez, por isso, que o homem goze
ser a seu modo tão visionário e ébrio.

E inda goste de ter em si a terra
com seu talude estanque e sua rosa,
e esse incesto contínuo, e infância anosa,
e céu chorando as vísceras que o cevam.

Tudo isso é um abril desenterrado
e ilha de se comer, ontem e agora,
e vontade contínua de cavá-los,

cavá-los com a maleita renovada.
Ó terra que a si própria se devora!
Ó pulsos galopantes, ó cavalos![30]

O poema xxxii, o mais longo deste canto, é uma péssima salada. É difícil encontrar coisa séria, publicada, de tão ruim gosto, em português ou em qualquer outra língua. O xxxiii poderá servir de exemplo de certo automatismo psíquico-poético, à *stream-of-consciousness*, palavra-puxa-palavra. O mesmo acontece, de modo ainda mais evidente, no poema xxxix. O xxxvii tem coisas como:

Ora, acontece um conto ou fala ou pranto,
acontece uma nuvem, dá-se um grito,
vai-se na escuridão, dobram-se páginas,
avistamos um manto sobre a praia
ou à noite falamos de cometas;
então nos entreolhamos e nas brumas
passa um homem transido, passa um corvo. [...]

Irresistência à graça consentida,
as mãos em candelabro tormentório
vocativo de sinos que o respondam,
e as folias acerbas que o levitam;
velejam pensamentos, deblateram
duplas onipotências, latem ventos,
remordem-se molossos invisíveis. [...]

Eu quero sossegar, forças rodantes,
espiras, remoinhos, giros, elos,
simetrias das órbitas violadas,
pensamento contínuo circulando-me
nas águas do passado e do futuro,
insônias circulares, vôos no quarto
de asas e asas em torno à minha lâmpada. [...]

Observe o leitor a família lógica de palavras usada na última estrofe acima citada. Tal método aproximativo é freqüentemente usado na *Invenção*. O último poema desse canto, por exemplo, usa e abusa disso:

Nessa geografia, eis o pantomimo.
Ah! o pantomimo! Múltiplo imitando
mitos, seres e coisas. Pessoalmente.
Convictamente é tudo em potencial.
Mais vale convicção que essa teoria,
que aquele dicionário, e aquela Cólchida.
Mímico racional. Ah! o pantomimo,
— esse intuitivo. Monstro e semideus.
Ele povoa a ilha, ele dança a ilha.
Ele heroíza a ilha, ele epopeíza.
Desarticulação fulanamente.
Muda dramaturgia se possesso,
se fábula, se intui, se histrião, se bufo.
Ah! coribante ilógico, aliás lógico,
linguagem transparente, angústia — a face,
flexíveis olhos, membros palavreando.
Desarticulação, libertação.
Ó contingência: desarticular,
dançar, parecer livre, exteriormente;
e ser-se mudo, e ser-se bailarino,
nós bailarinos, todos uns funâmbulos,
todos uns fulanos. Então, dancei-me.
Perpétuo Orfeu e tudo. Pulo e chão.
Polichinelo, polichão dessa ilha.

Malfeito, mas um caminho aberto e fértil. Aliás é assim quase sempre o Jorge da *Invenção*, o Jorge de todos os livros:

não procura produtos acabados, embora isso lhe fosse fácil, provou-o freqüentemente, quando quis. O que queria — o de que mais precisávamos — era extrair mais e mais, e mais diversificada, matéria-prima. Como certos arquitetos e escultores, cuja maior contribuição tem sido o aproveitamento de novos materiais. Há, também, o fator pressa, determinante em Jorge. Como se pré-soubesse a morte prematura. O poema XXXIX é, repetimos, exemplo clássico do método *stream-of-consciousness*. É também uma tentativa de Jorge, mais ou menos sustentada (só dois versos, em todo o poema, fogem ao sistema das rimas), no sentido da oitava-rima, da estrofe camoniana. Exemplo:

Não me extasio adiante das viagens
mas de quem fez os mares me extasio,
de quem dotou as plantas, de plumagens
e de plumas dotou esse navio
que navega entre símbolos e imagens
restelado no pélago vazio.
Eis Ciro de Cambises rei da Pérsia,
das perseidas, Perseu de alta solércia.

Eis Perseu com sua ama e rocim pago
e galgo corredor e Sancho e lança
e pendências em vão, de vão estrago,
de válida invenção e boa andança,
de Amadises fiéis o mundo vago
que é tudo o que nos resta por herança.
Adiante o brilho, o escudo aquém; o som
antes da voz, Quixote antes do Dom. [...]

No segundo canto, "Subsolo e supersolo", encontra-se, entre muita coisa ruim e muita coisa indiferente, um verso inexplicavelmente belo como:

nau de luzes apagadas[31]

ou um soneto comovente e bonitinho como o poema de número III em que ocorre, entretanto, uma incorreção simbólica do eterno desleixo de Jorge (e também de seus amigos, que leram e releram o livro antes de ser impresso e que não souberam, ou não quiseram, ou não puderam corrigi-lo): aquele "Apolo trimagista" que não deve passar de um Hermes trismegista mal digerido. Veja-se, por outro lado, este belo soneto:

Neste sepulcro de secreta lava
jaz formosa mulher, governou sua
casa, fiou lã, seu filho era marinho,
e seu homem uns sonhos fabricava.

Os três bailavam sempre narcisados;
sabiam fazer cantos e navios.
Os nomes deles eram de afogados.
Ó família de pélagos sombrios!

Casou-se o filho, teve um par querido,
e deste par vingou um marinheiro.
Fundador de oceanos foi seu filho.

Ele é que dorme nesse mar combusto.
Saem de seus flancos asas de veleiro,
canta-se em búzio pelo mar sem bússola.[32]

Entre os dois extremos de Jorge — o péssimo prosaico e o ótimo poético — temos desses momentos de grande dicção, de boa versificação, embora quase sempre à mercê de um descaso lamentável. Continuemos a pesquisa. Encontramos:

vejo teu rosto lento, doce infanta

esbofeteada em plena festa maia.
Banida irmã recosta-te em meu ombro.
Há passos pela noite: os filhos lutam.
O pastor sucumbiu. Coisas chorai:
o crime floresceu em plumas novas.
Essa noite haverá novas fogueiras. [...][33]

Mesa esferóide, nós conversamos;
e há mãos bem nossas, de manequins,
    nos tateamos.

Tudo é memória, meu ser não houve
nem amanhece; contudo nunca
    ninguém nos ouve

nem faço gosto, porém recalco,
sou soterrado punhal civil.
    Ah! biografia!

Caminho e corpo de olhos vidrados
dentro das horas recuperadas
    em tempo a dentro;

a vida minha, tutela estranha,
carne surpresa, pão salivado,
    trigo secreto,

perto horizonte, canto sem cor,
olhos exatos, presença dada,
  permanecida. [...]³⁴

Ó pilotos modernos, submarinos,
ásperos matos pelo tronco abaixo,
delfins de fundo oceano, galos-d'água
tão molhados de chuvas femininas,
tão sentidas deidades gloriosas
que seus cantos andróginos espumam. [...]

Aqui fecharam pálpebras as pedras,
sobre esse território aglutinado;
e os habitantes dormem acordados
até as lindes onde a vida nasce
e os ventres não concebem só dos homens,
mas a memória emprenha e o verso nasce
como rosas sem pétalas, mas rosas,
mas rosas sempre lágrimas e absintos,
mesmo vociferantes contra os ventos. [...]

recordações de estrelas já passadas,
oratórios, relíquias, alto espanto
sobre os mastros das naus desabitadas,
umas nuvens pilosas, carregadas
como mamas de loba, como amoras.

Pelas costas há vozes desgarradas,
sombras pudendas, pastos alcançados
por um pomo de gozo; um assassino [...]
as mãos tremem, os pés tiritam juntos,
e a maleita da tarde pende estrelas

originárias das lagunas do ar,
que se derramam pelos frios vales. [...]

E eis os túneis por onde o instinto vê
os úteros pejados e as curcúbitas
nas sebes dando seivas permutadas,
grandes lâmpadas, focos de falenas,
as falenas no chão sem suas asas,
insetos pelas luras se abrigando,
e o subsolo gemendo lavas brancas;
as raízes descendo pela terra,
roendo as pedras e roendo os sonos. [...][35]

Tudo isso, note bem o leitor, de mistura ao que há de pior na língua. O contraste às vezes nos deixa perplexos. A balança pende favorável a Jorge, sobretudo graças a sonetos como este:

Vem amiga; dar-te-ei a tua ceia
e a comida que acaso desejares,
e algum poema que ilumine os ares
menos que a luz malsã dessa candeia.

Aqui terás o peixe desses mares
e o mais gostoso mel de toda a aldeia.
De onde vens? De que cimos? De que altares?
Que luz angelical te agita a veia?

Como te chamas vida da outra vida,
espelho noutro espelho transmudado,
lume na minha luz anoitecida?

Serás o dia à noite do outro lado
de meu ser que nas trevas se apagou?
Ou serás qualquer lume que não sou?[36]

E mesmo aí o descaso, mesmo aí o melhor de mistura
ao pior. E, afinal de contas, um soneto que apenas superficialmente se distingue de um bom simbolista, quiçá até mesmo de um bom parnasiano. Onde Jorge realmente *makes it new* é em

Os jovens mortos tocam campainhas
de chumbo azul, os olhos descorados.
O espaço sobre as frontes, e o céu fímbrio
com uma Vênus brilhando soledade.

A madeira das mãos começa a arder
a sombra quebradiça; resignadas
verbenas sobre os buços, lábios últimos
como beijos parados em rosáceas.

sem os ventos florais que vinham ontem
plangendo sob as relvas, sob as chuvas,
sob as raízes, sem os ventos soltos,

sem os ventos florais que vinham ontem
viajá-los nos veleiros de altos lumes,
hoje apagados nessa lauda de horto.[37]

Logo em seguida (XIX), Jorge pratica de novo a oitava-rima, e de novo homenageia Camões:

Estavas linda Inês posta em repouso [...]

O Canto III ("Poemas relativos") não foge à regra da desigualdade. Pratica-se muito, aí, o verso curto, com melhores e piores resultados. *Exhibit*:

Os dois ponteiros
rodam e rodam,
mostrando o horário
irregular.

Horas inteiras
despedaçadas,
horas mais horas
desmesuradas.

Com seu compasso,
lá vem a morte
pra teu transporte,

e com os dois braços:
esta é tua hora,
levo-te agora.[38]

Roteiros vencidos
compassam a festa:
a noiva está fria
no véu lamentado.

Três potros desfraldam-se,
três faces transcorrem

no coche morrido,
em vão galopado.

O nome do noivo?
O nome da noiva?
O nome do diabo?

Três nomes corridos,
três sombras penadas
no drama calado.[39]

O poema XXIII desse canto é uma das piores coisas que já lemos — ou quase, que não lemos, de quase ilegível. Mal parado no verso curto, de livre estrofação, Jorge refugia-se numa espécie de sextina, de versos breves, rimada e sem o terceto final da sextina, ou sextilha, clássica:

Quando menos se pensa
a sextina é suspensa.
E o júbilo mais forte
tal qual a taça fruída,
antes que para a morte
vá o réu da curta vida.

Ninguém pediu a vida
ao nume que em nós pensa.
Ai carne dada à morte!
morte jamais suspensa
e taça sempre fruída
última, única e forte.
Orfeu e o estro mais forte
dentro da curta vida

a taça toda fruída,
fronte que já não pensa
canção erma, suspensa,
Orfeu diante da morte.

Vida, paixão e morte,
— taças ao fraco e ao forte,
taças — vida suspensa.
Passa-se a frágil vida,
e a taça que se pensa
eis rápida fruída.

Abandonada, fruída,
esvaziada na morte,
Orfeu já não mais pensa,
calado o canto forte
em cantochão da vida,
cortada ária, suspensa

lira de Orfeu. Suspensa!
Suspensa! Ária fruída,
sextina antes da vida
ser rimada na morte.
Eis tua rima forte:
rima que mais se pensa.

A sextina começa
de novo uma ária espessa,
(sextina da procura!)
Eurídice nas trevas,
Ó Eurídice obscura,
Eva entre as outras Evas.

268

Repousai aves, Evas,
que a busca recomeça
cada vez mais obscura
da visão mais espessa
repousada nas trevas.
Ah! difícil procura!

Incessante procura
entre noturnas Evas,
entre divinas trevas,
Eurídice começa
a trajetória espessa,
a trajetória obscura.

Desceu à pátria obscura
em que não se procura
alguém na sombra espessa
e onde sombras são Evas,
e onde ninguém começa,
mas tudo acaba em trevas.

Infernos, Evas, trevas,
lua submersa e obscura.
Aí a ária começa,
e não finda a procura
entre as celestes Evas
a Eva da terra espessa.

Eurídice, Eva espessa,
musa de doces trevas,
mais que todas as Evas —
musa obscura, Eva obscura;

sextina que procura
acabar, e começa.

No poema xxvi do mesmo canto, Jorge glosa Virgílio:

Eis uma deusa, pelos gestos,
por sua dança, sua órbita. [...]

(*Et uera incessu patuit dea*).[40]

É preciso reler Jorge, urge recolocar em funcionamento os seus vetores, dentro da linha evolutiva de nossa poesia. Temos, princípio do Canto IV da *Invenção de Orfeu* ("As aparições") — além de uma breve demonstração, em parelhas, do que se poderia chamar "rima pela rima" —, mais uma série de sonetos dos quais força é destacar desde logo os dois mais importantes, variações em torno de um mesmo tema:

Era um cavalo todo feito em chamas
alastrado de insânias esbraseadas;
pelas tardes sem tempo ele surgia
e lia a mesma página que eu lia.

Depois lambia os signos e assoprava
a luz intermitente, destronada,
então a escuridão cobria o rei
Nabucodonosor que eu ressonhei.

Bem se sabia que ele não sabia
a lembrança do sonho subsistido
e transformado em musas sublevadas.

Bem se sabia: a noite que o cobria
era a insânia do rei já transformado
no cavalo de fogo que o seguia.[41]

*

Era um cavalo todo feito em lavas
recoberto de brasas e de espinhos.
Pelas tardes amenas ele vinha
e lia o mesmo livro que eu folheava.

Depois lambia a página, e apagava
a memória dos versos mais doridos;
então a escuridão cobria o livro,
e o cavalo de fogo se encantava.

Bem se sabia que ele ainda ardia
na salsugem do livro subsistido
e transformado em vagas sublevadas.

Bem se sabia: o livro que ele lia
era a loucura do homem agoniado
em que o íncubo cavalo se nutria.[42]

Faça o leitor a sua escolha — que o próprio Jorge (descaso, autocomplacência?) não a fez, sob pretexto de recorrência musical de temas. Mais adiante, homenageando Lautréamont, J. de L. nos fornece uma pista — aliás de pouca serventia. E vem depois (vi) mais um desses longos poemas em que Jorge brinca de perde-e-ganha. Perde quase o tempo todo: ornatos, ornatos, ornatos, jogados sobre um vácuo de estrutura. Barroco? Uma boa desculpa — que, *à la longue*, fatiga. Desculpa melhor: nesse perde-e-ganha, nesse caos ante e antiestético, Jorge vai sacudindo nossa linguagem poética, abrindo-lhe as comportas. Nesse poema, J. de L. ganha sobretudo na primeira estrofe:

> Vinde ó alma das coisas, evidências,
> cinzas, certezas, ventos, noites, dias,
> rosas eternas, pedras resignadas,
> que eu vos recebo à porta de meu limbo.
> Vinde esquecidos seres e presenças
> e coisas que eu não sei de tão dormidas.
> Graças numes eternos: vai-se a tarde
> e as corujas esvoaçam nas estradas.

E nos seguintes trechos:

> Das ribeiras da noite o corvo antigo
> no turbilhão soturno se afundou.
> Os anjos despertaram sobre as cúpulas.
> Leveza anadiomênica, asa solta,
> poder e liberdade, roca e fio.
> Graças doces volutas, casa aberta, [...]

> setas aladas descerraram o ar [...]

> Um resto de salgada branca espuma
> impede-me de ver as samorins

e os condestabres e os idalcões-reis;
e eis senão quando Bóreas proceloso,
essa ilha estremece como nau,
devasta as grandes velas, parte o céu.
Um bramido apressado vai e volta
desde o antártico gelo ao gelo oposto.

As nínives e as focas assombradas
amaino com presteza e com palavras;
e elas me cospem peixes sobre as faces.
Derradeiras exéquias desses jonas.
Reconheço entre si os elementos.
Ó desmandados ventos éreis mansos!
Que turva tentação nas aves puras
consegue transformá-las em rapinas? [...]
E vi a roda ornada de andarilhos
com face atrás de face, além da vida; [...]

É o barroco de Camões, o mesmo, menos a meia-ordem da renascença ibérica, mais a experiência e as transformações de quatro séculos de poesia, nesta e outras línguas.

O VII é um dos mais belos e mais loucos poemas da *Invenção*. Um barroco surrealista que lembra, às vezes, certos poemas de Murilo Mendes — só que menos bem-feito e com mais voltagem. Pena que não possamos citá-lo por inteiro. Extratos:

Formosa salamandra
repousa nos meus braços
com malvas diminutas
e cascas sumarentas, [...]

Frieza causticante,
a estrela no horizonte,
não longe quieto incêndio;
a proa já sem rumo,
o vento acena o pólo,
a vaga lambe a areia,
a areia se abre em fendas.
Estanque é a ilha.

A maculada escama
espirra leite fresco;
não sei se são entranhas,
se jovens cornamusas,
os louros sobre as frontes,
os seios empombados,
os passos sobre os cais,
o cru dardânio à mostra.

Em terra e mar batidas,
despidas de sargaços
entregam-se aos marujos
palantes quadragésimos;
a sanha é combalida,
vermelho-atenuada,
os gozos sem latidos
com saxofones baixos.

A expostos eixos nus
sereias não resistem.
Há cintos sobre as relvas,
exórdios inaudíveis,
as éguas negras correm,

relinchos escarlates,
as flores cogumelam.
Estanque é a ilha. [...]

Esparsa fronte arena
mitiga a insônia ruiva.
Por que rotas escusas,
fundar cidades mortas,
opacos sons de cor
de vozes respondidas
em flores calcinadas?
Estanque é a ilha. [...]

Mais adiante, mais uma homenagem a Lautréamont. E, depois:

Os comparsas de chumbo permanecem.
Mas os ombros de carne — maltratados;
e as esporas nos flancos lhe estremecem
o fígado comido nos dois lados.[43]

Um soneto que traz dois números (XIV e XV), como se valesse por dois, começa por um verso para nós o mais belo do livro, verso que, noutras eras, tivemos ocasião de glosar (musicalmente, à moda de *sirvente*) num poema inteiro. E é, além disso, um grande soneto, mais um sobre o tema do cavalo:

Nasce do suor da febre uma alimária
que a horas certas volta pressurosa.

Crio no jarro sempre alguma rosa.
A besta rói a flor imaginária.

Depois descreve em torno ao leito uma área
de picadeiro em que galopa. Encare-a
o meu espanto, vem a besta irosa
e desbasta-me o juízo em sua grosa.

Depois repousa as patas em meu peito
e me oprime com fé obsidional.
Torno-me exangue e mártir no meu leito,

repito-lhe o que sou, que sou mortal.
E ela me diz que invento esse delírio;
e planta-se no jarro e nasce em lírio.

Em XIX, Jorge homenageia Dante, com versos inanes e
chatos que fariam bocejar o esteta do *De vulgari eloquio*. Mas
aí mesmo Jorge consegue acertar, em versos que caberiam
no contexto da *Comedia*:

A verdade é que então à borda estamos
do vale desse abismo doloroso,
de onde brados de infindos troam o ar.

"Esse, o teu grito lembra-te — ó amargo?
Era depois das árvores de cinza
contíguo à roca escura, junto às sarças,
onde o pranto se engole como brasa.
Ó floresta de braços e de cobras,
ó pavorosa festa soterrada! [...]

E eis mais um belo soneto — com lamentável queda, todavia, no último terceto:

> E de repente, passa-se de novo
> a cena da coréia delirante;
> e enquanto vem do cimo o cisne de ouro,
> os dançarinos mudam de semblante.
>
> Senti meus olhos mais que dantes altos,
> sem perceber se o giro estava em mim
> ou se nos seres áureos que giravam
> como corola viva se entreabrindo.
>
> Era um orbe rodando todo aceso
> arrastando-me à vida; e aqui e além
> levando-me de vez no eterno giro.
>
> Da visão vale a hora verdadeira.
> Ó minha Graça, ó Vida de repente,
> que loucura medonha e que alegria![44]

O Canto V — "Poemas da vicissitude" — começa em verso breve e péssimo. Na metade do II, contudo, Jorge desiste e passa para um metro maior, onde se reencontra, fluvial e magnífico:

> Junho eu fora de todo deformado,
> visto através das chuvas incessantes.
> Tanto assim que essas águas me acenaram,
> e eu não quis humilhar-me nas vazantes.

Antes era de ver-me refletido
na humildade lustrosa dessas árvores;
deitava-me nas relvas diluídas,
queimava-me nos frios das malárias.

Vieram ver-me: comia solidões,
mastigava cortiças e arenitos.
Prevendo sobre mim algumas pontes,

contive prantos e contive gritos.
Resolvi ser dilúvio nessa gente,
inundar-me e inundar os continentes. [...]

E assim por diante, ótimo *pendant* para "O rio" de seu pólo oposto João Cabral. Mais adiante, um grande verso retificado por um péssimo, ambos formando uma parelha que emblema a qualidade total da *Invenção de Orfeu*:

Há um céu áspero no colar de um sol,
aliás não céu mas um fulgor ou mesmo [...][45]

VII é, para nós, o mais belo e mais novo soneto de Jorge de Lima. Escolha o leitor o seu entre os que citamos e os que não citamos. Este é o nosso:

A estepe e a noite se deitaram juntas,
paralelas as asas sobre as asas,
ambas com as solidões, ambas defuntas,
e entre elas, sós, ardentes como brasas,

espreitando à direita e à esquerda o estrito
espaço ínfimo que entre as duas corre,
correm cruciados como o imenso grito,
imenso grito mudo de quem morre,

os olhos renegados de quem está
esperando, esperando. Que esperando?
Entre a estepe e a noite olham olhos, rente

às trevas opressoras, olhos que a
estepe e a noite juntas se estreitando
apagam misericordiosamente.

IX tem um belo ritmo. Exemplo:

Era uma noite; e as cobras se enlaçavam
destronadas; e um mundo
se paria.

A forma da *Invenção de Orfeu* vai, daqui por diante, tornando-se cada vez mais rigorosa — se é que se pode falar
em rigor, no caso de Jorge. No poema XIII desse canto destacamos:

Há de certo essa ventosa
extermínia sanguessuga,
carnifágia malvarosa
que te adormece e te suga
o corpo dentro do esquife,
o esquife dentro do luto;
e o cura que te borrife

o teu beijo já corruto,
antes da cal no caixão,
antes do osso enluvado,
antes da vela na mão,
antes do corpo lavado.

Estamos em meio a uma série de poemas sobre a morte — morte individual, morte geral, morte de Cristo (de Dioniso e de Orfeu, se não de Apolo) — que se prolonga adentro do Canto VI ("Canto da desaparição"), o qual começa com um grande soneto alexandrino:

Aqui é o fim do mundo, aqui é o fim do mundo
em que até aves vêm cantar para encerrá-lo.
Em cada poço, dorme um cadáver, no fundo,
e nos vastos areais — ossadas de cavalo.

Entre as aves do céu: igual carnificina:
se dormires cansado, à face do deserto,
quando acordares hás de te assustar. Por certo,
corvos te espreitarão sobre cada colina.

E, se entoas teu canto a essas aves (teu canto
que é debaixo dos céus, a mais triste canção,)
vem das aves a voz repetindo teu pranto.

E, entre teu angustiado e surpreendido espanto,
tangê-las-ás de ti, de ti mesmo, em que estão
esses corvos fatais. E esses corvos não vão.

II é uma tentativa (frustrada) de poesia diretamente participante, senão engajada; em V temos uma tentativa (menos frustrada) de poesia religiosa: a paixão de Cristo.

E chegamos, finalmente, ao poema VIII desse canto, o grande momento épico dentro da torrente órfica da *Invenção*. O que o poema nos *diz*: uma conflagração telúrica, cósmica: cavalos lutando; tempestade; a paz da terra é interrompida; as potências do mal lutam contra o poeta, o anjo-poeta, o Grão-Maro, Virgílio, Orfeu, Jorge; batalha naval e terrestre; vitória do poeta; porém destruição, a tristeza do após-guerra; a conciliação final, entre a Trindade e o poeta. O poema, com todas as suas falhas, é escrito num nível digno do melhor de Camões, ou de Milton, ou mesmo de Virgílio (embora estes últimos, especialmente o derradeiro, fossem bem mais rigorosos que os nossos barrocos). A voltagem épica é evidente:

Previram a borrasca os dois cavalos
Combatem constelados na amplidão.
Das ventas subvertidas saem lavas,
contendem rebelados como irmãos.

Enlaçam-se os pescoços, e há trovões;
procriam-se em estrelas e há alvoradas.
Depois investem cascos contra cascos
soturnos como baques subterrâneos.

Mas os rinchos, ó os rinchos, são sangrentos,
desnudos como gládios estivais.
Renhidas potestades se desvendam,
repetem-se as arenas olvidadas. [...]

As naus já no escarcéu pendem, e descem

descem mais, descem mais entre marouços.
Os galeões-mores desabam-se, rompem-se.
Em seus embates, vozes há medonhas.
Ululam-se. Depois o vendaval
escachoa num vórtice empestado.
Raros no vasto pego bóiam vivos.
Tábuas e armas viris e alfaias rotas
vagam no mar. Os nautas, pobres nautas

estripam-se, porfiam, ganem loucos,
e do tronco as entranhas latejantes
jogam sobre o estupor das águas. Mas
a inimiga torrente recomposta
muge seu pranto em temporal e espuma. [...]

E a penedia além em cujo abrigo
cala difuso o mar, [...]

Acima os peitos e as sanguíneas cristas
se enfrentam revolvendo o mar nauseado
que começa a tremer como uma entranha.
Mas degradada, e em sangue e fogo tinta

jaz dizimada a frota incendiária.
E agora surge horrível ser antigo
de rubros olhos, e vibradas línguas:
Vinha lambendo as sibilantes bocas,
e as sibilantes bocas espumando.
Tudo exangue se espalha. [...]

A soberana antiga ínsula doce

baqueia; e de cadáveres sem conto,
ruas, casas, vestíbulos sagrados,
tudo é luto e pavor, braseiro é tudo,
multiplicando a morte em vária forma. [...]

[...] A ilha é um pranto imenso,
pranto, pranto; as abóbadas ululam
com pânico gemido atormentado,

que as fontes vivas secam. Desgrenhadas
andam mães pelas vastas galerias. [...]

De pesada armadura, um velho o ventre
trêmulo veste, inútil, gládio à cinta,
e entre o torpe inimigo a morrer parte.
Quem de cidades cem reinou soberbo
é cadáver; nas ruas o último ato
corre exangue, dos crânios decepados. [...]

Amostras. O poema inteiro — salvo as falhas de pormenor — é mantido nesse tom tão difícil de atingir, quanto
mais de sustentar. Uma das raras coisas realmente épicas escritas em verso em nossa época, em qualquer língua. Em prosa há mais: Norman Mailer, *The naked and the dead*,[46] com
seus grandes momentos épicos, poéticos, por mais que em
não-verso. Pena é que Jorge, nesse e noutros poemas, tivesse de voltar atrás, no tempo: não quis ou não pôde fazer uso
de uma temática contemporânea. É um poema imitativo, se
bem que numa linguagem poética atual e dele, Jorge: o ver-

283

so branco é de Milton, o espírito é de Virgílio, o todo é uma volta a Camões. Trata-se, entretanto, de um *achievement*, de alcance verdadeiramente épico, de uma façanha. Não dá, entretanto, a medida da *Invenção*. Esta, repetimos, não é um poema épico. Possui *epos*, tem momentos épicos. Mas as *Metamorfoses* também os têm, e em maior número e com maior voltagem ainda. A *Invenção de Orfeu* é o órfico barroco.

Do Canto VII ("Audição de Orfeu") em diante, decai sensivelmente a *Invenção*: acentuam-se as deficiências e diminui a eficácia do poema. Menos rigor ainda, pior versificação, ainda que aparentemente se patenteie maior regularidade "formal". O poeta começa a reiterar, e reiterando a diluir, e diluindo a ameaçar, o que foi criado e o que foi dito anteriormente — em linguagem poética ou apenas em verso. Uma série de poemas à maneira de solilóquio dramático, a maioria nem épicos, nem órficos, nem mesmo propriamente dramáticos — simplesmente líricos, autobiográficos, auto-reflexivos, auto-apologéticos, autopiedosos. Jorge de Lima pretende realizar uma revisão de experiências vitais (inclusive literárias: homenagens a Dante, Virgílio, Rilke, Rimbaud, Lautréamont, etc.), amontoando, num *mélange adultère de tout*, as memórias, as percepções, as visões, as profecias. Tudo isso num caos meramente enumerativo, nominativo ou vocativo, raramente resultando na criação, ou na recriação, da coisa enumerada, nomeada ou apostrofada — e que nem o barroco, nem este barroco justificaria, nem a corrente-de-consciência, o monólogo interior, o automatismo psíquico. Páginas e mais páginas de pouco interesse até para um psicanalista. E geralmente má dicção, gagueira, pé-quebrado, ruim versificação, incapacidade de desenvolver e sustentar a frase musical, o jogo metafórico, a seqüência lógica, a sintaxe geral — verbovocovisual, logofanomelódica. Valesse a pena, neste caso, e citaríamos, como fazemos noutros, dezenas de versos do jaez de

> na seivosa begônia enorme como um poema,[47]

quase inacreditáveis no contexto de um poema onde ocorrem, repetimos, os mais altos momentos da linguagem poética brasileira. Aliás, essa audácia na abordagem do grotesco, do ridículo, de mau gosto dá bons e maus resultados na obra de Jorge — e constitui quase uma *causa causarum*, um imperativo e uma condição de existência desta. É o eterno perde-e-ganha jorgiano; a ausência de rigor; a falta de autocrítica; fobia desses preciosos utensílios literários que são a borracha-apagador, o lápis vermelho, o retrocesso das máquinas de escrever, a cesta de papéis.

Essa "Audição de Orfeu" começa com uma série de poemas de absoluta indiferença estética, em versos ora mais curtos ora mais longos. Como sempre — daqui por diante com menor freqüência que antes — ocorrem os grandes momentos, que é preciso fixar (a exibição e a comparação dessas lâminas é o principal objetivo do nosso trabalho):

> Graças, vidente ser, graças, essências
> que as ramadas ondulam nessa verde
> conjuração dos píncaros selvagens.
> Novas terras e sóis, novas esferas

nascem de extremo a extremo. Ó que gemidos
na glória das manhãs reconquistadas! [...]

como prismas gritantes, como tigres, [...]

Mastins celestes, cisnes, vias-lácteas,
exatas nebulosas, signos, Hércules, [...]

Essas faces de urtiga têm aromas,
os braços medusares das sibilas
desenham seus desígnios. Claridade. [...][48]

Notar, também, nesse mesmo canto, o interessante sistema de rimas e assonâncias, interiores e exteriores, do poema IV. E se quisermos saber qual o pior poema da *Invenção de Orfeu*, o VI é forte candidato.

"Biografia" é a mais ambiciosa tentativa da *Invenção*. Como tentativa, consiste em sustentar uma série temática ao longo de umas 376 estrofes de seis versos (brancos) cada. A simples tentativa, nesta terra e nesta língua de tímidos e de preguiçosos, é já elogiável. É pena que não haja grande êxito. Através de quase todas essas estrofes prolongam-se os defeitos a que aludimos acima, com a agravante de uma intolerável monotonia. Abstrações esmaecendo as imagens, uma tirada de olavobilaque jorgedelimizado sobre as belezas da língua portuguesa, volta e meia uma absurda referência ao "poema", ou ao "verso" (o que equivale a essas gravuras contendo uma gravurinha que contém uma gravurinha menor, etc., numa auto-reprodução e num autocomentário *ad infinitum*), e o impossível mau gosto de coisas como:

gozando esses aviões, autos e telas,
geladeiras e rádios, televisos. [...]

Ou:

e Dona Júlia minha arrumadeira, [...][49]

Entretanto, essa "Biografia" individual e geral, com pretensões a antropodicéia e a apocalipse, com juízo final e tudo, mais toda a temática da *Invenção* entremeada e reiterada, essa "Biografia", resumindo os valores positivos e negativos do livro inteiro, serve para enriquecer nosso vocabulário poético e para abalar nossa poética sintaxe, sempre tendente à fôrma, à frase feita, ao lugar-comum. Sob esse ponto de vista, "Biografia" é algo de prodigioso, dantesco, rabelaisiano. E contém, mais uma vez, a grandeza e a eficiência indiscutíveis destes versos:

como pássaros loucos, como folhas
que do pino do orgulho se esfarelam. [...]

Nesse poema informe e sem balizas
recria-se uma ilha repetida
com seu tomo de pedra adormecido.
Seu rochedo de sono é tão fechado
que ele vale na vida como um fado,
sete cordas caladas em seu gole. [...]

Em que distâncias e climas vos modulo
mundo de relativos compromissos
onde os membros em vós e em mim conspiram
e a que me içaram, bobo, pela gola? [...]

Templo construído põe-se em movimento,
ogivas estendendo as mãos conjuntas,
candelabros as línguas alongando,
as aves navegando na penumbra,
catedral se movendo em solo instável,
entre ventos que a fazem nosso dia. [...]

Esse o conto de um nauta encanecido,
claune esquecido em cima de areais,
encolhido qual deus principiado
que abre os olhos na treva, nato enfermo;
e eis que a vida lhe nega seu borralho.
Areal frio outrora verde mar. [...]

subam formigas pelas seivas lentas,
desçam formigas para o nível duro; [...]

teu chamado divino, teu achado,
teu machado fendendo novas achas. [...]

Isso tudo, e mais este grande solilóquio, digno de qualquer das grandes peças elisabetanas ou do *siglo de oro*:

Desses céus descampados vê-se o mar
mais quieto que esse tule morto. E o ar doente.
Que frio! que estreiteza continente
sonega o movimento do universo,
conjura-nos as mãos adormecidas,
desseca as rosas e desseca as almas?

Serão as aves albergálias que
ali crocitam ante a vinda noite?

288

Ou serão os cavalos encantados
disfarçados em aves existidas?
Ou mesmo sem disfarces, serão pedras,
serão fantasmas das ofélias mortas?

Entre a memória térrea e o sonho existe
esse triângulo de sombra liberada
com três íris fechadas entre muros.
Cai a sombra dos muros sobre a estepe,
cobre a estepe de sombra essas estradas:
reminiscência, fábula, loucura.

Resta-nos ver os pássaros que do ermo
voltam antes que o céu as sombras desça
e os transforme nos sustos das crianças
que não tendo brinquedos brincam luas,
quando essas luas vêm às suas mãos.
(Essas crianças são crianças mortas.)

Memorial vôo de círculos concêntricos
em movimento de ilha circular;
a memória dilata-se e consome-se,
a frase repercute idades, temas,
tardandorinhas enterradas vivas
e ainda atravessando as mesmas tardes. [...]

Nesta língua onde desde Gil Vicente não há poesia dramática, neste país e neste século onde não ocorreu ainda um Eliot (o do *Murder in the cathedral*), ou um Yeats, ou um Lorca, os pretendentes a dramaturgo devem meditar nesses versos, que podem constituir um involuntário ponto de partida.

O Canto IX — "Permanência de Inês" — constitui outra tentativa, por um lado menos, por outro mais, ambiciosa que a precedente: são dezoito estrofes apenas, mas em perfeita oitava-rima, em mais uma homenagem a Camões e, em particular, ao mito em que, na nossa e em outras línguas, já se fez Inês de Castro. Já anteriormente tínhamos, em Jorge, um

> Estavas linda Inês posta em repouso

Este canto começa:

> Estavas, linda Inês, nunca em sossego

tendo assim início uma espécie de *paradiso* da *Invenção*. Essas estrofes são líricas e frescas, encantadoras apesar de todas as suas falhas de versificação e da quase ausência de linguagem propriamente poética.

No Canto X e último — "Missão e promissão" — mais um jogo de diferentes padrões formais, versos longos e curtos e vários tipos de forma. E, como sempre, o mau gosto injustificado de

> buzinas se saudando, couros, cuecas,
> e as primaveras, águas incoerentes [...][50]

e a indiferença de uns oitenta por cento do canto, em contraposição à beleza de versos como:

> Nas entranhas dos ares patos bravos
> e os cardumes celestes — peixes, híades

290

estaquem o vôo manso sob as tardes,
que nós seres adiados alentamos,
arar o trigo azul das serranias
e nas eiras geladas alumiá-lo. [...][51]

Adeus! Quem diz adeus? Quem se despede?
Quem se anuncia para após o fogo?
Ó mortos replantai as vossas setas:
no outro lado das pontas nascem flores.[52]

Como quiseste ó grávida ternura
abortar nessas pedras teu menino?
E nem digas ó vale, que hospedaste
esses bois de chavelhos musicais. [...][53]

graças, sombras ardentes, conduzi-vos
como um cego cantando, como um vale. [...]

pescadores vencidos, bocas frias
mas inda abertas bocas embriagadas
sorvendo o vinho das adegas máreas. [...]

Reino unido de abelhas, solo de ouro. [...][54]

Há também este soneto, uma das obras-primas, não da
linguagem poética, mas simplesmente da dicção, em verso,
de Jorge:

Não a vaga palavra, corrutela
vã, corrompida folha degradada,
de raiz deformada, abaixo dela,
e de vermes, além, sobre a ramada;

mas, a que é a própria flor arrebatada
pela fúria dos ventos: mas aquela
cujo pólen procura a chama iriada,
— flor de fogo a queimar-se como vela:

mas aquela dos sopros afligida,
mas ardente, mas lava, mais inferno,
mas céu, mas sempre extremos. Esta sim,

esta é que é a flor das flores mais ardida,
esta veio do início para o eterno,
para a árvore da vida que há em mim.[55]

Aqui termina a nossa "revisão" — sobretudo no sentido de releitura coletiva, os leitores conosco — da obra de Jorge de Lima (gostaríamos de ser lidos, neste caso, do princípio ao fim, e não apenas em parte, neste domingo e não naquele: grande parte das restrições injustas — muitas foram justas —, que pessoalmente nos têm feito em torno deste trabalho, tem decorrido da ignorância desta ou daquela parte). A esta altura queremos repetir, mais ou menos, o que foi dito no primeiro domingo: que o que se leu até aqui não passa de um princípio de conversa entre interessados num mesmo assunto; que não pretendemos dizer a última palavra a respeito de Jorge e, sim, interessar e instigar — poundianamente a primeira obrigação do crítico e, particularmente, do crítico poeticamente militante, participante, engajado, do poeta crítico, principiante ou não.

Tente agora o leitor uma visão de conjunto e seletiva: deixe de lado a alta porcentagem representada pelos fracassos e pelo desleixo de Jorge e considere... os melhores poemas "regionais" de nossa língua; as primeiras e melhores tentativas de incorporar ao idioma as experiências de um Whitman e de outros poetas "nacionais" americanos; muitos dos melhores sonetos (e as melhores sextinas) da língua — escritos ao nível, ou acima, dos melhores renascentistas, Camões inclusive; os grandes versos, mais os altos momentos de linguagem realmente poética (tão raros em português), espalhados por toda a obra de Jorge; a maior contribuição que um só poeta já fez para o enriquecimento de nosso vocabulário e para a libertação de nossa sintaxe; e o universo órfico, pré-órfico e pós-órfico, criado, incriado e recriado, o templo barroco que é a *Invenção de Orfeu* — e talvez concluirá, conosco, ser a de Jorge, até agora, a mais considerável e a mais importante obra poética brasileira.

Voltando às comparações (de interesse igual em poesia como, por exemplo, em botânica): temos, em boa parte da obra de Cecília Meireles, um *melos* superior ao de Jorge; temos, no *Romanceiro da Inconfidência*, um "livro" melhor realizado e estruturado que a *Invenção*. Temos em Carlos Drummond de Andrade o grande *verse maker* da língua, o grande escritor em verso, o princípio do rigor na poesia brasileira, o *pendant* de Graciliano, quase sempre o antibarroco, sem falar nos freqüentes momentos (menos que em Jorge e com menor voltagem) em que atinge, ele também, a linguagem poética — criadora, reificadora — na qual vimos insistindo. Temos em João Cabral de Melo Neto, além do prosseguimento de certos vetores da obra drummondiana — muitas vezes com maior rigor e quase sempre com menor intensidade —, o primeiro poeta brasileiro a tentar a criação de novas formas e de verdadeiras estruturas, de padrões virtuais, do poema-todo, da palavra-coisa somada à palavra-coisa, numa sintaxe renovada e organizadora de poemas-objetos. Temos grandes e importantes poemas em Manuel Bandeira, em Murilo Mendes, em Vinicius de Moraes, até mesmo em numerosos poetas de menor categoria, à espera de um bom antologista. Para recuar no tempo, temos muita coisa séria e importante em um Gregório de Matos, em um Tomás Antônio Gonzaga (este preferimos considerar português), em vários românticos e pré-românticos, até em certos simbolistas — sem esquecer o caso à parte de um Augusto dos Anjos. Temos a poesia pioneira de um Mário e sobretudo de um Oswald de Andrade. Temos as experiências "que se fazem", ainda em estado de quase-ideologia estética, e por isso mesmo pouco suscetíveis, como toda arte de vanguarda, de serem julgadas à medida que se vão formulando: permitem apenas, já o dissemos, adesões, ataques, cismas, e, melhor ainda, tomadas de consciência — embora já se possam orgulhar de produtos acabados e de alta categoria, como vários poemas pré-concretistas de Pignatari, Gullar e dos irmãos Campos, e como diversos poemas concretos das diferentes fases da experiência. Mas em nenhum caso, como no perde-e-ganha jorgiano, temos tantos acertos em cheio na mosca da Poesia, da *Dichtung*, da *Poiêsis*, da Concentração, da criação verbal; não há um só de nossos poetas que tanto tenha contribuído para a libertação, enriquecimento e diversificação de nossa linguagem poética — e de nossa língua (cf., em prosa, o caso Guimarães Rosa); e não há um que tenha *criado* um universo poético tão vivo, rico, vasto, dinâmico e fértil quanto o de Jorge, especialmente na *Invenção de Orfeu*.

Importa mais tentar um pulo de dois metros de altura,

ainda que derrubando a vara, do que armar e realizar impecável salto de metro e meio. Melhor é estar errado e ser fértil do que estar certo e ser estéril. Jorge tentou muitos saltos, quase sempre difíceis, errou a maioria mas acertou vários, alguns espetaculares — e foi fértil ao longo de toda a sua acidentada corrida de obstáculos. É particularmente emocionante considerar um poeta — *erga* um atleta, um agonista, um ser humano — não mais moço, já célebre, a tentar um derradeiro, e, muito mais difícil, arremesso. Que exemplo, que glória, que vitória.

(28 de julho, 4, 11, 18 e 25 de agosto
1º e 8 de setembro de 1957)

GERAÇÃO DE 45

Importante poeta menor[*]

É preciso conhecer melhor este Américo Facó (1885-1953): sua viagem de morto deu lugar a um dos melhores sonetos de Drummond, "Sombra mantuana...", cujo livro, *A poesia perdida*, somente agora descubro, por indicação de um amigo. Dele conhecíamos, antes, apenas o "Narciso" publicado no *Roteiro literário do Brasil e de Portugal*, de A. Lins e A. Buarque de Holanda. Agora temos diante de nós o importante livro pequeno de um importante poeta menor.

Uma nota na supracitada antologia apresenta-o como "prosador e poeta de cunho clássico, conhecedor dos segredos da língua, que amava até à paixão, torturado da forma, deixou apenas dois livros, ambos, porém, de um requinte de estilo e pensamento, de uma vivacidade e graça de fantasia...". Tolice. "Cunho clássico", bah! Todos os defeitos des-

---

[*] Título atribuído pela organização à resenha de *A poesia perdida* (Rio de Janeiro, José Olympio, 1952).

sa *Poesia perdida* o desmentem, e suas qualidades são tudo, menos clássicas. Este Américo Facó é um bom poeta menor, que tinha muito jeito para a poesia, mas que se deixou levar na onda de modismos mallarmaicos e valeristas, perdendo-se em pretensões órficas e em ontologias, gnosiologias e epistemologias ainda menos convincentes que as do autor dos "Fragments du Narcisse".

Esse livro, no todo, não é grande coisa. O importante, nele — num país de pouquíssimos livros de poesia realmente interessantes —, são os momentos em que o poeta acerta, bons versos aqui e ali e, às vezes, poemas inteiros de ótimo nível. No poema de abertura do livro, "Noturno", temos uma série de defeitos — uma poesia de reticências e exclamações — reparados pela classe com que A. F. sustenta um ritmo seguro, impecável, até o fim de onze estrofes de dez versos de oito sílabas. O poema tem inanidades como "Mimar de múrmura magia!" (Facó se deleita em aliterações, às vezes tolas, às vezes boas), mas tem coisas boas como:

[...] Vede
O avito engano em que se agita
Para matar a própria sede,
Aumentando a própria desdita...

"A Bela Adormecida" é um soneto sem graça. Mas a "Sextina da véspera" é uma das melhores da língua. *Exhibit*:

SEXTINA DA VÉSPERA

Um pensamento parte
Confluente da tarde,
— Banho de ouro em que a Rosa
Abre um ventre divino
À cadência amorosa
Do tempo e do destino.

Um só — tempo e destino,
Ambos em toda a parte:
Noite inquieta, amorosa
Manhã, morosa tarde...
Tempo — sono divino!
Destino — sonho... Rosa!

Sonho da tarde — Rosa!
Não lhe diz o destino
O que o tempo, divino,
Esquece em toda a parte;
Só lhe murmura a tarde
A delícia amorosa...

Vibra a luz amorosa,
Anima, aviva a Rosa,
— Excelência da tarde,
Surpresa do destino,
Em que ventura é parte
Sem o tempo — divino.

Tarde — rubor divino!
A luz tomba amorosa,

Toda se dá, se parte,
Esplendor cor-de-rosa...
Idéia do destino
Em que se perde a tarde!

Urge, refulge a tarde,
Que acende o céu divino
Entre o tempo e o destino...
A cadência amorosa
Da luz inflama a Rosa,
— Rosa de toda a parte!

Melhor que isso, em nossa língua, só mesmo as de Jorge de Lima na *Invenção de Orfeu*, ou as de Camões — mas estas são diferentes, seguem o modelo original, sem rima e com terceto no fim.

Em "Aparência" encontramos:

Um sol, meu sol de sonho, invade
O instante... Foge a noite escura;
O espaço, inútil conjetura,
Se perde nesta claridade.

Os poemas pequenos, tipo epigrama, "Magia", "Aventura", "Sol posto", não têm interesse. É preciso ser um grande poeta para escrever um poema em quatro ou cinco versos: Américo Facó não passa no teste; a condensação, a *Dichtung* não é o seu forte.

"Ar da floresta noturna" é poema de quem não tem nada a ver com floresta, mas quis agradar os amigos escrevendo sobre o tema. Afinal de contas, o tema não é explorado:

o poeta se perde em considerações sobre o Ser, o Nada, a Luz e a Sombra, sobre o Saber Absoluto, sobre o Conhecimento... Também é preciso ser um poeta grande mesmo, para tirar poesia, a esta altura, de tais coisas.

O "Narciso", de que já falamos, está longe de possuir os encantos, as magias, os truques das duas ou três versões valerianas (quanto à grande *Metamorfose* de Ovídio, nem se fala: essa, um dia, traduziremos, é claro que com a ajuda dos franceses e dos ingleses...), mas vence-as, às vezes, pela simplicidade maior do todo e pela beleza de certos achados como:

> Brilha! rosal do poente
> Sobre a noturna borda
> De outro universo... Acorda
> A Noite confidente!

Ou

> É dúvida, e se cala,
> Negrura, e mura o mundo!

E

> Secai, fontes monteses,
> Espelhos de onda mansa!

O contraste estático-dinâmico desses dois versos, concentrado em "monteses", transforma-os em genuína *touchstone*, preço-teto atingido pela poesia de Facó.

Em "O outro" há:

> E a Árvore, ávida, remessa
> Aos Céus um corpo de sombra.

E termina com uma bela estrofe:

Tal na adormecida opala
De entrelembrados orientes,
Essência inerte, resvala
O ser das formas presentes:
Absorta, represa, amante,
A alma se perde no instante
Nem passado nem futuro
Da corrente que a circunda,
Rosto alheio, olhar no escuro,
Sobre a sombra da água funda.

"A presença", último poema do livro, por culpa dele ou por culpa nossa, não consegue interessar-nos.

Em suma, um livro que tem todo o direito de figurar na linha evolutiva de nossa poesia. Se Américo Facó tivesse militado mais, anulando seus vícios e fortificando suas virtudes, teríamos nele não apenas um interessante poeta menor, porém quem sabe um grande poeta ou, pelo menos, um desses menores que contribuem mais para o desenvolvimento de uma língua que muitos de seus maiores.

(9 de junho de 1957)

Crônica em versos[*]

Eliot[1] já disse que a poesia de determinado momento histórico deve ser avaliada não tanto pela contribuição de três ou quatro grandes poetas, e sim, muito mais, pelo trabalho dos poetas menores, sempre mais numerosos, que, na mesma época, transformam, diversificam e enriquecem a linguagem poética. Dentro desses critérios, não nos parece especialmente rica — nem nova, nem diversificada — a poesia brasileira que se fazia até há bem pouco tempo. Havia, e há, cinco ou seis figuras importantes, escrevendo numa ilha cercada de incompetência por todos os lados. O bom e o mau, o pequeno e o grande, o maior e o menor de nossa poesia de entre 1920 e 1950 encontram-se nessas cinco ou seis figuras. O resto é vazio e, de 50 para cá, a poesia provavelmente importante ainda é história que se faz, inacabada,

---

[*] Título atribuído pela organização à resenha de *Quinze anos de poesia,* de Paulo Bonfim (São Paulo, Martins, 1957, 462 pp.).

escapando mais que a anterior, a qualquer julgamento definitivo (todo julgamento, no caso, é mais a título de contribuição, de participação, de tomada de consciência). A outra, a certamente sem importância, repete a que a precedeu.

O sr. Paulo Bonfim é relativamente jovem, mas está publicando obras reunidas. Catorze livros em quinze anos de poesia. Em música os primeiros quinze anos, a não ser nos casos prodigiosos, geralmente não dão para compor coisa acabada. Aulas de execução, interpretação, harmonia, contraponto, orquestração... e *exercícios* de composição. A poesia é uma arte, nem mais nem menos difícil que a música ou qualquer outra. O que, pessoalmente, esperamos dos primeiros quinze anos de qualquer poeta (excetuados os Rimbauds, os Hoffmannsthals — os Mozarts da poesia) são quinze anos de experiências, de tentativas, de exercícios, de treinamento em todos os sentidos.

Não podíamos esperar isso do sr. Paulo Bonfim — que já está publicando obras reunidas. Mas devido ao que já tínhamos lido sobre ele — não nos lembrava ter lido obra sua — esperávamos, pelo menos, algum trabalho interessante, alguma contribuição mais séria, ainda que menor, algum poema, algum verso citável. Esquecíamos ser a nossa crítica, em noventa por cento, irresponsável. É pena ser obrigado a dizê-lo, mas lemos de ponta a ponta a obra reunida do sr. Paulo Bonfim — é claro que pode ser nossa a deficiência — e não encontramos um só componente digno do menor interesse. São quinze anos de crônica — dessas crônicas que abrem e fecham as nossas revistas semanais — escrita em verso, e num verso incompetente. Não há a menor preocupação de criar, de fazer poesia. Dizem-se coisas: e coisas que, ditas em prosa, seriam em geral lamentáveis e, aqui e ali, interessantes, sentimentais, engraçadas — exatamente como acontece nas crônicas em prosa, essa fácil, brilhante peste de que há cem anos não há jeito de livrar-se a nossa literatura.

Dizer qualquer coisa além do que está dito acima, sobre o livro em tela, será fazer frase, "literatura", ou nariz de cera — em próclise, ênclise ou mesóclise. O melhor é seguir o método poundiano do *exhibit* e citar:

Esguio como um poste da Avenida

(o primeiro verso do livro; descreve uma pessoa, "Antônio Triste")

Piscina de azulejo:
O sol caminha pelo trampolim
Dá um pontapé à lua
E pousa n'água um beijo,[2]

A razão, o porquê da minha vida, [...][3]

Chove... e em cada poça d'água se repete
A história dos teus olhos
E a inquietação dos meus

Em todo regresso há sempre
Um pouco de despedida.

As lâmpadas elétricas são médiuns,
Recebendo a alma das ondinas mortas...[4]

Quando a ama de cabelos brancos morreu, São Pedro disse
[entre nuvens: "Maria, traga-me um copo de lua,
[sobre a bandeja da noite".

As flores falam perfumes
E pensam cor...[5]

Em teus olhos
Meus sentidos
São cisnes...[6]

Amo-te assim
Com o amor dos condenados,
O desespero dos náufragos,
A lucidez dos suicidas. [...][7]

Citamos ao acaso. Quase todo o livro está escrito nesse nível; se o leitor quiser conhecer o melhor de Paulo Bonfim, veja, por exemplo, o poema "O fogo" (p. 431), estragado, contudo, pelo último verso.

Para resumir, trata-se de mais um livro que podia ter sido escrito em qualquer época, em qualquer parte, por qualquer pessoa. Sem características essenciais, e sem qualquer contribuição.

Citemos, para terminar, o período inicial com que o sr. Homero Silveira, na orelha da contracapa, elogia o livro:

> Observam os sociólogos a interessante marcha dos fatos que, em cada quinze anos da vida de um povo ou de uma nação, costuma determinar mudanças verdadeiramente climáticas de evolução, muitas vezes em sentido francamente revolucio-

nário. É que cada quinze anos representam, necessariamente, um ciclo evolutivo completo. O mesmo se poderia aplicar, por extensão e sem muito esforço, aos fatos poéticos, visto que existe, sem dúvida, uma conexão e uma interdependência fatal entre os acontecimentos humanos, sociais e estéticos.

Como sempre, a citação dispensa comentários.

(25 de agosto de 1957)

Da ingenuidade engajada
e do engajamento ingênuo

Biografia de três páginas — não de orelha, sobrecapa ou contracapa — abre o *Canto claro e poemas anteriores* do sr. Geir Campos (José Olympio, 1957); dela se conclui contar o autor, atualmente, 33 anos de idade, no momento em que uma das principais editoras do país publica seus poemas reunidos, sua poesia até agora. No livro, dois trabalhos novos (*Canto claro*: quinze poemas, *Tema com variação*: 26), além de poemas anteriores: *Rosa dos rumos* (escrito de 47 a 50, quando publicado), *Arquipélago* (de 49 a 51, publicado em 52) e *Coroa de sonetos* (escrito em outubro, 52, publicado em 53). Não inclui um outro volume, o poema *Da profissão do poeta*, saído, em edição especial, em fins de 1950.

O índice desses *collected poems* traz a data das composições. Assim, em junho de 47, o sr. Geir Campos começa a escrever o que viria a publicar. Junho, 1947: boa parte do que hoje constitui a poesia brasileira já está escrita e publicada, inclusive quatro livros do sr. João Cabral de Melo

Neto. E de 47 para cá, enquanto o sr. Geir Campos escrevia e publicava, tiveram lugar *Invenção de Orfeu, Claro enigma, Romanceiro da Inconfidência, João Torto e a fábula, O arranha-céu de vidro, Cão sem plumas, O rio, Uma faca só lâmina, Morte e vida severina* — para não falar em obras de gente mais nova, como *Luta corporal, Carrossel*, três números de *Noigandres*. A elaboração poética do sr. Geir Campos ocorre paralelamente à mais rica efervescência já verificada na poesia brasileira.

O mais antigo poema publicado do sr. Geir Campos — junho, 1947 — é "Eclipse", o qual transcrevemos, para dar uma idéia do ponto de partida do poeta:

ECLIPSE

Sombra de mágoa
nos olhos da moça loura:

não mais os lábios brincando
de sorrir,
não mais o gesto instintivo
de Diana descoberta,
não mais a faísca elétrica
nas bobinas do cabelo.

Dentro do vestido azul
um novo céu se escondeu,
com todos os astros virgens
da madrugada perdida.

Portanto, o sr. Geir Campos começa mal, muito abaixo do nível médio já atingido, a essa época, pela poesia de sua língua. Os demais poemas do mesmo ano, "Mare clausum" e "Quarta elegia", não são melhores. Como, aliás, a maioria da *Rosa dos rumos*, em que o poeta parece pretender reagir às conquistas "dos de 22", procurando, igual a vários de seus contemporâneos, reviver o nosso "parnasianismo". Para isso, todavia, seria preciso pelo menos a segurança técnica de um Olavo Bilac, ou o brilhantismo dos melhores poemas de um Lêdo Ivo. A "forma" da *Rosa dos rumos* é ingênua: limita-se, o mais das vezes, a rimas do tipo *História = aflore a, enorme = maior, me*, ou a "chaves de ouro" do quilate de:

> E dize-me: há esperança para o Homem?[1]

ou de:

> — oh! como são tristes os meus dedos![2]

ou de:

> esta alegria, como tanta existe
> — e existe alguma que não seja triste?[3]

Nesse livro já aparece a também ingênua sentenciosidade que permaneceria uma das raras características do sr. Geir Campos:

> Aparecer igualmente
> à fé ilógica dos crentes
> e ao escárnio dos ateus.
> Ser vivo, e ser — entrementes,
> resolvido como um deus.[4]

Por esse tempo o sr. Geir Campos já lia Rilke, evidentemente, e talvez Francis Ponge: uma espécie de poesia-coisa, desasada e tímida, é tentada em meia dúzia dos poemas desse primeiro livro, que possui, por outro lado, realizações razoáveis, como "Safra" (estará neste o início de uma linha dentro da qual o autor talvez conseguisse realizar-se), "Primeira elegia", ou "Noturno", que citamos por inteiro, em benefício do achado do primeiro verso:

Os dormentes velam
— com mãos de imatéria
agarrando os trilhos,
acalmando os trilhos
trêmulos de susto
quando passa o trem.

Mas no mesmo livro o sr. Geir Campos entrega-se a uma *poésie farcie de comme*: "como um peixe de abismo", "breve como um beijo", "como um deus", "como um palco aberto", "como um boi manso", "como um pecado", "como uma estrela", "como a chuva fina", "como uma cousa", "como um braço de amigo", "como um lenço", "como um homem", "como aves que estertoram", "como flores de feltro", "como um pêndulo", "como a saudade", "como uma poça de água" etc., quando não se trata de "são quais dois hemisférios de um só astro". Aliás, o sr. Geir Campos é paupérrimo de imagens de qualquer tipo, nesse como em seus outros livros. As raras que nele funcionam são vagas, quase nunca servindo para *apresentar* o objeto.

Ainda no mesmo livro o sr. Geir Campos se comprazia nos lugares-comuns de tema (marinheiros mortos, gente afogada, marionetes) e de execução, escrevendo versos como:

Ó grande mar — escola de naufrágios![5]

ou:

Rubricas de carvão, nas lajes úmidas,
lembram a efêmera paixão do instante
que as violentou sob os vitrais do incêndio.[6]

ou:

vírgulas negras de uma negra história...[7]

No livro seguinte, *Arquipélago*, o sr. Geir Campos não progride muito: permanecem as influências (agora acentuadas: alguns poemas parecem traduzir um Rilke menor), as mesmas ingenuidades, a mesma baixa voltagem, a mesma facilidade, os mesmos "comos". Também há poemas razoáveis, como "Gago", "Marcial", "Caracol", mas também há versos como:

do próprio destino paradoxal [...][8]

É um beijo de infinitos namorados: [...][9]
(o poeta fala de uma ampulheta)

Com a leveza de quem vai amar, [...]

314

colunatas pagãs dum velho templo [...][10]

As mãos, vivos maestros do silêncio, [...][11]
(o poeta fala de um mudo)

uma flor murcha, um lenço... uma criança? [...][12]

Meus sapatos cambaios têm algo de navios [...][13]

o coração é um mastro e uma bandeira.[14]

Como se vê, uma "literatura" que até em prosa seria "literatura". Poder-se-á alegar que as citações aqui surgem fora de contexto. Verifique-as o leitor no contexto.

1952: o sr. Geir Campos escreve a sua *Coroa de sonetos*. Jorge de Lima já tinha escrito e publicado o *Livro de sonetos* e a *Invenção de Orfeu*, ambos contendo dúzias de exemplos nos quais o grande barroco escreve, de dentro ou de fora, mas sempre *contra* a forma, revivendo-a, lutando contra ela, sacudindo-a, despertando-a — e não submisso a ela, bajulando-a, deixando-a permanecer morta. Nessa *Coroa* não encontramos um soneto sequer que empurre a forma para a frente. E isso numa língua em que o *quatorzain* foi praticado, em nível raramente ultrapassado noutros idiomas, por Luís de Camões, Sá de Miranda, Fernando Pessoa, Jorge de Lima, Carlos Drummond de Andrade. A *Coroa* pode ser avaliada, *in totum*, pela primeira quadra do soneto I:

Sem o verbo divino, fácil, mas
sem o perigo de eternos enganos
— construiremos um mundo substituto,
sem guerra certa e antes com certa paz.

E, páginas adiante:

o alto heroísmo é viver mortes de amor
e ressurgir como quem plantou árvores
— com fagulhas de chão ainda nas unhas
e o corpo ainda meio úmido de suor.[15]

Coisas difíceis de ler em voz baixa (o tédio) ou em voz
alta (má versificação). Continuo citando:

com as mais infantis lendas e crenças. [...][16]

tenho a sede e o simum por companheiros, [...][17]

a hora gorda engolida pela magra.[18]

Etc. Nem se diga que o sr. Geir Campos foi vítima do
rigor da forma: não há um soneto regular na série. O autor
rimou e mediu como bem entendeu. Os melhores desses quinze sonetos são os de número II, IX e XIII. Citamos o de número II, a nosso ver o melhor, a fim de que o leitor aprecie
o limite máximo alcançado nesse livro pelo sr. Geir Campos:

Num tempo dúplice de abril e outubro,
com simultâneas florações e safras
perfumando alamedas, surpreendido
quanto menos indago mais descubro:

por exemplo descubro, minha amiga,
que nunca é tarde ou cedo para amar
(esta simples mas alta descoberta
não acarreta a mínima fadiga).

316

Misturam-se as idades quando chega
essa estação de fogo bem marcada
que a cadência dos sangues acelera;

abre-se a madrugada em patamares
sob as janelas de incendiados vidros
— força é gozar o outono e a primavera!

Exatamente na mesma clave (vejam-se os vários sonetos irmãos desses encontráveis no *Acontecimento do soneto*), compôs o sr. Lêdo Ivo coisas bem melhores.
À exceção do "Mito", escrito entre 47 e 53, os poemas dos dois novos livros do sr. Geir Campos, *Canto claro* e *Tema com variação*, foram escritos entre outubro de 51 e julho de 56. Trata-se do mesmo poeta dos demais livros, sem maiores sinais de progresso ou de variação. O sr. Geir Campos é, aliás, surpreendentemente fiel a seu nível inicial. Acentuaram-se, apenas, as pretensões ao *engagement*, anteriormente já verificáveis, e sobre as quais nos deteremos adiante. *Tema com variação* começa com uma imitação de Rilke:

SER E TEMPO

Ser é durar... Somos, então,
nesses momentos em que a vida
excede a própria duração?
Nesses momentos quando o amor
(fruto a multiplicar-se em gomos,
em cada gomo outro sabor)
é uma surpresa repetida
— que somos nós? Acaso somos?

Como se vê, uma dúvida existencial difícil de harmonizar com a poesia dita *engagée*. Seguem-se vários poemas denotando alguma leitura dos românticos e pós-românticos alemães. "Descante" é o melhor trabalho desse livro — ingênuo no bom sentido, simples como deveria ser sempre o sr. Geir Campos. Porém, ao longo de todo o livro, encontram-se versos como:

com símbolos em que a sorte varia [...][19]

Astro ou mulher, luz pura no sextante [...][20]

Camisa nem saia nem alpercata
falava do caminho que trazias [...][21]

Todo feito de nadas, senhora, eis[22]

Etc. O *Soneto conversável* revive, de maneira interessante e bem-feita, uma das manias de nossos "parnasianos" e "simbolistas", e até de alguns "modernistas", inspirados talvez em Laforgue.

O *Canto claro* propriamente dito começa com uma "Poética", uma utopia de clareza e instantaneidade expressionais que poderia servir de orientadora dos esforços pessoais do sr. Geir Campos, mas que constitui um paradoxo no contexto de sua poesia:

POÉTICA

Eu quisera ser claro de tal forma
que ao dizer
       — rosa!
todos soubessem o que haviam de pensar.

Mais: quisera ser claro de tal forma
que ao dizer:
       — já!
todos soubessem o que haviam de fazer.

Só se clareza, em poesia, deixou de significar a *claritas* aquiniana, válida em qualquer sistema estético, para indicar apenas facilidade e platitude.

"Elegia quase ode" é um débil eco de "A mesa" de Drummond. Este é igualmente homenageado em "Edifício" e "Herança", sempre com parcos resultados. *Canto claro* contém um bom poema — "Vertical morte" — mas está repleto de coisas como:

e os corações vazios de esperança, [...][23]

e os cabritos aviam suas pílulas, [...][24]

uma réstia de azul — o azul de todos. [...][25]

de um mundo novo e muito mais humano[26]

Aí fica a nossa análise deste *Canto claro e poemas anteriores*, entre os quais o sr. Geir Campos houve por bem, e muito bem, não incluir o poema "Da profissão do poeta", que, como já foi dito, saiu, em edição especial, em fins de 1956. Tal poema, contraditoriamente *engagé* (glosa, sem a menor crítica ou restrição, a nossa "reacionária" Consolidação das Leis do Trabalho), não passa de um longo auto-elogio, mal concebido e mal versificado, do qual extraímos:

> Meu verso tine como prata boa
> pesando na confiança dos bancários;
> os empregados no comércio bem
> sabem como atender ao que encomendo
> e recomendo mais do que ninguém;
> aos que funcionam em telefonia
> com ou sem fio, rádio, a esses também
> sei dizer à distância ou de mais perto
> a cifra e o texto no minuto certo;
> para os músicos profissionais,
> sem castigar o timbre das palavras
> modulo frases quase musicais;
> para os operadores de cinema
> meu verso é filme bom que a luz não queima;
> trilho também as estradas de ferro
> e chego ao coração dos ferroviários
> como um trem sempre exato nos horários;
> às equipagens das embarcações
> de mares ou de lagos ou de rios
> meu verso fala doce e grave como
> doce e grave é a taboca dos navios;
> nos frigoríficos derrete o gelo
> da apatia, se é para derretê-lo
> meu canto a circular nas serpentinas; [...]

Propositalmente ou não, o fato é que o sr. Geir Campos ignora a problemática da poesia atual. É como um físico que, entre 1947 e 1957, não mostrasse o menor interesse pela energia atômica. Não parece viver de modo algum os problemas profissionais que enfrentam, ao mesmo tempo, um cummings e um Maiakóvski, um Blok e um Dylan Thomas, um Essenin e um Breton, um J. C. de Melo Neto e um Nicolás Guillén, um Brecht e um Rilke. Examinemolo, porém, dentro de sua própria perspectiva conservadora, a partir de exigências que seriam mínimas até do ponto de vista da crítica mais tradicional:

P. — O sr. Geir Campos contribui de algum modo para o enriquecimento, a diversificação, atualização, amplificação, exatificação, clarificação, purificação de sua língua?

R. — Já vimos que não: o poeta examinado apanha e abandona o idioma num plano inferior ao que já fora atingido por seus predecessores.

P. — Já que o sr. Geir Campos está publicando "poemas reunidos", nota-se em sua obra alguma contribuição nova, uma passagem de linha, algum novo terreno explorado em qualquer sentido, que justifique a publicação de novos volumes, depois do primeiro?

R. — Não nos parece. Sob qualquer ponto de vista, os últimos livros do sr. Geir C. incluídos nesse volume não são suficientemente melhores ou mais novos que o primeiro para justificar publicação ou reimpressão.

P. — O sr. G. C. apresenta de si próprio, em seus livros, um retrato que possa valer como documento humano?

R. — Não nos parece. Pela biografia que abre o volume

sabemos que o sr. G. C. tem vivido uma existência variada e presumivelmente rica de experiências. Contudo, vida de estudante, de marinheiro, de intelectual por profissão, de político militante etc., nada disso encontra eco profundo em sua obra.

P. — O sr. G. C. apresenta de seu povo, de sua terra, de seu momento, um reflexo que possa servir de documento de uma época ou de uma sociedade?

R. — Não nos parece. O sr. G. C. surge-nos como o mais "alheado", o mais "parcelar" dos poetas *engagés*: pouco ou nada critica sua época, pouco ou nada reflete de seu país e de seu povo. Com pequenas modificações, seu livro poderia ter sido escrito praticamente em qualquer tempo e em qualquer parte. A ausência de "característica" é uma das características do sr. G. C. Todo o seu *engagément* limita-se, parece, à promessa de um vago futuro melhor:

(No outro lado do tempo o outono espera.) [...][27]

então confiar à gente exausta o plano
de um mundo novo e muito mais humano. [...][28]

Portanto não faz mal que devagar
o dia vença a noite em seus redutos
do leste [...][29]

Etc. A "mensagem" do sr. G. C., como poeta comprometido, parece-nos bem pouco "marxista", podendo ser assim resumida: "meus irmãos, compadeço-me de vós, todos estamos sofrendo, mas não faz mal, paciência, está para surgir uma aurora maravilhosa, é só esperar um pouco...". Além disso, falta ao sr. G. C. a dicção poderosa, a boa retórica, a alta voltagem que permite ao verdadeiro poeta participante colocar sua poesia em ação social. Compare-se o que escreve nessa pauta o sr. G. C. com os poemas de um Miguel Hernández ou de um certo Paul Éluard, ou de um certo Louis Aragon. Por outro lado, o sr. G. C. ainda não atingiu nível técnico capaz de manifestar-se em produtos acabados, utilizáveis, em poemas audíveis, cantáveis, decoráveis, dificilmente esquecíveis e, por isso mesmo, capazes de entusiasmar e levantar as massas. O poeta *engagé* tem de ser um poeta — e um profissional realizado. Só assim poderá cumprir suas obrigações: atacar, desmoralizar as classes dominantes, fornecer da sociedade em que vivemos um diagnóstico convincente e eloqüente, apresentar, retificar, poeticamente, os problemas populares e as idéias evolucionárias e revolucionárias, promover o inconformismo e, se possível ou necessário, a revolta dos leitores ou oùvintes, contra o *status quo*. Nada, nada disso, nem de longe, parece-nos ser feito, ou tentado, pelo poeta em tela.

P. — Os poemas do sr. G. C., em maior ou menor grau, *divertem? Comovem? Ensinam?* São capazes de mover alguma das paixões de um leitor medianamente exigente? De promover aquela *catarsis* acarretada pela verdadeira obra de arte?

R. — Não nos parece. Os poemas do sr. G. C. atenderiam somente *malgré eux*, às avessas, involuntariamente, à regra estético-teleológica do *ut doceat, ut moveat, ut delected.* São quase todos, conforme dissemos (e procuramos mostrar), dificilmente legíveis, facilmente olvidáveis, de "conteúdo" e "forma" ingênuos, inanes, neutros, desinteressantes.

P. — Os poemas do sr. G. C. fazem-se notar pela musicalidade? Pela linguagem visualmente, imagisticamente direta e objetiva? Pela originalidade do pensamento? Pela maneira "poética", recriadora, de como esse pensamento é refletido, formulado, expresso? Por uma razoável tentativa de eliminar, através da poesia, a alienação do homem atual, universalizando-o, identificando-o com uma certa totalidade de seu meio ambiente?

R. — Não nos parece. A melopéia, a fanopéia, a logopéia do sr. G. C. são, em nossa opinião, das mais pobres. No mais, as esparsas e tênues tentativas "órficas", os vestígios quase imperceptíveis de uma "teogonia", de uma "antropodicéia", são, no sr. G. C., ligeiros, superficiais, paradoxais, despidos de originalidade e inteiramente negligenciáveis.

Conforme está bem claro, não exigimos do sr. Geir Campos o que postularíamos de poeta mais avançado: que formulasse, em sua poesia, os problemas dessa arte em sua época, que tentasse apresentar soluções manejáveis para tais problemas, que abrisse caminho para a criação de novos padrões expressionais, que revolucionasse a linguagem poética, etc. Dele esperávamos um mínimo. O mínimo exigível de um poeta que se apresenta com um volume de poemas reunidos, e, em particular, de um poeta engajado. Em nossa opinião (que pode estar errada, mas que não se deixa influenciar por outros preconceitos além dos que normalmente prejudicam todo julgamento humano), o poeta analisado não passa nesse exame vestibular. Exame, aliás, desagradável para nós, por motivos vários e óbvios. Por que razão a ele procedemos?

Em primeiro lugar porque, um tanto ao contrário do que vimos afirmando, o sr. Geir Campos não deixa de ser documento de uma época, ou, pelo menos, de importante aspecto de certa época, sobre a qual, otimistas, vez por outra nos enganamos, considerando-a ultrapassada. O *Canto claro* é efeito de várias causas ainda atuantes, impedindo o desenvolvimento mais rápido e mais seguro da poesia no Brasil, para não falar em outras formas de nossa cultura. De uma caótica escala de valores. Da falta de rigor. Da falta de autocrítica. Da falta de amigos de confrades sinceros. Da ausência, praticamente, de uma crítica literária dinâmica, inteligente e honesta.

Em segundo lugar porque, com toda a pobreza de meios de quem, como nós, apenas se inicia nos rumos da criação e da cultura, estamo-nos empenhando, nesta página — não longe de completar um ano de ação semanal —, por lançar as bases de uma nova audiência, mais exigente, mais objetiva, mais empírico-crítica, para a poesia no Brasil, ao mesmo tempo que estimulando, nos novos poetas que vão aparecendo, o gosto pelo profissionalismo sério e o horror pelo mau amadorismo em poesia.

Talvez a principal distinção entre o poeta profissional — o que professa a poesia — e o poeta amador esteja em que este, como tal, não tem problemas. Parece-nos o caso do sr. Geir Campos: sua poesia é satisfeita e *nonchalante*, incapaz, por isso mesmo, de interessar a um ambiente e a uma época felizmente cada vez mais insatisfeitos, conscientes e responsáveis.

(19 de julho de 1957)

Maneirismos imitados*

A poesia de seus "diluidores" medíocres (há-os bons, e úteis, em toda parte) daqueles que durante uns três séculos nada fizeram senão repetir, glosar, parafrasear e imitar, de todos os modos imagináveis, as criações de seus "inventores" e de seus "mestres", chamam os chineses (e os japoneses) de "poesia pó-de-arroz". O fenômeno é bem conhecido no Ocidente, embora deste lado, que saibamos, jamais tenha durado tanto tempo. Há o pó-de-arroz em que se dilui e pulveriza a poesia original do mesmo país e há a poesia pó-de-arroz de importação.

Apesar de movimentos como o indianismo, a poesia brasileira, com raras exceções, foi durante muito tempo pó-de-arroz de importação. Um intelectual mais abastado viajava pela Europa, trazia os últimos livros de poemas (em

---

* Título atribuído pela organização à resenha de *Livro de poemas*, de Olympio Monat da Fonseca (Rio de Janeiro, Rio, 1957, 82 pp., Coleção Rex).

geral franceses) que, passando de mão em mão, de salão em salão, iam sendo diluídos, pulverizados — dando no romantismo brasileiro, no parnasianismo brasileiro, no simbolismo brasileiro. Desde mais ou menos 1920 tenta-se, finalmente, algo de original, embora os mesmos processos importadores se repitam e as raízes dos melhores poetas continuem firmemente plantadas além-mar. Há inventores — ou quase —, há decerto mestres, e há diluidores decentes, aproveitáveis. A poesia dos de 45 é a volta ao pó-de-arroz mesmo, importado ou não — embora não tanto quanto trinta anos antes. Dos de 45 (e daquela meia dúzia de posteriores, especializados no que consideram poesia engajada) uns imitavam os produtos nacionais — Cecília Meireles, por exemplo, foi pulverizada ao máximo, ou ao mínimo — enquanto outros importavam: e tivemos eliots mineiros e rilkes pernambucanos e nerudas de toda parte. Ultimamente, nossos melhores poetas têm diluído menos (e melhor) e tudo indica estejam inventando. Resiste, contudo, uma camada inferior de pulverização, que, em vez de manter viva e propagar a boa tradição poética (é o que fazem os bons diluidores), amortece, vulgariza, atomiza e assim diminui o que foi criado antes, neste e noutros países.

O sr. Olympio Monat da Fonseca (do qual desconhecemos dois livros anteriores, de poesia) não é um incompetente — desses que pululam na camada referida. É raro encontrar nesse seu livro tolices imperdoáveis como

Ah, a morte, a noite em teus lábios,
Bela como uma flor![1]

Em geral, a versificação é segura, e razoável a composição dos poemas. Trata-se, todavia, de uma poesia sem características próprias que abre caminho refletindo experiências alheias as mais díspares, em maneirismos imitados ora de Shakespeare, ora de Rilke, de Eliot ou de nossos melhores poetas contemporâneos. O poema "Prece", por exemplo, em suas quatro partes, não passa, entre outros, de desinteressante repetição do Rilke dos primeiros livros, especialmente do *Livro de horas*. "Passeio crepuscular" é Eliot (e a tradição que este representa), minorado e temperado à 1922. Assim também a "Impressão num estilo", o mais ambicioso poema do livro, flébil eco de certas partes da *Waste land*. A Cleópatra shakespeariana ("I have immortal longings in me") tem a palavra no final e "Calais". "Ao rei Kufu" é macaqueação do Drummond de até *A rosa do povo*. E "A rosa" poderia ser gostosamente assinada por qualquer dos de 45, persistentes ou desaparecidos.

Uma poesia assim não chega a ser, a pôr-se e a pôr em movimento. Ocupa, apenas, espaço e tempo — alheios e indevidos. Evidentemente, não se trata de poesia. Verso, apenas, versificação — em geral competente, porém nunca original e relevante. Melhor seria se o sr. Olympio Monat da Fonseca aproveitasse de outro modo — por exemplo, traduzindo — os estimáveis talentos artesanais e assimilativos de que mais de uma vez dá provas nesse *Livro de poemas*.

(15 de setembro de 1957)

Expondo as raízes de José Paulo Moreira da Fonseca

Paralelamente às contribuições definitivas (Carlos Drummond de Andrade, Jorge de Lima, João Cabral de Melo Neto, Cecília Meireles, Manuel Bandeira) que enriquecem neste século o idioma poético brasileiro, e às pesquisas que procuram manter vivo esse mesmo idioma, corre entre nós uma certa versificação de "forma" incompetente e "matéria" banal servindo apenas para diluir a força e ameaçar o prestígio da poesia entre nossas formas de cultura. Toda crítica a essa versificação incompetente e banal há de ter, por imperativo, o caráter de censura — desgraçadamente póstuma, e não prévia, como seria desejável para a segurança do leitor e da poesia. Não há que entrar em pormenores. Todo instrumental crítico, tradicional ou "científico", torna-se desnecessário e mesmo *encombrant* para caracterizar e em seguida condenar essa ligeira atividade literária. Qualquer seqüência de três ou quatro versos, extraídos seja de onde for, do contexto de tal versificação, é bastante para definir-lhe, repetimos, a imperícia e a trivialidade. Apenas, corre o crítico o risco de parecer desocupado ou prepotente ao leitor menos zeloso pelo destino de nossa poesia. A esse leitor lembramos que nosso trabalho (desagradável por mais de um motivo) é determinado exclusivamente pelo dever de procurar proteger a justa escala de valores dos abalos da falsa amizade, do editorialismo, da crítica encomendada, de todos os vícios que tornam ainda mais difícil o sério labor intelectual numa sociedade em crise econômica e política, *erga* ética e estética (somos, aliás, dos que pensam estar o país, mais rápido que se julga, superando essa crise em todos os seus aspectos). Quem tem o mínimo de respeito, já não dizemos pela poesia, mas simplesmente pelo verso, concordará que este veículo, econômico e memorável, de comunicação, não deve existir apenas como abrigo e escusa para maus prosadores, "cronistas", jornalistas e *causeurs*.

A "Apresentação do livro", na orelha da capa, nos informa das pretensões dessas *Raízes*, do sr. José Paulo Moreira da Fonseca (José Olympio, 1957):

> As vinte e seis peças que compõem *Raízes*, a rigor, formam um único poema, uma "seqüência brasileira", um "mural" [...] Não estamos, entretanto, apenas diante de poesia histórica propriamente dita, porque o passado do Brasil, as nossas *raízes*, neste livro surgem naqueles acontecimentos que revestem uma "significação" universal, espelhando um pouco da face do homem de todos os tempos [...] Devemos sublinhar, igualmente, o timbre dramático destes poemas, que se mostram, via de regra, como monólogos ou coros. O poeta preferiu construir seus versos fundamentado em um perso-

nagem ou colégio de personagens [...] Essa "dramaticidade" [...] aos desenhos que ilustram a "saga" [...]

O escopo do sr. José Paulo Moreira da Fonseca em suas *Raízes* foi, pelo visto, escrever, em linguagem dramática, através de monólogos e coros, uma "saga", mais que um simples poema histórico; um "ideograma", em suma, da aventura brasileira no que tem esta de universal. Um fim ambicioso, portanto — e nada mais louvável que o titanismo do poeta que "prefere arriscar o milhar a jogar no grupo".

Todavia o sr. José Paulo Moreira da Fonseca fracassa em seus propósitos, como já adivinhavam os que conheciam seus trabalhos anteriores. Em literatura, como em qualquer arte, e até mesmo nas ciências não-exatas, uma conclusão como esta não se prova à maneira matemática. Para apoiá-la, o melhor é enviar ao livro o leitor competente, ou exibir-lhe, aqui, os trechos mais significativos, numa espécie de prova por evidência. Assim sendo, vá o leitor ou reflita sobre os *exhibits* adiante. Por enquanto, esperamos aceite nossa hipótese (a do fracasso do sr. José Paulo Moreira da Fonseca) e vejamos por que motivos falhou o autor de *Raízes*.

Em primeiro lugar, não se trata de uma saga, nem mesmo de uma "saga". Afinal, a terminologia literária não pode chegar a esse máximo de elasticidade, nem mesmo com a ajuda de aspas apologéticas. Uma saga é uma "narração medieval, histórica ou lendária, ou ambas, sobre um herói islandês ou uma família heróica islandesa", ou uma "narrativa moderna, à maneira épica, imitando uma saga islandesa". Isso, naturalmente, uma saga, sem aspas. "Saga", com aspas, deve guardar, pelo menos, os atributos narrativo e épico —

sob pena de tornar-se inteiramente gratuito o uso da palavra. Uma "saga" talvez seja a *Mensagem* de Fernando Pessoa, onde, embora a fragmentação da narrativa, ressurge bastante do *epos* que a língua perdera desde Camões. As *Raízes* do sr. José Paulo Moreira da Fonseca não ostentam o menor vestígio do épico — nem cantam, nem contam, não possuem ação heróica (não possuem ação), não são vazadas em estilo intenso ou elevado, não possuem a escala épica.

Em segundo lugar, esse *Raízes* não é um poema dramático. Decerto a principal distinção entre um drama teatral e um poema dramático é ser aquele destinado ao palco, donde o desdobramento de vários discursos, adaptados ao caráter das várias personagens, e este último à leitura a *una voce*, em silêncio ou em voz alta, tendo-se ou não em mente a presença de uma audiência conjunta. Mas tanto o drama teatral como o poema dramático se caracterizam pela ação — pelo *drama*. Há algo que acontece, há personagens que descarregam esse acontecimento ou que são por ele arrastados. E a linguagem de um poema dramático, embora sem a variedade, caráter por caráter, de um drama teatral, é por definição dramática, isto é, de alta voltagem, intensa, direta, atual, convincente, guardando a medida justa entre o coloquial e o literário, quando não o poético. Não há "timbre dramático" nessas *Raízes*, não há monólogos, nem há coros. Há a mesma voz *lírica*, a mesma pessoa (nem uma nem mais *personae*), e não personagem, falando em todos os poemas, no mesmo tom distante e reflexivo, a evocar, em *flou*, os acontecimentos, aqui e ali se desdobrando em um *nós* que jamais, não fora a apresentação atrás aludida, lembraria um coro — nem um coro de várias vozes, nem um coro de uma só voz, nem um coro em que várias vozes cedem a palavra a um mestre-de-coro.

Em terceiro lugar, pelos motivos já expostos e por muitos outros, inclusive a evidência a seguir, as *Raízes* não são, como implícita ou explicitamente pretendem, um ideograma da aventura brasileira. Não são um "mural", não são uma "seqüência brasileira". Não são particularmente "brasileiras": basta substituir quatro ou cinco nomes próprios — Aleijadinho, Tiradentes, Inconfidência, etc., geralmente nos títulos dos poemas — e teremos pequenas "raízes" de qualquer nacionalidade com memórias coloniais. Outrossim, para ser "mural", para ser "histórico", um poema precisa ser épico, precisa ter as proporções do mural, a medida da história, a "quantidade" do épico. Vinte e seis pequenos, diminutos poemas, sem contraponto temático, sem tese central, sem ação, sem valores defendidos ou atacados, sem posição tomada pelo narrador ou cantor — esses poemas podem pretender muita coisa, jamais a condição de "mural", de "seqüência brasileira".

Que são, nesse caso, as *Raízes* do sr. José Paulo Moreira da Fonseca? Em nossa opinião, trata-se de uma série mal conexa de 26 poemas, escritos a partir de vagas lembranças de livros escolares, poemas abstratos, pensativos, compostos tendo em vista o longínquo modelo da *Mensagem* e em tom demasiado próximo da "Canção de amor e de morte do porta-estandarte Cristóvão Rilke", tradução do Corneta rilkeano que, segundo tudo indica, Cecília Meireles fez do francês. Mais uma vez, a afirmativa não pode ser provada por a + b. Compare o leitor as *Raízes* com os trabalhos acima citados.

De um poema com pretensões dramáticas o mínimo a esperar é um verso convincente. Entretanto, o sr. José Paulo Moreira da Fonseca escreve suas *Raízes* no mais *libre* dos *vers* de quem não quer fazer um bom trabalho (Eliot: "nenhum *vers* é *libre* para quem quer fazer bem sua tarefa"). Passadas as refregas, hoje em dia só faz *vers libre* impunemente quem tem seu o seu, próprio, *copyright*, inimitável, como o do sr. Carlos Drummond de Andrade (ele mesmo o tem praticado cada vez menos). Os demais, por toda parte, vêem-se na obrigação (quando não fosse para outra coisa, apenas para justificar o escrever em verso, e não em prosa) de descobrir e praticar seu próprio metro, ou seus próprios metros, ainda que com uma ou outra liberdade justificada. O verso das *Raízes* (já o veremos) não é nem mais nem menos rítmico que qualquer trecho de prosa comum espalhado pela página em linhas irregulares evitando a margem direita. Não há unidade, não há modelo, não há estilo, não há contraponto rítmico, não há fluxo e refluxo — há apenas uma gratuidade de acentos e cesuras a provar que o sr. J. P. M. da F. não quis ou não foi capaz de fazer bem o seu trabalho. Por outro lado, a linguagem das *Raízes* nada tem de poética, nem mesmo no sentido quantitativo ordinário de uma linguagem mais tensa e intensa, econômica e memorável que a da prosa. *Menos* não é *mais* para o sr. José Paulo Moreira da Fonseca, que não resiste, em suas *Raízes*, a uma análise de custos e benefícios.

Aí estão, por alto, os principais motivos acidentais do fracasso das *Raízes*. O motivo essencial talvez seja, conforme poderá concluir-se das amostras adiante, a evidente incompetência do sr. José Paulo Moreira da Fonseca para a tarefa que se propôs.

O leitor que nos acompanhe. O primeiro poema, "O cartógrafo", entre duvidosos e batidos ingredientes líricos, oferece-nos um "mar distante", um "uma nau feito as que", um "verdes palmas", um "flores rubras", e este verso:

Que sejam ornamento e nos falem da estranheza.

(Não nos estamos aproveitando da citação fora do contexto. Partimos da suposição de que o leitor nos acompanha, página por página.)

O segundo poema é preciso citar inteiro:

A CARAVELA

O mar estende o seu manto sobre o abismo,
O dócil mar povoado de desastres,
Ei-lo que jamais cessa, ei-lo sempre mar.
        Sobre as velas, sobre o ermo
Será a brisa ou o tempo que nos leva
Neste insólito navegar?

"Descobrimento" é um frouxo eco da "Canção de amor, etc." de Rilke-Cecília. "O donatário" é o tom da *Mensagem* transmitido em clichês: não sei dar nome aos pássaros e às frutas, tudo é estranho e se esquiva, em sobressalto me indago, etc., "Anchieta" contém talvez os dois melhores versos do livro, que não são grande coisa, mas chegam a "evocar" algo:

O rumor de quilhas e de arcabuzes,
As falas na floresta e no fortim;

A construção do poema é, entretanto, mais um lugar-comum.

Temos em seguida um pequeno "Bestiário" ("Pássaros", "Ps Sáurios", "O jaguar"), imagens que comunicam pouco e logo se esquecem, caindo muito aquém de seu alvo de "poesia-coisa". Em "Azulejos" o título diz do tema bem mais do que o texto:

> Mar e céu jovens
> Como esses dias que nos vêm
> De cal ainda viva nos muros.
> Não há ruínas para medir o tempo.

"A bandeira" é indiferente. "El-Rei" é Fernando Pessoa montado no cavalo de Rilke, sempre ao passo de Cecília. "O fortim", entre outros, tem este exemplo de chavão:

> Talvez mil anos ainda venham
> Até que as lajes sejam ruínas.

"Oratório" é digno de ser citado por inteiro, sempre como exemplo de lugar-comum de matéria e forma, idéia e ritmo:

> Irmãos que em glória o Amor arrebatou
> Intercedei por nós! Tivestes nossa mesma carne,
> O mesmo sangue, velai que não rolemos
> Na eterna flama e no tormento sem fim.
> De ouro e gemas, são vossas roupagens,
> De mil receios, esperanças e noites:
> As rogações que ora erguemos com o joelho

Recurvado e aquele vago olhar no qual os cegos
Afagam o mundo que os cerca.

"Tropeiros" é de um pequeno Rilke:

A terra é muito grande.
Eis que as mulas estão cansadas,
Os arreios rotos, cascos feridos.
Quando é noite, nenhuma luz,
Somente no medroso frio, aquelas ermas estrelas.

"Procissão" é outro reflexo de "A canção de amor, etc.".
"O construtor de igrejas" é outra coleção de trivialidades de
todos os tipos, terminando com "o tranqüilo centro da esfera". A "Fala dos Vice-Reis" é má dicção e má versificação,
de um prosaísmo lamentável. Leiamos o mesmo "poema"
reduzido a prosa corrente:

Vivemos conforme nossa condição malgrado a mancebia, a
gota e outras mazelas que soem abastardar o poder de que
fomos investidos. De tal modo vivemos, procurando por todo o empenho manter ilesa e crescente a virtude da Coroa,
cônscios de que muita reverência nos é devida porque o principal em nós não se encontra na fraqueza humana nem mesmo quando se mescla ao solene ofício de governar. Assim
nos temos e mantemos em alta conta e por justo exigimos a
obediência, o séquito e tudo mais que reta vontade puser e
dispuser, nos seja concedido.

Em nome de quê, dividir em versos mal medidos essa
prosa que aí está? Talvez se trate de um trecho da época, mas
que tem isso que ver com poesia?

"A amurada" não tem maior interesse, nem afirmativo nem negativo. "Exéquias" é um lugar-comum de construção, sobretudo a transição final. "Novas" é outra prosa desinteressante e injustificadamente versificada:

> Fazei de modo que sempre venham novas a fim de que suportemos o tempo. Grande cópia de surpresas, sim, para compensar as perdas. O tesouro se esvai nos mil gastos, e muitos outros ainda há por criar. Desejamos, pois, de firme desejo, filões inesperados, raras gemas, seguros motivos de prazer. Assim fazei que é nossa real vontade.

"O Aleijadinho" fala por si:

> Estas mãos são trôpegas,
> O vulto estranho como um grito de dor.
> Não ouçam tais soluços,
> Não vejam minha figura!
> > Raptei outras palavras
> No silêncio das pedras.
> Ezequiel, Isaías, Jonas
> Em Congonhas murmuram
> O anúncio de Deus.

"Interior de igreja" termina assim:

> Nestes momentos nos debruçamos em nossa noite,
> Confusos como despertando
> De um escuro e longo sonho.

"Pousada", que não é dos piores, termina algures entre o lugar-comum e a imitação:

O repouso, as espigas não cessarão de amadurecer
Nem os ramos de esboçar no vazio
O contorno de seus maduros pomos.

"Os escravos" é variação em torno dos lugares-comuns favoritos da "geração de 45" e de nossa "poesia engajada":

Em seus rudes corpos
O rubor de mil vexações
Salta na carne lacerada
— lanhos de uma aflita aurora
Exigindo o fim das sombras.

"Inconfidência" não tem importância. "Tiradentes" termina o livro com mais clicheria:

Quando uma idéia é sangue
Somos um só. Nela eu vivo e ela em mim,
Jamais poderão separar-nos,
Mesmo abandonando à rosa-dos-ventos
Meu corpo dividido.

Releve o leitor o excesso de amostras, quando duas ou três talvez bastassem para caracterizar a falta de preparo de quem, com estas *Raízes*, pretendeu compor uma "seqüência brasileira". Citamos boa parte dos versos do livro. O resto, veja-o o leitor, não é melhor nem pior.

Uma última palavra sobre outra pretensão, talvez a

mais ousada, desse livro: a de ser um "único poema", como diz a "apresentação". Para sê-lo, *Raízes* deveria apresentar uma estrutura interior e exterior, um padrão de temas e formas, capaz de dar ao leitor ou ouvinte idéia imediata de conjunto, de soma de partes e de algo mais que soma de partes. Não é o que acontece. *Raízes* é um punhado de falas sobre vaga temática "histórica", de brasilidade mal caracterizada, das quais não resulta uma só "forma", virtual ou atual, capaz de ser percebida *em objeto*. Até mesmo os poemas, isoladamente, não chegam a constituir totalidades, "poemas" propriamente ditos. São falas, mais uma vez, vagas falas de devaneio, remotas, difíceis de perceber e fáceis de esquecer.

(29 de dezembro de 1957)

Poesia de circunstância*

O sr. Paulo Mendes Campos é, segundo se conclui da leitura de seus trabalhos reunidos em *O domingo azul do mar*, um homem, e um escritor, alienado — ou, para tornar menos ambíguo o jargão da filosofia e das ciências sociais correntes, alheado, ausente.

Não me refiro, especialmente, à problemática de sua própria arte, da qual o sr. Paulo Mendes Campos ignora não só as questões atuais como os fundamentos mais tradicionais; temos em mente o fato de que não só o sr. Paulo Mendes Campos é incapaz de superar seus próprios limites, para não falar dos de sua classe, no sentido de tentar conhecer sem compartimentos uma totalidade, uma essência humana, como se mostra inábil para viver profundamente sua própria existência (e não apenas seu *momento* acidental):

---

* Título atribuído pela organização à resenha de *O domingo azul do mar* (Rio de Janeiro, Civilização Brasileira, 1958).

não vê o tempo como unidade, ausentando-se da verdade indizível e inalienável dos dias e de cada dia, procura entre eles (da maneira menos *marxista* que se pode imaginar) um "domingo" — se possível azul, e do mar. Abstrações sobre abstrações: domingo, e azul, e do mar. Um poeta que não vive seu presente (tanto como oposto de passado e futuro, como de ausente), mas que busca através dele — para citar a orelha de seu livro — "o amanhã (que) tem que ser domado com o esforço de cada um". Mais abstrações. "O amanhã". O sr. Paulo Mendes Campos não vive o hoje, uma vivência, persegue, sim, e sem muita vontade, o amanhã, uma esperança, uma abstração, uma ausência. Tampouco pretende criar, com suas palavras, uma outra ordem de ser: o sr. Paulo Mendes Campos não é homem do mar, como não é nem do domingo, nem da segunda-feira, nem da terra. Seu vocabulário demonstra: o mais abstrato, o mais adjetivo encontrável no mercado.

Por essas e outras não é poesia o que nos oferece o sr. Paulo Mendes Campos. O que escreve não constitui coisa em si, indivisível, insubstituível — ao contrário de, por definição, toda poesia. As palavras são para o sr. Paulo Mendes Campos. Não se trata de uma sua criação, que dele se libertasse para viver sua própria existência, falando sua própria língua e comunicando-se por si mesma, e não apenas em nome do sr. Paulo Mendes Campos. Não: a linguagem é mero instrumento em suas mãos, simples rótulos apostos a suas vagas percepções, a suas "idéias" abstratas. Assim sendo, só podemos chamá-la de "poesia" por aproximação e por semelhança acidental — e, ainda assim, com não pequeno esforço.

Não é linguagem poética, portanto, o que escreve o absenteísta sr. Paulo Mendes Campos. É prosa em verso (trataremos, adiante, da qualidade desse verso), é crônica, à maneira do sr. Rubem Braga e de outros, os quais, aliás, pretendem o oposto — escrever "poesia" e "lirismo" em prosa. Tal é, entretanto, o de menos. Já defendi, mais de uma vez, nesta mesma página, a tese (favorita de Eliot, entre muitos),[1] segundo a qual o verso, poesia à parte, é tão útil, tão importante quanto esta e quanto a prosa "corrente" para a sobrevivência e eficácia de uma língua, tendo seu lugar perfeitamente garantido no todo da literatura.

Mais uma vez, é preciso definir, ainda que truisticamente, para evitar confusões. Verso não se pode nem contrapor nem identificar a poesia. São categorias diversas, de níveis diferentes. As categorias equivalentes, de nível idêntico, que se podem contrapor, são "linguagem poética" e "linguagem prosaica" — por exemplo, para falar em extremos, o *Tyger, Tyger*, de Blake, e certos relatórios científicos.

Verso é maneira de ser que tanto pode servir à linguagem poética como à linguagem prosaica. Assim, tanto prosa como poesia se podem escrever *em verso*. Este só se pode opor ao não-verso, à escrita ou à fala corrente — sem acentos, cortes e pausas rítmicas, conscientemente ordenadas a partir de uma estrutura original e convencionada.

É claro que há bom e mau verso, competente e incompetente. Sendo o verso um meio, será bom ou mau conforme sirva, bem ou mal, aos fins que o autor demonstra ter tido em vista.

Mais uma vez: padrão de eficiência, de "performance", análise de custos e benefícios, quanto se gastou e quanto se obteve. Economia, exatidão, mútua adaptação de peças dentro de um todo.

Postas ambas as coisas (que o sr. Paulo Mendes Campos escreve em linguagem prosaica; que verso é uma maneira de dizer), vejamos o que quer dizer, com seu verso, o sr. Paulo Mendes Campos.

O sr. Paulo Mendes Campos quer dizer-se. É um homem que fala de si mesmo. Elevadíssima, inusitada porcentagem de seus versos são escritos na primeira pessoa (conforme, aliás, a moda, entre nós, do gênero "crônica"). Faça o leitor sua própria estatística: de minha parte sou tentado a dizer que *todos* são escritos na primeira pessoa — "eu" —, embora este ou aquele aparentemente não o seja (já vimos que os trabalhos do sr. Paulo Mendes Campos são "instrumentos" e não "criaturas"). É aparentemente, por outro lado, que o sr. Paulo Mendes Campos está presente em todos os seus poemas. Aparentemente, apenas, a *ausência* do sr. Paulo Mendes Campos já foi demonstrada. Não basta dizer "eu" para *estar aí*. Atualmente, *aí*, nunca é "domingo", nunca é azul, e estamos em terra. O sr. Paulo Mendes Campos pretende (debilmente) estar num domingo azul do mar. E não consegue, como se poderia exigir, criar para si mesmo, e talvez também para nós, um palpável, criado, inconfundível domingo azul do mar.

Ia dizendo — não há linguagem mais subjetiva do que esta. O sr. Paulo Mendes Campos fala de si mesmo, praticamente sem interrupção. Vale a pena escutá-lo? Não me parece:

O domingo azul do mar não constitui documento humano digno de conservação e exame. O sr. Paulo Mendes Campos fala de si mesmo, narrando acontecimentos que não são nem suficientemente individuais nem suficientemente universais, porém apenas "comuns", para não dizer ordinários. Trata-se, ao que se infere do livro, de alguém que não gosta do mundo em que vive mas que se compromete terrivelmente com ele, sem fazer maiores esforços por transformá-lo; que sonha vagamente com um mundo melhor (domingo, azul, mar); que não tem muita alegria de viver, mas que tem medo da morte; que viaja de quando em quando; que tem mania de evasão; que tem uma infância "regional", que gosta de um *drink* entre amigos; instável; superficial. Há no livro pelo menos duas autobiografias diretas, explícitas: "Fragmentos em prosa" (título expressivo de toda a obra do sr. PMC) e "Infância". Em suma, quem quiser, daqui a cem ou duzentos anos, estudar o comportamento do intelectual residente no Rio de Janeiro por volta do século XX e meio, não encontrará farto material no livro do sr. Paulo Mendes Campos. O resultado é que, quando ouvimos o sr. Paulo Mendes Campos falar de si próprio (já vimos que não faz outra coisa), somos invadidos pelo tédio. O autor — o orador — não toma nem a precaução de transfigurar-se em *personae*, ou em "heterônimos": apresenta-se sempre o mesmo, em repetidos e fluidos *close-ups* que nem ao menos chegam a radiografá-lo.

Ainda quanto ao *que* diz o sr. Paulo Mendes Campos. Segundo a mesma orelha e segundo o que sempre ouvimos a respeito (o autor é freqüentemente classificado entre os "nossos engajados"), o sr. Paulo Mendes Campos — "homem de atitude social e política bem delineada" — pretende fazer uma poesia "social", "política". É o que diz a orelha do livro, no qual procuramos, em vão, esse tipo de poesia. O que se encontra de mais parecido é o que contém qualquer escritor burguês eventualmente um pouco mais "realista". Muito menos, por exemplo, do que num Rilke — o último poeta a ser considerado "social", "político". O sr. Paulo Mendes Campos parece ter pretensões a refletir, no Brasil, a poesia do grupo Auden-Spender-MacNeice-Lewis. Não o consegue.

Sua poesia nada tem de alta voltagem "metafórica", da genuína eloqüência, da sublimação do coloquial, características do melhor da obra desses quatro importantes poetas britânicos — verdadeiramente "sociais", "políticos", em fase significativa de sua poesia. O que há em Paulo Mendes Campos, aqui e ali, são arremedos da dicção de alguns desses poetas — como, outras vezes, de Eliot, de Dylan Thomas e, muito mais, dos nossos Carlos Drummond de Andrade e Vinicius de Moraes, os quais, estes sim, souberam, em seus dias, ser "sociais", "políticos", ao mesmo tempo que interessando dos pontos de vista humano e estético. Em verdade não basta declamar (não digo "compor")

IF

Meu filho, se acaso chegares, como eu cheguei a uma campina de horizontes arqueados, não te intimidem o uivo do lobo, o bramido do tigre; enfrenta-os nas esquinas da selva, olhos nos olhos, dedo firme no gatilho.

Meu filho, se acaso chegares a um mundo injusto e triste como este em que vivo, faze um filho; para que ele alcance um tempo mais longe e mais puro, e ajude a redimi-lo.[2]

para ganhar títulos de poeta "social" e "político". Esse tipo primário de composição é incapaz de abalar, levemente que seja, os poderosos e habilíssimos alicerces do "mundo injusto e triste" (oh pobreza de adjetivos!) em que vivemos. É evidente, além disso, o ecletismo do sr. PMC, bastando, para exemplificá-lo, o poema "Infância", um dos mais enganosos do livro, em que o apanhamos em gratuitos hermetismos (o peixe cego de um jardim etc.) imitando, também sem o menor sucesso, o fluxo metafórico de Jorge de Lima.

E *como* o diz o sr. Paulo Mendes Campos?

Di-lo muito mal. Surpreendentemente mal, como um principiante, e não como poeta maduro, experimentado, que escreve poesia há cerca de vinte anos. Às vezes quase nos engana por uma certa fluência de quem está acostumado a escrever em prosa comum (seus versos são tanto melhores, ou menos ruins, quanto mais se aproximam da prosa corrente), e por certa eloqüência que logo descamba para o *slogan*. A verdade é que não encontramos em todo esse livro um único símile, uma só metáfora, uma só expressão, um só *mot juste*, um só contraste, uma só mudança, um só *take* digno de citação. À exceção de dois poemas e mais dois ou três fragmentos legíveis, o que há é uma longa fala, em prosa aleatoriamente versificada, ao sabor apenas das pausas do discurso, em torno da biografia do sr. Paulo Mendes Campos. Não existe a mais ligeira preocupação de adequação. O sr. Paulo Mendes Campos, escrevendo em linguagem prosaica, isto é, usando materiais e não os *criando*, deveria, pelo menos, escolher adequadamente esses materiais. Pelo contrário, seus poemas não parecem escritos, e sim ditados a uma estenógrafa e posteriormente corrigidos sem maiores cuidados. Não há, aqui, composição. As palavras são intercambiáveis, podem ser substituídas por outras, omitidas, acrescentadas. Os "poemas" não têm o começo e fim essenciais dos verdadeiros poemas: fluem, como a prosa corrente, sem estrutura equilibrada em função de um mecanismo de percepção-comunicação objetiva, só tem começo e fim, com a prosa corrente, por necessidade, e não por essência. Conforme já o terá suspeitado o leitor, a poesia do sr. Paulo Mendes Campos é adjetiva, e não substantiva; repousa — (se é que em algo repousa; para nós passa, apenas) em ornamentos, maus, imprecisos ornamentos, e não numa estrutura. Escolhendo ao acaso:

SONETO DE PAZ

Cismando, o campo em flor, eu vi que a terra
Pode ser outra terra, de outra gente,
Para o prazer armada e competente
E desarmada para a voz da guerra.

No chão, olhando o céu que nos desterra,
Sem terminar falei, presente, ausente,
Ó vento desatado da vertente,
Ó doce laranjal sem fim da serra!

Mais tarde me esqueci, mas esse instante
De muito antiga perfeição campestre
Fez-me constante um pensamento errante:

Era o sem tempo, a paz da eternidade
Unindo a luz celeste à luz terrestre
Sem solução de amor e de unidade.

Como se não bastasse o próprio caráter "adjetivo", insubstancial abstrato, dos substantivos empregados — "prazer", "perfeição", "pensamento", "amor", "eternidade", "solução", "unidade" —, temos, em catorze versos, os adjetivos: em flor, outra (duas vezes), armada, competente, desarmada, da guerra, que nos desterra, presente, ausente, desatado, da vertente, doce, sem fim, da serra, muito antiga, campestre, constante, errante, da eternidade, celeste, terrestre, etc. Faça o leitor o mesmo com a esmagadora maioria dos poemas de *O domingo azul do mar*, livro que, a começar pelo título, é uma adjetivação que se adjetiva *ad infinitum*.

Algumas amostras da "literatura" do sr. Paulo Mendes Campos (não é possível citar os poemas por inteiro; veja o leitor, em seu contexto, no livro os versos citados adiante):

Nem a verdade dos supremos desconsolos — [...]

onde o verde das distâncias invencidas
Inventava o mistério de morrer pela beleza. [...][3]

Nos olhos já se vê dissimulada
Preocupação de si, e amor terrível. [...][4]

mas se ouve um rumor desgarrado de poesia, [...]

e quando a sombra te abraçou, tua cabeça prodigiosa repousou
[na água silente, a água recebeu teu pensamento grave
e amigo e veio até nós, alagando o alheamento frio. [...][5]

Mulher[6]
que interrompes a primavera de um exército

repartindo cartas suicidas e peixes solitários
que insinuas o desespero sem vigência
e os amoralismos cruciais do coração
fantasma de organdi e nuvens enigmas
viajando para os lados de um soluço
mulher fatal como o quadro instantâneo
que realeja na memória de um céu especial
comício de poemas obscuros
ausente dos acampamentos da madrugada
carne dominical falsamente casta [...][7]

Tua morte chegou nas folhas secas
Mas nada vi no ventre da noitinha, [...][8]

Mas o passado é como a noite escura
Sobre o mar escuro [...][9]

Sem margens, sem destino, sem história,
O tempo que se esvai é minha glória
E o susto de minh'alma sem razões. [...][10]

Mariposa que pousa mas não fica,
A tentação alegre da pureza. [...][11]

Despede teu pudor com a camisa
E deixa alada louca sem memória
Uma nudez nascida para a glória
Sofrer de meu olhar que te heroíza

Tudo teu corpo tem, não te humaniza
Uma cegueira fácil de vitória
E como a perfeição não tem história
São leves teus enredos como a brisa [...][12]

350

Sorrindo para quem foi num momento
Chama que se desfez nas mãos do vento, [...]
Descobre-me a luz crua do prazer [...][13]

A cor, o peso, o ritmo da rosa
De todos os instantes. [...][14]

Dói-me uma coisa intratável do mar de manhã. [...][15]

Quando o olhar adivinhando a vida
Prende-se a outro olhar de criatura [...][16]

Quando subiu do mar a luz ferida,
Ao coração desceu a sombra forte,
Um homem triste foi buscar a morte
Nas ondas, flor do mal aos pés da vida. [...][17]

Há um lado em mim que está sempre no bar,
Bebendo sem parar.

Há um lado em mim que já morreu.
Às vezes penso se esse lado não sou eu.[18]

Vi a fantasia e a tristeza de meu ser. [...][19]

Rosas raras no ar se alçavam puras. [...]

Nos meus ombros, o pássaro final,
Íntimo, atroz, lirismo a que me oponho.
Quando a manhã subir até meus lábios
Suscitarei segredos novos. Ah!
Esta paixão de destruir-me à-toa. [...][20]

Continuar,
A despeito de humilhações, do medo, [...]

Porque a vida é sempre a vida, a mesma vida, [...][21]

E o sorriso em que fala ao transeunte
É um sorriso de paz e de ironia. [...][22]

Minhas afeições não valeram
Minhas alegrias foram alegrias loucas de louco. [...][23]

Deitado à luz como Endimião.
Que se entenda depois o meu vazio
E que se encontrem das ruínas minhas
Um torso, uma coluna, uma inscrição.[24]

LÁPIS TINTA[25]

Se eu levar este poema de encontro a meu peito
E apertá-lo contra o coração,
Ele ficará impresso em minha carne
Com as suas imagens invertidas,
Mais indecifrável do que nunca.

— Mas não deixará de ser um poema. [...]

Os dias da semana são crivados de enigmas,
De ansiedades vãs e de abandonos.
A segunda-feira vai trazer para a fruteira
Um cacho de bananas — com a emoção comum das coisas.
[...]

Quando caminhas vais frisando a rua
De uma seqüência clara de escultura.
És sol agora, ontem na praia foste a lua.
És tudo o que quiser o meu poema, [...]

Calmarias de ilhas verdes, teus olhos,
Ah,
São teus olhos.[26]

A carapaça dos besouros era dura
Como a vida — contradição poética — [...]

Certeza alguma tive muitos anos,
Nem mesmo a de ser sonho de uma cova,
Senão de que das trevas correria
O sangue fresco de uma aurora nova. [...]

Sou restos de um menino que passou.[27]

E assim por diante. O leitor não terá dificuldade em encontrar outras tantas incompetências e ingenuidades em *O domingo azul do mar* — autobiografia semimística, semimetafísica, semipsicológica, semi-realista... escrita sem aquele mínimo de artesanato exigível do pintor que expõe numa galeria, do arquiteto que entrega um projeto a uma firma construtora, do compositor que submete à orquestra uma partitura, do escritor que publica um livro. Já disse que o sr. Paulo Mendes Campos é tanto melhor quanto mais se aproxima da prosa comum, corrente. Concluo que é tanto pior quanto mais se entrega ao verso tradicionalmente medido,

às formas convencionais: seus sonetos, sem exceção, são
dos piores que conheço. Já dei um exemplo. Eis mais dois:

NESTE SONETO

Neste soneto, meu amor, eu digo,
Um pouco à moda de Tomás Gonzaga,
Que muita coisa bela o verso indaga
Mas poucos belos versos eu consigo.
Igual à fonte escassa do deserto,
Minha emoção é muita, a forma, pouca.
Se o verso errado sempre vem-me à boca,
Só no meu peito vive o verso certo.
Ouço uma voz soprar à frase dura
Umas palavras brandas, entretanto,
Não sei caber as falas de meu canto
Dentro de forma fácil e segura
E louvo aqui aqueles grandes mestres
Das emoções do céu e das terrestres.

NO VERÃO

Inventaremos no verão os gritos
Verberados na carta episcopal.
Somos apenas pássaros aflitos
Que nada informam da questão moral.

Tens os olhos audazes, infinitos,
E eu sinto em mim o deus verde do mal,
De nossas almas nascerão os mitos,
De nossas bocas uma flor de sal.

Deitaremos raízes sobre a praia
A jogar com palavras inexatas
O desespero de se ter um lar.

E quando para nós enfim se esvaia
O demônio das coisas insensatas
Nossa grandeza brilhará no mar.

O sr. Paulo Mendes Campos deveria desistir dessas coisas. A rima, por exemplo, não lhe é natural. Grande número das rimas de algibeira da poetice provinciana estão representadas em seu livro. Há um poema, por exemplo, em que se rima, de fio a pavio, verão-caixão-exatidão-algodão-caixão-canção-coração-verão-emoção-coração-caixão-decoração-latão-agarrarão-verão-dimensão. Noutro, temos Norte, morte e sorte em rimas imediatas. Isso para não falar na métrica: o sr. Paulo Mendes Campos, em *vers libre* (libérrimo, para ele), escande de acordo com a respiração dos oradores ou *speakers* radiofônicos; quando "metrifica", fá-lo em cantilena, como se pode ver dos exemplos citados e de muitos outros.

Assim sendo, o que há de melhor, menos mau, nesse livro, é prosa mesmo ou quase prosa. Serão exceções os poemas (*vers libre*, naturalmente) "Elegia 1947" e "A prostituta", este sem dúvida a melhor coisa do volume. Não o citamos aqui por restrições próprias da imprensa quotidiana. Por uma questão de justiça citamos o outro, para que o leitor possa julgar o sr. Paulo Mendes Campos em seu mais alto nível:

ELEGIA 1947

Chegou o tempo do erostrato,
O demiúrgico miar de caçoilas fumarentas
sobre campos de sono: um prazer que não virá.
É tempo de Artemis e de Ana,
de defunção dos pés despetalados,
e Nêmesis recolhendo máquinas carnívoras
no preamar das injustiças.
Chegou o tempo adunco
de palavras estranhas sem sentido,
tempo de absurdos cornos paranóicos.
O chapéu do tirano
rola na rua fofa. A lua
pastoreia os animais orgulhosos.
É tempo de artefato de fábula,
tempo de algazarra e morticínio,
de ênfase escarvante em praça pública.

Somos todos umas tórtulas queixosas,
fragmentos de outono,
almas costuradas ao ícone, sopro exausto.
Sobre nós, entretanto, o sol real abriu os olhos claros.
O sol imaculado é bom
e a gente ponteia uma viola noturna de dois mil anos.
É tempo de embrulhos clandestinos,
de desejos viscosos sobre a língua,
tempo de partir em pedacinhos,
de experimentar ao contrário,
de ver se resiste, de transpor, de decompor,
de abrir os dedos e cortá-los.
Chegou o tempo de monarcas, de rainhas-mães sob a pele

carcomida, de condes e viscondes e arquiduques, de fidalgos,
galgos, tempo das películas, dos brocados, das faianças
e toda a pedraria-auri-
fulgente do El-Dorado.
As coisas se escondem
porque debaixo vem inundando um óleo, um ódio.
O polichinelo esconde o conde,
a dama está nas praias de Atanamba,
é a condessa desquitada,
tem hacanéias mil e dança sobre as ondas.

É tempo de homem, bíceps de homem,
de pés no chão, bactérias e venenos minerais,
tempo do entrecortado destino.
Chegou o tempo de abusões.
Um dorme
     outro dança.
A eglantina falece de escarlatina.
O penhor dos pobres é Deus —
e ainda não é tempo de Deus.

Aí mesmo temos a sempre ingênua estrutura do sr.
Paulo Mendes Campos, dessa vez, como em muitas outras,
baseada em fáceis anáforas, à maneira do Eclesiastes, via-
Eliot. Aí mesmo temos um "preamar das injustiças" e "palavras estranhas sem sentido". Mas pode ser considerado
uma composição em verso.

O sr. Paulo Mendes Campos, mais feliz em seu perde-
e-ganha que alguns de seus companheiros de geração e de
compromissos, tem dois trabalhos legíveis num conjunto de
68. Há também um ou outro trecho citável, sobretudo em

prosa corrente, ou quase. Mas, como se vê, a porcentagem não é animadora. O sr. Paulo Mendes Campos teria talvez mais sorte publicando um volume de crônicas reunidas.

(20 de abril de 1958)

POETAS NOVOS

Mais um estreante de classe*

É preciso que a crítica nacional de poesia, se é que existe, cumpra seu dever e tome imediatamente conhecimento de um novo poeta, chamado Lélia Coelho Frota, autor de *Quinze poemas*, editados há pouco pela Pongetti.

Nós não somos críticos de poesia. Somos, contudo, direta, existencialmente interessados pela poesia, pela linguagem portuguesa e pela cultura nacional e pelo que cada uma dessas três coisas pode fazer pelas outras duas. Daí estarmos entusiasmados com o que Lélia Coelho Frota, em seu pequeno livro, faz em prol das três; pois consegue, em quinze poemas despretensiosamente escritos, apresentados e publicados, o que muito poeta consagrado, laureado, não consegue mais fazer (supondo que jamais o conseguiu): solidificar, num rumo válido e progressista, a experiência de nossa linguagem poética, para assim, *ipso facto*, enriquecer-nos a língua e a cultura.

* Resenha publicada na seção "Bibliografia" do SDJB.

Deixe-se influenciar o mais que possa, mas tenha a decência de ou indicar claramente a influência ou de disfarçá-la o melhor possível — eis, mais, ou menos, o que diz o nunca demais citado Ezra Pound a respeito da influência de poetas mais velhos em poetas mais jovens.[1] Lélia Frota tem essa decência: é influenciada, em alto grau, por Carlos Drummond de Andrade, mas não só deixa isso bem claro (oferece-lhe, inclusive, o livro), como também, o que é mais, domina essa influência e continua, num sentido pessoal e renovado, uma das direções da experiência drummondiana. Há momentos em que soa CDA demais: veja-se o "Poema para irmão" (aliás um dos melhores do livro). Aí mesmo ela transfigura o que recebeu de seu mestre: sua ironia nunca é amarga, e o forte de Lélia Frota não está tanto no *movere*, quanto no *delectare*.

Ut delectare: é assim, aliás, que Lélia Coelho Frota faz sua poesia. Em poucos poetas brasileiros temos visto tamanha alegria de criar. O poema que abre o livro (embora seja um dos menos dotados de unidade) é um deleite, ao mesmo tempo, para a autora e o leitor. Da mesma maneira o aproveitamento de temas e maneiras populares, realizado em outros poemas.

Outro bom resultado da influência de Drummond sobre Lélia Frota: vem ela acrescentar-se ao pequeno grupo de pessoas que, em nosso país, sabem fazer poesia anedótica; veja-se, mais uma vez, o "Poema para irmão", vejam-se as "Perguntas de Piá Branca".

Outra constatação feliz é que Lélia tende para o teatro, para a farsa popular em que vemos o futuro da arte dramática brasileira. A esse propósito, enviamos o leitor ao admirável "Polca e arrazoado de uma jovem sentimental".

Lado negativo de Lélia Frota, lado que, felizmente, não a classifica, não a limita, não lhe marca o destino: ela ainda não ousa o bastante, sua sintaxe não apresenta nenhuma novidade (há alguns gestos mais audazes, como a parelha final de "Outro poema", porém que, a nosso ver, não chegam a realizar-se), quase todo seu valor, como poeta, se encontra mais no ornamento do que na estrutura: suas descobertas são mais do gênero "surpresa de rima", "originalidade de *enjambement*", "ritmo gracioso", etc.

Quinze poemas são mais uma prova do que temos escrito tantas vezes: a efervescência da poesia brasileira atual é de tal ordem que a qualquer momento podemos ir de encontro a um estreante que escreve melhor, que compõe com mais segurança, do que setenta ou oitenta por cento de seus *majores*.

Eis Lélia em um poema que testemunha suas qualidades e seus defeitos:

POEMA

Neste pátio escuro e breve
que aflora nossa dormência
a lua guarnece o ramo
da cor malva e branda e triste
que ponderei no silêncio

Surge assim no dia intacto
a promessa de uma estrela
pura e grave que se fixe
na ladeira, pedra estéril

(A maré calma e compacta
que se espraia no canteiro
impede que as mãos se cruzem
e trava nosso roteiro)

Constrói o curto mistério
a carne que o raio acende
e pende desse perplexo
espanto que é meu, e leve,
a carícia lenta e densa
que os pés cravam nesta areia.

Se das mãos cresce o maduro
tempo de desalento
e lembre a boca a canção
desta noção de silêncio
irriga a lua com o raio
malva e blau de seu lamento
esta pétala de sal.

Se a rosa gira no engaste
do corpo cansado e surdo
o lábio agita a palavra
inútil escassa e muda.
(Nasce dessa desavença
nossa grande diferença)

Badala o sino de zinco
que contém a nuca ingênua
emergindo na laguna
de arenque e púrpura hirta.

Agora, neste sigilo
de concha, e escama e apojo
purifico o som e o tato
que cortam o vento em naco;
e compenso a chuva e o sol
com este canto de coral.

(24 de março de 1957)

Domínio artesanal*

Conheceis vós,
garis e menestréis
esta cínica senhorita
que chegou ontem de Malacachita
de visita ao rei que
não sei?

Assim começavam os *Quinze poemas*, um dos melhores livros de estréia da história de nossa poesia — e escrito enquanto a autora navegava entre os dezessete e os dezoito anos. Lélia Coelho Frota, aos vinte, escreve poemas em nível superior ao de muitos de nossos poetas "célebres", poemas assináveis, sem rubor, por qualquer poeta de classe, em qualquer parte — e de qualquer sexo. Mas Lélia vai logo dizendo:

---

* Título atribuído pela organização à entrevista publicada na seção "Poeta novo".

366

— Detesto ser considerada precoce.

Ao lermos, em princípios de 57, seus *Quinze poemas*, entusiasmou-nos (e espantou-nos) o domínio artesanal, o bom gosto aliado à ousadia, o humor e a temática brasileiros, a competente frase musical, a maneira altiva e segura de assimilar uma poderosa influência — Carlos Drummond de Andrade —, influência que atualmente Lélia já ultrapassa, afirmando cada vez mais sua própria personalidade (a senhorita possui um estilo) e tentando novos caminhos.

Fôlego e noção de conjunto: Lélia é a mesma, nos longos poemas, bem longos, como nos mais curtos. Alegria de criar e responsabilidade de criar. Jeito de brincar com as palavras. E dramaticidade, à maneira de farsa, o que nos fez sugerir-lhe o teatro, ao escrevermos sobre seus *Quinze poemas*.

— Estou tentando o teatro, ou, pelo menos, a poesia dramática, por mais que o que tento não seja em verso. Estou planejando uma "Pastorela". Não é toda em verso, mas procuro conseguir uma linguagem dramática — assim como a de Lorca — equivalente à da poesia, em dicção, em musicalidade, em economia.

— E em poesia mesmo, que anda fazendo?

— No momento só tenho tratado da "Pastorela". Mas tenho um livro a ser publicado, *Os alados idílios*.[1]

— Que lhe ganhou um prêmio em 57?

— Sim, o *Gazeta de Notícias*, a que concorri com o pseudônimo de Antonina Florêncio. Aliás, sobre esse livro — tenho de publicá-lo na forma como foi apresentado ao concurso, mas bem que gostaria de fazer umas modificações, cortar umas coisas, incluir outras...

(O concurso era para poesia feminina, quer dizer, poesia escrita por mulheres; os julgadores, Menotti del Picchia, Celina Ferreira e Maria de Lourdes Teixeira.)

— E d'*Os alados idílios* para cá?

— O que tenho feito você conhece: é o que tem saído no Suplemento do *Jornal do Brasil*. Meu último poema é mesmo o "A cor de cor", que vocês publicaram.[2]

— Como é que você geralmente trabalha em poesia? Parte de uma metáfora, que desenvolve? Acompanha uma frase musical? Ou expõe uma idéia?

— Uma das três coisas, nunca as três juntas. Começo por uma das três vontades — de cantar, de criar, de dizer — e daí faço meu poema. Em seguida, começa um processo de elaboração, sobretudo no sentido de clarificar o poema. Quero ser sempre o menos hermética possível.

— Você considera sua poesia como uma "retórica" ou como uma "poética"? Quer se exprimir, dizer coisas através do poema (considerando ser o verso um meio particularmente eficaz de expressão e comunicação) ou quer criar o poema?

— Um pouco das duas coisas. Quero criar o poema, quero que ele seja por si mesmo, mas quero que ele diga alguma coisa, quero que ele fale, com a minha ou com sua própria voz — ou, quem sabe, com outras vozes...

— Aí estaríamos na poesia dramática. Você já tentou fazer poesia na "terceira voz" (considerando as "three voices of poetry", de Eliot)?[3]

— Não. Talvez o tente na "Pastorela" quando os personagens (os principais são uma "pastora" e um "cavaleiro") talvez falem com suas próprias vozes. Mas até aqui tenho feito o poema na primeira voz, como se eu mesma falasse sozinha, esquecida de qualquer audiência, e depois, no processo de clarificação de que lhe falei, passo para a segunda voz, isto é, eu falo, ou o poema fala, tendo em mente uma audiência.

A conversa prossegue, Lélia nos diz, entre outras coisas, que não consegue fazer verso livre. Todos os seus poemas têm seu metro, o mais regular possível — o que não quer dizer, naturalmente, que o bom *vers libre* não tenha a sua própria medida.

— E a poesia concreta? — a pergunta era inevitável.

— Sempre me interessou apenas de maneira objetiva. Quero dizer, nunca pude identificar-me, pessoalmente, com a experiência.

— E João Cabral?

— Sua poesia é muito importante para mim, mas não me dedico muito a ela, primeiro porque a acho perigosa (o ritmo) e depois porque o que mais me interessa nele já encontro em Drummond, que é, como você mesmo já disse, minha principal influência. Aliás, nunca poderei ser-lhe bastante grata pela maneira como me orientou no princípio, a confiança que me deu no que eu estava fazendo, ajudando-me a escolher caminhos, a decidir.

— E seus outros poetas?

— No Brasil? Drummond e João Cabral, de que já falamos, e Bandeira, Cecília, Cassiano, Henriqueta Lisboa... Dos mais antigos, sobretudo Alphonsus de Guimarães e, dos portugueses, Camões mesmo.

— E no estrangeiro? Lélia estudou algum tempo nos Estados Unidos, onde, segundo nos disse, não conseguiu ambientar-se.

— Shakespeare (coro ao dizê-lo, mas é a pura verdade), Mallarmé, Rimbaud, Emily Dickinson, Maiakovsky, Eliot, Dylan Thomas, Lorca, Pedro Salinas...

Lélia nos fala, também, de sua admiração por Guimarães Rosa, sua sintaxe, seu vocabulário. Às vezes a moça "descobre" uma palavra e vai ver já está em Guimarães Rosa...

A Lélia dos *Quinze poemas* e a Lélia de *Os alados idílios* (deste último extraímos os poemas hoje publicados neste suplemento). Compare-os o leitor, anote a evolução de Lélia Coelho Frota na direção da futura "Pastorela", passando pelos poemas, os mais recentes, que o Suplemento tem publicado. "Toda poesia tende para o drama", diz o Reverendo Eliot — e a frase é especialmente verdadeira no caso de Lélia, cuja poesia tem sido sempre uma fala, eficiente e clara, prestes a desdobrar-se em outras, independentes, vozes de um *brave new world* que já começa a construir-se:

> — E se passássemos
> ao som da mazurca?
> — Olharíamos de leve
> (mas muito de leve)
> a arquitetura breve
> das rosas de hoje
> Mignone Mignone

(5 de janeiro de 1958)

Bilhete a um novo poeta

Prezado F. J. U.:

Recebi sua carta e seu poema — relativamente longo, três páginas e meia, ofício, espaço 2 — que você intitula "Um pouco de um poema". Hesitei algumas semanas entre publicá-lo nesta página ou devolvê-lo utilizando o envelope e os selos que você mandou junto. Neste momento decido por um terceiro caminho: nem lhe devolvo o poema (você deve ter outras cópias) nem o publico na íntegra: escrevo-lhe este bilhete, que talvez resulte para você em maior lucro que a publicação ou a devolução consideradas.

Seu poema não resiste a uma análise de custos e benefícios: você usa palavras demais, efeitos demais, espaço demais — e os efeitos não correspondem. O que o poema tem de bom são pormenores felizes — em que fica documentada a sua possibilidade de vir a ser um poeta, se conseguir vencer a "literatura", a emoção falsificada, a inabilidade do principiante, e, sobretudo, certa vontade de *convencer* — quando o poema deve convencer automaticamente, por si mesmo ou contra si mesmo, e não pela simples *volonté d'épater* do poeta. Há também em você muita relutância em experimentar: você parece bem satisfeito com as trilhas batidas pelos que o precederam. Seu poema tem algumas coisas boas, como

> O morto se oferece à indagação dos vivos
> indiferente ao jarro de cristal
> morrendo de três flores no silêncio.
> A vida amassa um homem e sua mão
> hesita, guarda-se e afinal
> repudia
> o gesto, a inquietação, a primeira palavra

que você logo estraga, completando essa versificação razoável com o péssimo verso e lugar-comum

> que vem da poesia

o qual nem vem da nem leva para a poesia: vem da literatice. (Um conselho, de passagem: tema as abstrações como "a vida", "a inquietação"...) Depois você retoma fôlego e melhora:

> O último momento está pensado
> na face do ancião pasmado
> num corredor de medo.

E logo piora:

Toma a emoção e estria o último fonema.
Dá-se o impacto!

Etc., etc. Da próxima vez, caro F. J. U., *provoque* o impacto, não se limite a aludir a ele. Depois seu poema se enche de mais literatura, de "crônica", de recordações da infância... Veja você mesmo se isto tem alguma coisa a ver com poesia:

> Seu precioso livro de histórias
> a fantasia azul que estava no bar
> a blusa branca dos primeiros dias
> quando era santo e o quarto tinha cheiro de alfazema...

A autopiedade é inimiga da poesia. Lá pelas tantas, contudo, em meio a outras platitudes, você acerta num bom verso:

> O abutre lhe mediu o corpo rijo.

Em suma, estimado poeta, escreva mais, leia muito, lute muito, pense muito, participe muito, procure fazer da poesia um instrumento de auto-realização, de auto-afirmação, de criação, de doação, de comunicação — e não de autoconsolação. E mande outros poemas, quando você me mandar um que *interesse* ao leitor, ainda que na mais humilde das medidas, um que tenha algum *canto* que se cante ou algum *discurso* que se escute, ou algum *padrão* — lógico, melódico ou visual — que seja um prazer, uma emoção ou uma lição quando pensarmos nele, quando o ouvirmos ou quando o contemplarmos com os olhos da cara ou com os da mente

— então esse seu poema será publicado na íntegra e com todas as honras desta página que é sua.

Seu,

M. F.

P. S. a outros "poetas novos": mandem seus poemas. Quando não houver nada aproveitável: silêncio nosso. Quando houver alguma coisa, um bilhete nosso. Quando houver bastante: publicação, "na íntegra, e com todas as honras". E, num futuro que não vai longe, uma antologia, em livro, dos "poetas novos" revelados por Poesia-Experiência.

(14 de abril de 1957)

Pressa em publicar[*]

Um gosto ainda longe de formar-se, uma autocrítica falha, algum "talento", e uma grande pressa em publicar, em aparecer, tudo isso somado dá o livro *Este sorrir, a morte*, de Walmir Ayala.

Não conhecemos o livro de estréia do poeta, *Face dispersa*, saído em 1955. Mas conhecíamos o poema "Diálogo", que este Suplemento publicou em sua primeira página, a 21 de abril, e que, com todos os defeitos, indicava um poeta sério, fundo, muitas vezes exato, capaz de, ocasionalmente, recriar certas palavras.

Com *Este sorrir, a morte*, fica seriamente ameaçada a esperança no poeta que "Diálogo" acendera em nós. O livro (46 páginas, 27 poemas) começa com um convencionalíssimo, irreparável soneto "A meu pai". Habilidadezinha "à la

---

[*] Título atribuído pela organização à resenha publicada na seção "Bibliografia" do SDJB. *Este sorrir, a morte* foi editado pelas Organizações Simões, na coleção Rex, em 1957.

375

1945", e em grau menor. Depois, em "Hora final", há uma oportunidade para o verdadeiro (esperamos) Walmir Ayala manifestar-se:

> [...] o sorriso abanado do cão, o sujo
> cano onde a branca fumaça se comprime [...]

Mas no mesmo poema — espichado rebarbativo — há o péssimo gosto de

> [...] as turbinas da grande máquina, nem os gritos
> da estilhaçada virgem cuja boca sequiosa não provou o
> [amargo fruto da violação. [...]

E por aí vai o jovem poeta, com todos os defeitos de quase todos os livros de poesia que se publicam no Brasil: choradeira, autopiedade, descobertazinhas, conversas pessoais de pouco interesses para o leitor em geral e que deviam figurar exclusivamente nos álbuns de poesia dos interlocutores, etc. Aqui e ali um regular soneto (mas sem qualquer sentido renovador) como "Fábula". As melhores coisas são o mais das vezes o remanejar de novos lugares-comuns da poesia brasileira, muitos deles criações originais de João Cabral de Melo Neto, que é um grandessíssimo poeta e que não tem culpa nenhuma dessas coisas. Depois da publicação de "Uma faca só lâmina" todo jovem poeta brasileiro montou sua cutelaria. É, afinal, um modo de homenagear J. C. de M. N., mas pouco adianta para o desenvolvimento da poesia brasileira, que é o que nos interessa a todos.

Outro dia um poeta de certo renome encerrou o poema de abertura de um novo livro seu com o verso:

Eu te amo, oh vida!

O sr. Walmir Ayala, em seu "Penetração", página 27, quase bate essa façanha, "auriclavecerrando" assim:

(Ah, quem vos dera atingir a verdade dos lírios...)

"O arauto" é o melhor poema do livro. É o único publicável, o único que justifica a esperança, ainda acesa, que nos anima a escrever estas palavras — em que o sr. Ayala deve ser o melhor tipo de estímulo (é bom começar a desconfiar dos amigões que escreveram aqueles elogios todos publicados nas orelhas dos livros). "O arauto", com algumas emendas, seria um belo poema. Tem coisas como:

[...] o cavalo da marinha
pastagem, com seu símbolo submerso,
como o ramo do mirto que entre as ervas
num esmagável signo reverdece.

O sr. Ayala que jogue fora o resto e comece daí, d' "O arauto". Ou do "Diálogo", que felizmente para ele, poema, não se encontra nesse livro. Passe uns anos sem publicar coisa alguma, estude muito, seja severo consigo mesmo e com sua obra, e reapareça com um livro orgulhoso, austero, novo, realmente recriador do mundo e das palavras.

(2 de junho de 1957)

Curso fluente do verso*

Dois livros publicados — *Face dispersa*[1] (não conhecemos) e *Este sorrir, a morte*. Mais um pronto, a ser entregue, em breve, ao editor. Entre o primeiro e o segundo, Ayala apareceu em "O poeta novo", com um poema que saudamos, na época, entusiasticamente. Depois, *Este sorrir, a morte* decepcionou-nos e o atacamos acerbamente em "Bibliografia". Mais tarde, Ayala voltou a identificar-se ao trabalho conjunto de Poesia-Experiência e aqui o temos de volta, com uma seleção de novos poemas, em "Poesia em dia".

Ayala: a alegria de criar, a necessidade de criar, a reafirmação que é criar. Fazer poesia como derradeira possibilidade de solução vital, de auto-realização. Mas poesia, neste contexto, tem sido para ele, infelizmente, um termo demasiado complexo. Não é apenas aquele "ofício", ou arte seve-

* Título atribuído pela organização ao texto publicado na seção "Poesia em dia".

ra, exercido na noite quieta" de que fala Dylan Thomas. Inclui, também, *or the strut and trade of charms/ On the ivory stages* (o "pavonear-se, o comércio de encantos sobre palcos de marfim")[2] do mesmo grande poema. Ayala tem necessitado escrever, escrever muito, até aí muito bem, mas selecionar pouco e publicar, publicar demais.

E por essas e por outras ainda encontramos sua poesia cheia de altos e baixos: aqui um poema que qualquer um de nossos melhores não hesitaria em assinar, ali um outro que ruborizaria o principiante. Perigosamente, em particular, W. A., como tantos que o precederam, montou sua maquinazinha de sonetos, a qual, ora mal ora bem lubrificada, vai produzindo e reproduzindo, tomando-lhe, entrementes, o tempo que devia dedicar a coisas mais úteis e rendosas.

Esperemos que tudo isso passe. O rapaz (nascido em janeiro de 33) tem uma capacidade criadora de metáforas, recriadora de palavras, inventora de formas, libertadora de ritmos que espantaria até em gente mais velha. Temo-lo, aqui em torno, naquilo que achamos ser, no momento, o seu melhor. E vemo-lo continuar, em seu nível, aquela força nominativa de um Jorge de Lima, em frase musical digna ao mesmo tempo de uma Cecília Meireles e de certo Carlos Drummond de Andrade e, por outro lado, uma fanopéia que às vezes recorda o imagismo de uma Hilda Doolittle (H. D.). Ayala surpreende pela noção precoce do espaço poético, pela aproximação de uma poesia-coisa, pela segurança e validade do adjetivo (que usa como estrutura, não apenas como adorno), pela boa retórica, pela força do canto e, último porém primeiro, pelo caráter convincente de sua vivência feita poesia. O soneto — perigosamente, já dissemos

— o apaixona; perigosamente (e duvidosamente), mas, não poucas vezes, Ayala se mostra um dos poucos que, entre nós, morto Jorge, consegue tirar alguma coisa dessa forma-forma. Todavia só em aparência está no soneto o forte de W. A.: esse forte reside no curso fluente do verso (aparentemente) livre, em sua maneira de usar a rima irregular e o *enjambement*, na segurança de suas pausas e de sua pontuação. Numa época em que verso está quase chegando a significar bocejo, eis alguém que consegue interessar até o perito mais exigente.

O problema de Ayala é mais ético do que estético. Quando suas vivências o levarem a firmar a sua própria deontologia, fundada não em exigências passageiras e sim num destino fixo, seu desenvolvimento criador se processará em pista reta e sempre ascendente. Quem escreve (num poema que aqui não incluímos)

entre os risos tenazes das estrelas

poderá, em breve, dar uma contribuição renovadora para o enriquecimento de nosso idioma poético.[3]

(17 de novembro de 1957)

Imprevisível poesia[*]

Poesia-Experiência dedica seu espaço de hoje à apresentação mais ampla de outro dos jovens poetas que se têm integrado, nestes quase dois anos, ao trabalho desta página. A nota com que costumamos preceder tais apresentações será, desta vez, ainda mais breve: urge publicar o maior número possível de poemas para dar ao leitor, diretamente, idéia tão completa quanto possível do que está realizando Carlos Diegues, inédito em livro, e com apenas dezoito anos, recém-completados — um dos casos mais espantosos da imprevisível poesia que se procura criar presentemente no Brasil. Porque é de tornar perplexo qualquer crítico suficientemente humilde o trabalho desse adolescente: tamanho domínio instrumental, tanta originalidade criadora, tal honestidade no enfrentar problemas do artista em geral e do poeta em par-

---

[*] Título atribuído pela organização ao texto que acompanhava os poemas publicados em "Poesia em dia".

ticular — tudo isso diante da incompetência, da imitação diluidora, da escamoteação em vigor entre quantos de seus confrades mais velhos, editados e célebres.

Carlos Diegues retoma à sua maneira uma das águas do sr. Carlos Drummond de Andrade tanto quanto do sr. João Cabral de Melo Neto; a que teve sua fonte imediata nas experiências *vers-libristas* de 22 e que coincidiu com certo Manuel Bandeira; a que leva em conta a *tradição prosaica do verso*; a que procura embrear as necessidades da poesia às da linguagem comunicativa; que deu origem à radical experiência dos concretistas; que abarca, ainda agora, o trabalho de outros jovens, como Mario Chamie e Ruy Costa Duarte. E Carlos Diegues, ao mesmo tempo, não renuncia, de modo algum, às potencialidades de sua arte como rito criador de mitos, como instrumento mágico de conhecimento supra-racional de si mesmo e do universo em geral. É possível que o poeta, fraquejando em face das dificuldades da época e do meio, não dê muitos passos além do marco a que tão cedo já atingiu, verificando-se mais um caso de precocidade frustrada; porém se sua poesia continuar a estender-se e a aperfeiçoar-se dentro das matrizes em que se inicia, teremos em Carlos Diegues, no futuro, um poeta brasileiro a igual distância entre Apollinaire e St.-John Perse, Ezra Pound e Dylan Thomas, João Cabral e Jorge de Lima. Esperança talvez demasiado utópica: uma poesia ideal, igualmente criadora e comunicativa, densa e clara, amuleto precioso e moeda corrente.

UM

Onde é crase (raiz)
há batalha
        e mar
gado trigo onde será planta e sol,
no Herói (bordas e foz)
ou no Ser sentimento
e pêndulo seta
e busca sal
cidade — enfim sol: mulher e praia
Ser sinuose e circo
incerto animal em água
e feto, pedra em zinco pelo
gargalo a pão em lança
gruta móvel e crista do caule
a fava fruta em terra
oferta e habitada
mesa — contra ação — mortalha e fogo
onde é crase martelo
em madeira, areia por ferro
(do rio pulando à fonte
de ilha) crismado fêmea
fêmea pelo vinho na foz do vidro
frota bireme
onde há cacos flores
nas espáduas de ferro
(Eu sou quem é, dize ao Faraó)
nas montanhas em lapas decepados
herdado
só das ervas
a oceano e guerra.

DOIS

De pés
   no topo da lei
um guerreiro posto
— fórmula de bronze
no feto do monte
carcassa antiga
membrana exposta
vírgula
   livro e ligação.
No mastro da regra
mão em lâmina seca
prisão
   rubro em grama
na coisa dos ratos
sol absoluto
lodo e pó
cadáver enxuto
na tenda — pobre conto
da tenda ao campo
lagos e grades
em grama o parto
(às senhoras as dores)
: um
   guerreiro ferido.

TRÊS

Seda é carne e poro aberto
nas tendas e perigo
pelo campo ao campo
e campo solto nas leis, monte
cabo e golfo
é sangue

         em flor e planta
é cornos criados na arma
para dar o pão.
Pano é santo o

       corpore sano
em quadras em regra na fonte
da coisa, raiz do sopro
adaptado à carne
momento e chumbo
do largo ao seio do fato
(quem mandou o herói?)
dado ao pano da tenda
que tinha na arma
crase do campo.
No trigo à menina
das coisas que tem
da arma à tenda
guiada ao mastro.

QUATRO

Coberta na roupa dos pés
soam no rio ao campo
os aços — madeiras e setas
os cacos — entranhas e tato
mulher avante
: o monte
deixado ao curso do rio
(não amassem as cerejas)
exílio da serra
luzes da margem
no curso da lenda
que denomina morte a coisa
criada coberta na roupa

CINCO

Bordas de menos no objeto armado
caixa de massa
premida pelos prados
de cimento e planta
executados na pele
de metal que ensurdece
e do coro, na vela
do condado ganho pelo
sopro e no grito
na seqüência da tela
ou bandeira sem pátria
na gestão do vento
que instiga a vista onde guarda

a cerne e o que é da carne
e das funções da carne
cuspida (vidro-boca) em vida
a pedais ao largo, refletidos
e pés em vôo lança
vômito ao núcleo da prisão
espaço queimado
dimensão sem metro
fuga em passado o livro
(lápis em cinza)
boca sentida de dois modos
recosto —
(gado recolhido)

SEIS

— objeto em calma.
Coleção firmada em máquina
vivência comum e defesa
onde guarda as mãos
e o que fazem as mãos
(troco devido pelo núcleo)
ligadas a quem, nos cortes
do alvo que foge e a seta
nas marcas (duas mercas) de retas
no couro que leva
a sebe ao trigo
ex-tapume que estreita as águas
unhado à prata que é luz
quando não há luz,
que não é.

Horda primeira do pão e do aço
santuário e colina — altar
móvel na transposição do fogo
ao barro no óleo, fumaça
que não grita o canto
na ventura — êxtase à corrida
(alvo trancado) à margem
do laço fundido para dar
a vida e o troco pela máquina.

SETE

Deposto o mar eis o campo:
ex-presídio, árvore condenada
macrossanta defunta; e ramos
formaram a carne ao sul do sangue,
do trigo ao pão os convivas
retorceram o chumbo e carvão
                            na praça dos sonhos
concluíram os passos — gelo e sol —
e às folhas cavalgadas pelos homens couves
cobras, como ratos ou raízes construídas
outra vez.
Da tinta ao pão, a erva.
Do chumbo ao jovem, o poema,
chão e pena, flora e madeira
                    (água como revés)
quarto, armário e chaves, onde o pico
silencia.
Do bruto à pompa, tal é a roupa — corda
nos dedos do campo (dentro da erva

havia o sol) contado pelos dias que hão de vir
ao primeiro sinal da fome, ao lugar da fome
que há de vir ao rio de ventre inchado e farda
aos homens covas no rebento do sol,

                               dentro da erva
ferida pela razão da terra.

Dentro da erva somos sol, norte no farol que há de vir
no reino de só um, encosto e luz correndo,
habitantes da planta, dentro do fruto
no campo que há de vir recoroado.

OITO

Um seio apalpa a carne
e alimenta os pólos
por onde cinge o feto
a surgir do bloco
de onde cai o que ia ser
lançado à margem do leito
pelo calor e pela água
que alimenta a mola
do canal da vida (estrutura
ao teto da sombra), e dá
o porte e nascimento-ópera
ligando a sombra à gênese
do prato ao jarro
                   termo de existência
na haste só morta de golpe,
de vértice igual a cama
vertical e elipse de massa
verde, composta e recomposta

sem dano, pico de vida e base
(a garganta vos une)
intata nos tempos
através dos tempos gerada
na carne guardada num seio.

NOVE

Na busca do brasão havia
o canto do castelo ao campo
onde narrava o mito, pompa
usada na fonte do herói.
Na frente do braço havia
a arma da busca imaginada
para lograr o mito consumido
pela folha, orelha e mente
guiada ao centro do corpo
revigorador dos pés
na corrida ao campo pela fonte.
Na gruta do fato desfeito o mito:
gancho estendido à massa
coroada de dedos e os dedos
na pálpebra lúcida ainda, mesmo
espanto, pela coisa simples
de halo extenso em redor do brasão.
Na busca da casa havia o rosto
acompanhando a relva de pesado
pelo desprezo ao mito (oh claríssimo,
simples mito) pelo brasão.

DEZ

Planície posta à disposição
do senhor pelas vertentes
nas raízes aos cumes de onde,
em um dos lances,
                a base:
o elo encontra o campo
sustento do monte plantado
sobre quatro postes fincados
ao círculo, ligando os prados,
os dois sustentos patriarcais,
unidos no rio que perfura o pico
e une o alimento à base,
dobra no círculo de espaço
sem vértice e preferência
(não há acidentes no planalto)
depositário do metalvidropão
das rochas vizinhas dos cilindros
e discos de que depende estar
líquidos e panos ao lado do pão
razão da vida,
                do senhor da cena.

ONZE

Na viagem ao sol o mar foi tarde
quando surgiu da foz e se fez navio
na viagem ao sol pelo horizonte
ao som das cinco e do inusitado porto

de onde partiu a floresta iniciando
a fuga com um buquê de panos alimentando
o parto da madeira à água substituída
ao fogo que impulsiona a casca do ferro
que ofendia a seda em direção ao sol.
Em meio ao campo, cidade no mapa (rosas
de leite) em meio à estrada (leito
sem sono) que leva o sol ao som das seis
e do manto audível onde surge o silêncio
e os tambores aqui pela seqüência forçada
a ser regra e pala no bojo da viagem.
No segmento do pano, haste limpa
e firme na rota na consumação da meta,
na exploração do campo já vencido (aqui
a luz) onde a ceia beira a mesa e o manto
é coberto sem a nau e o fim como os olhos
ao som das sete e de onde não há sol.

DOZE

Pelos montes
além da madeira
        a planta
corcel à mesa
para servir o trigo
pendão na fuga ao barro
onde surge o monte
apoiando o seno
        ao porto
(nave que voa à proa
  e volta ao porto)

de ventre cheio para
o campo onde o líquido
faz o traço
da estrada ao monte
pelos montes
além da planta
pela madeira
      a flor
sela ofendida
às costas do braço
canal aos montes.

(13 de julho de 1958)

Discípula talentosa[*]

"Deixe-se influenciar por tantos grandes artistas quantos lhe for possível, mas tenha a decência seja de acusar imediatamente a dívida, seja de procurar escondê-la." *Dixit* Ezra Pound. Marly de Oliveira assim faz, nesse seu "cerco da primavera". É evidente sua dívida para com Cecília Meireles: não procura escondê-la, mas tem a outra decência, colocando o livro inteiro sob a proteção da epígrafe:

Conheço o coração da primavera
e o dom secreto de ser sangue verde[1]

É preciso enfrentar os fatos: existe uma poesia feminina. A boa e a má, tal como no caso oposto. Evidentemente, há mulheres que escrevem boa poesia masculina, ou más-

[*] Título atribuído pela organização à resenha de *Cerco da primavera* (Rio de Janeiro, São José, 1957, 74 pp.). O texto foi publicado em "Bibliografia".

cula (Safo, Emily Dickinson) e que homens há autores de uma poesia feminina — geralmente má. No Brasil existe legião de ruins "poetisas", no meio das quais não se inclui, é claro, uma Cecília Meireles, nem tampouco, esta de nível menor, uma Henriqueta Lisboa. Ultimamente continua a inflação de poetisas. Mas há, que saibamos, pelo menos dois poetas do sexo feminino: Lélia Coelho Frota, que já tivemos ocasião de louvar em letra de forma, e, agora, Marly de Oliveira.

Assim como Lélia explora o veio Drummond, Marly de Oliveira alimenta-se de Cecília — com menos originalidade, mas, com igual competência. A poesia de Lélia não é feminina. A de Marly o é. Ambas, porém, são bons poetas. E Marly está para Cecília exatamente como Lélia está para CDA.

Nesse seu livro de estréia, Marly apresenta um padrão de execução invejável por parte de muito poeta "célebre" desses que andam por aí. Veja-se:

Teus olhos pendiam sombra
na minha sombra avançada,
e éramos talos quebrando-se
na noite imensa, calada.

Ou:

Setembro de espigas claras
que as mãos colhiam no vento!
O azul acendia pássaros
para o nosso alumbramento.

Vejam-se também os dois poemas que estampamos, neste mesmo número do Suplemento Dominical, em Poesia-Experiência. Parece-nos o nível máximo a que chega nesse livro Marly de Oliveira. É verdade que a moça tem coisas piores: lugares-comuns que lembram a mestra, como "alvo tamis", "azul intato", o abusivo emprego de certos adjetivos, como "alto", demasiadas abstrações, etc. Mas o que nos espanta e deleita é a boa melopéia desta estreante: qualquer poema seu, o pior deles, é facilmente musicável. E é difícil encontrar uma falha rítmica, uma queda na frase musical, sempre muito bem sustentada. A moça segue Cecília, mas não baixa de nível a poética ceciliana: vários de seus poemas são dignos da autora do *Romanceiro da Inconfidência* (há no *Cerco*, além de um "Fernão Dias", um "Martírio de Tiradentes"), a qual bem poderia honrosamente assinar um verso como:

Alvos anjos como alfanjes

Em suma, uma discípula (de fato ou virtualmente, não sabemos) que honra a mestra. Resta esperar que aquela se liberte desta, passando a tratar de sua própria contribuição à diversificação de nosso idioma poético.

(21 de julho de 1957)

Catálogo de eventos*

O sr. Francisco Bittencourt não é um estreante, mas seu livro anterior pode ser levado em conta de uma ousadia juvenil sem conseqüências para a literatura e para o próprio autor.[1] Podemos, portanto, nos referir a este *Jaula aberta* como o primeiro ato de identificação literária do sr. Francisco Bittencourt.

O primeiro e, também, o mais importante interesse despertado por este pequeno volume de poesia está em que ele fornece uma média dos defeitos e das qualidades da maioria dos jovens que, de uns três anos para cá, oferecem em seus livros um testemunho eloqüente de que a poesia brasileira forma e serve mal as suas novas vocações.

Do sr. Francisco Bittencourt pode-se dizer que não é

---

* Título atribuído pela organização à resenha de *Jaula aberta* (Rio de Janeiro, 1957, 56 pp. Edição do autor). O texto foi publicado na seção "Bibliografia".

um poeta bisonho, que uma de suas altas aptidões é a de saber coordenar um ritmo de ampla e generosa fluência com um vocabulário crispado, de ecos lancinantes, vocativos (veja-se, por exemplo, o poema da página 11). Outras vezes o poeta aciona um conjunto de imagens convincente, como por exemplo:

A minha vida é um rio longe de mim
eu te falando dela. [...]
A tarde sobre o rio deitando silêncio sobre os navios
[ancorados, não é grande.
É apenas uma laranja espremendo sobre nós seu suco de
[maravilhas e cores.

Vê-se, portanto, que sem trazer nada de novo, sem nenhum problema estrutural almejado, o sr. Francisco Bittencourt é um exemplo de que a poesia brasileira mudou de nível, que mesmo um estreante já merece mais que o nosso tédio e a nossa displicência.

Os defeitos do livro do sr. Francisco Bittencourt são também exemplares, e poderão servir de seguro guia para nos adentrarmos no que poderíamos chamar a crise da atual poesia brasileira. Essa crise é a do subjetivismo. Suas causas poderão ser apontadas sem grande dificuldade.

No caso de um estreante como o sr. Bittencourt, as suas dificuldades e as suas deficiências refletem, de certo modo, as mesmas dificuldades e deficiências dos poetas que influíram na sua formação e que constituem, *grosso modo*, a elite de nossa poesia: um Jorge de Lima, um Murilo Mendes, um Carlos Drummond de Andrade, um Manuel Bandeira. Pode-se dizer de um modo geral que todos esses poetas contribuíram decisivamente para a dinamização de um vocabulário até então cloroformizado. De um modo ou de outro, todos esses poetas concorreram para a implantação de novas formas de elocução, numa sensibilização maior da palavra. Perderam quase sempre de vista aquilo que a antiga retórica chamava a *dispositio*, a organização do poema como um todo, uma obra, um objeto. Sensibilizaram o discurso, deram novas dimensões ao fluxo metafórico, geraram novos ritmos, afeiçoaram-nos às imagens insólitas, dissonantes, mas perderam a visão e a manobra da matéria conquistada. Todos deram prova de uma extrema sabedoria vocabular, alimentada sempre numa circunstância subjetiva gerada por um *acontecimento* da vida do poeta. Daí para a transformação da poesia numa espécie de catálogo de eventos biográficos seria apenas um pulo. Esse pulo vem sendo dado por todos os jovens que ultimamente têm estreado.

O sr. Francisco Bittencourt não foge a esse impasse. A poesia para ele é, antes de mais nada, o caminho para a solução de suas perplexidades interiores, tanto morais, tanto sexuais. Nega o poema como objeto e nega a realidade num pampsiquismo exacerbado. Tem-se a impressão de que os poemas do sr. Francisco Bittencourt descrevem um arco que saindo de sua pessoa atingem a realidade por acaso. É tudo na primeira pessoa pronominal. "Abro minhas mãos...", "Viajarei para a minha cidade...", "Quero que o mar...", "Toco nos teus cabelos...", "Esqueço meu desespero...", "Sei que não és...", "Transformo em poesia...", "Pus meus sapatos...". Eis algumas amostras de como o sr. Bittencourt inicia os seus poemas e os desenvolve.

Por favor, poetas jovens do Brasil, não transformem a poesia numa espécie de divã de psicanalista. O poema quer outro uso.[2]

(21 de julho de 1957)

Um livro bonito*

Dizem-nos contar 23 anos de idade o sr. Ruy Costa Duarte, de quem nos chega às mãos o livro de estréia, *O mistério da hora*, materialmente um bonito livro, dos raros que entre nós aparecem, mesmo no caso das edições de luxo, como chega a ser esta.

Primeiros problemas: o livro devia ou não ter sido publicado? O sr. Ruy Costa Duarte já estava pronto para estrear? Em nossa opinião, e num plano absoluto, não devia. Mas a urgência de publicar e, vaidade à parte, livrar-se dos primeiros trabalhos e sair para outros — eis um imperativo sentido por todos os escritores, raro sendo aquele cujo primeiro livro valha alguma coisa.

O mistério da hora vale alguma coisa. Vale, sobretudo, com

---

* Título atribuído pela organização à resenha de *O mistério da hora*, de Ruy Costa Duarte (Rio de Janeiro, 1957, 35 pp. Edição do autor). O texto foi publicado na seção "Bibliografia" do SDJB.

certa influência de Fernando Pessoa, mas um ritmo original, não imitado, não macaqueado.

Com 23 anos, o sr. Ruy Costa Duarte tem ritmo próprio, e um ritmo interessante. Falta-lhe conquistar sua própria forma, sua própria linguagem, seu próprio universo poético. Desses doze, não há um só poema, um só "objeto virtual", composto de palavras-coisas. Os poemas de *O mistério da hora* não têm forma, não têm começo-e-fim (no que são prosaicos), não possuem estrutura — nem melódica, nem visual (virtual ou atualmente), nem lógica (nem de origem, nem de efeito).

A linguagem de sr. Ruy Costa Duarte não é poética: não é criadora, é construtiva; não cria materiais, emprega-os; não dá, não apresenta: diz, comunica. Nesse caso, no da linguagem, há exceções. Pois é verdadeiramente poética a linguagem de:

o andar crepita à tona da rua.[1]

Eis aí uma grande metáfora, multivalente, com três centros ocultos, em *fantasma, presentes ausentes*: o homem, o fogo, a chuva. EP diz que às vezes mais vale uma só imagem que volumes inteiros de poesia.[2] Aí está uma. Há também linguagem poética em:

Meu irmão que é em todos os outros
a canção difícil, a manada áspera
que escala a montanha. [...][3]

esse meu sangue redondo
ensopado de areia. [...]

A fase de seguir as etapas
de continuar no pássaro
de ser, na madeira do meu pensamento. [...][4]

na cidade apagada das lâmpadas de vidro.[5]

Quanto ao universo, ao espaço-e-tempo em que ocorrem (não se situam) os versos (não se pode ainda dizer os poemas) do sr. Ruy Costa Duarte, necessita ele transbordar os limites do ego de seu criador, precisa ser mais autônomo, mais existente. Até agora, esse universo não chega a sê-lo: os versos de R. C. D. são o relatório de seus pensamentos, de suas percepções, de suas visões. Não são pensamentos-coisas, percepções-coisas, visões-coisas, palavras-coisas — a não ser, como vimos, ocasionalmente.

Considerando, todavia, o passado e o presente de nossa poesia; considerando a idade do autor e a condição de livro de estréia; considerando aquele ritmo, surpreendentemente seguro e original, a que a princípio nos referimos; considerando os momentos em que R. C. D. prova, objetivamente, que é poeta, que possui aquele "jeito com as palavras" de que nos fala Auden;[6] considerando isso tudo, não hesitamos, apesar de seu caráter prematuro, em ver nesta uma estréia auspiciosa, talvez mais que as outras, mais realizadas, mais amadurecidas, que têm marcado este ano de 1957.

O sr. Ruy Costa Duarte que se acostume a ver em si mesmo mais um criador que um orador, ou um narrador, ou alguém que se confessa; a ver em seus poemas mais umas coisas, mais uns seres do que simples sinais, rótulos que até se autocomentam (seu livro fala não sei quantas vezes em "poemas"): a ver em sua linguagem algo em formação, em contínua evolução, que muito terá de armar-se e aperfeiçoar-se para chegar a existir e funcionar. O sr. Ruy Costa Duarte que viva e trabalhe muito e em breve poderá orgulhar-se de começar a contribuir para a consolidação de nossa poesia como forma eficiente de cultura.

(25 de agosto de 1957)

Ritmo próprio*

Até agora, dois livros publicados. O primeiro não conhecemos.[1]

Para o segundo, *O mistério da hora*, chamamos, na ocasião, a atenção dos leitores deste Suplemento, comentando-o em "Bibliografia" e mostrando um de seus poemas em Poesia-Experiência. O notável em Ruy Costa Duarte: 23 anos de idade e um ritmo próprio. Tanto no livro que lemos, como nos poemas posteriores, cuja evolução temos seguido de perto (R. C. D. é agora dos que militam em Poesia-Experiência), a soma que não é um todo, as desigualdades, porém aqui e ali alguma coisa que põe o leitor de pé, desperto. Duarte alcança, freqüentemente, o que se poderia chamar uma linguagem poética. Veja-se, em *O mistério da hora*, o verso, que já citamos:

---

* Título atribuído pela organização ao texto introdutório dos poemas publicados na seção "Poesia em dia".

O andor crepita à tona da rua

Vejam-se estes trechos, destacados, quase ao acaso, de seus inéditos:

[...]
Não obstante
a intensidade
de um transeunte
toda a tua e um lago
e sua pedra
      fácil.
[...]
a noite que no corpo servirá de açoite
ou lobo
melhor ainda fará sua pirâmide
seu edifício, dobro,
seu dobro, edificado aspecto
sua fé, certo seu lobo.

Veja-se, também, entre os poemas adiante. Mas o que caracteriza Ruy Costa Duarte — o que caracteriza, em plano por enquanto mais alto, um Carlos Drummond de Andrade, um João Cabral de Melo Neto — é o Verso, o verso como concentração e rigor da linguagem prosaica, o verso meio de comunicação, suprema eficácia da fala. Embora tenha passado a maior parte destes últimos anos na Europa, em particular (e mais recentemente) na Alemanha, longamente divorciado da evolução da poesia brasileira, pouco lendo em português, Ruy Costa Duarte, ao que saibamos inconscientemente, ou quase, retoma um caminho que passa por certo Fernando Pessoa, certo Carlos Drummond de Andrade, certo João Cabral de Melo Neto e até por certo Ferreira Gullar. O extremo rigor-contenção de nossa poesia, oposto ao pólo criação, às vezes retórica e caótica (Jorge de Lima; quem sabe o Haroldo de Campos em verso). Ruy Costa Duarte está longe (23 anos!) de realizar-se: falta de autocrítica, falta de tarimba — necessárias sobretudo para percorrer o caminho acima apontado, que exige o artesanato e zomba do mero "talento". Mas tem o indispensável: o famoso "jeito" com as palavras, ponto de vista (ótica) poético, vivência, vontade de cultura e vontade de cumprir-se.

Alguns dos poemas desta seção, embora perfazendo, cada um, uma unidade completa, fazem parte de seqüências que deixamos de lado na montagem desta página. Por outro lado, embora numerados e sem títulos individuais, os poemas ora publicados não constituem uma série — a não ser na medida em que o são todos os poemas de um mesmo autor.

I

Tecida forma (e doce)
embaraço de vinha,
vinha e uvas, mas tudo em preste tempo
tempo-terra, tronco
túmulo.
— Mas há muito corromperam quanto havia
de sentido no coldre verdadeiro:
morte.
Vinha e pólvora, coronha
e certa mão esfacelada na fácil

composição dos seios.
— Mas há muito entranharam de estrondo
o passo, a vigorosa estrela
do ladrão.
Vinho ou vinha-mais-seio, cano de ferro (duro):
fuzil.
Tecida forma —
fim de linha de algum fruto:
mirto.

Linho a bombordo!
(proibido sair)

II

(viagem no soldado)

Alto!
Certeza marcial dos tiros pela treva
viajar balas de revólver
ir pelos coldres (agressivos! potentes!)
rolar pelas coronhas gesto tardo
deixar cismas, lagartos
aves-raras e cães (e caos)
na continência dada, na abstinência do sossego
das polainas, no último coronel da tarde
trançado gordo à estaca destinada ao riso
e às mulas.

III

Burro.
Burro no papel fino
orelhas pendem sangue adentro
para além do próximo
acordar na cama.
Burro come memória
                    doce

                         mente.

Burro bate cascos
no sono atrasado
Burro desmonta edifício teimoso
e rua solícita
motorizada alegria de seguir.
Animal sem ombros
animal queda.
Burro cravado no seio
burro no ventre do mundo.

Pende um amor
em cada cerda
e cada ser é o tremer do burro
no avanço
na verdade roxa ou branca
de estar atento
e ver.
O peixe do burro:
antagônica existência
recoberta de sangue.

Relógio
hora marcada em olhar manso
cerimônia nupcial
entre este chão e aquela veia do pescoço
— zurro.

IV

A lei da tarde
passou na nuvem.
O avesso dos olhos
fez-se reduto.

Inconduzido gado
ao recato do mar.
Membro do fogo
luminária parte encanto.

A lei da tarde
(*ad marginen* do dia)
acumulou
(ou destroçou?) o vínculo
naval das coisas.

V

Do galo
ao galo —
ao genitivo

410

galináceo
às penas ao bico
ao vermelho da asa
ao ritmo
    da crista.

Do galo esplendor branco
anjo embutido
na voz da faca
(a própria
velocidade).

Do galo querubim morto
menina viva e crepitante
milho amarelo.

Do galo
terrina de sopa
fumegante fome suja
no galo
recordação de verme
e farelo.
No galo chuva
no galo flor crescida
e frio

pelo galo, pelo ritmo do galo,
por sua pele feia
e um pescoço vermelho.

VI

Desde de ti, sebe e muitas vezes
limite onde se perde
a porcelana toda em rachaduras
— novamente ritmo, fileira,
praça, metais e cordas.
E mesmo tiro —
desde o princípio
desde, desde o princípio
da acentuada moça
vinda, ida, descartada,
falada, posta em sobreaviso
para amanhã.

Desde de ti — mais o espanto
que propriamente o único motivo
de augúrios, tempo reconhecido
entre mil — desde de ti
último, eqüestre homem
se consome e deixa o traço,
vinho — aqui — qualquer chamada
terra longe
ou dentro do
       (permitido)
              estampido.
Desde de ti — quantos e quantos
parcos touros fendidos
pondo à vontade a flor
a verdadeira fome, o rumo
dos ossos, leão branco,
desde a rouca paragem,

mais livre de potência do que de erro
quantas vezes
reses
articuladas mas perdidas
em campo-prata, máquina-mercê
de vida?
Quantas vezes?
Último domínio. Quantas?
Cardume. Quantas?
Quantas vezes em mesa
por sua qualidade
cardume onde se vêem
a maré e o marisco,
o solto mimo, chamada
entre quantas cordas.
Desde de ti — em virtude
e no meio de quebrar —
desde de ti a breve qualidade
o riso — mais tarde outro riso
e um futuro de risos. Quantas vezes
sem gestação
desde de ti sem gestação
armadura macia, rolada
de quantas proteções.

Outra vez, mas quantas?
Talos e poros, couro e caminho.
Quantas vezes, e sempre,
velocidade e paz e fenda
e musgo?

VII

Perito no fundo do caos
boca, impedida margem
de mundo
de mundo e muito falar
e transpolir a coisa-machado
com assovios.

Mais margem que alardeia
sua ventura em cada casca
e fragor de tambor
bater
balsa e ombros e remo e vidro
e fria fita e fole
tranqüilo: este homem
é um antepassado.

Fomes que eles, os litros
não preencheram.
Perito em loto: ogiva
torre, nave — fundo de copo,
um nome se forma: espiga.

Desnudado
dado
entregue
segue
do fundo do copo
do fundo do caos.

414

E cada movimento descarrega
sobrecarga de partida
aos vultos tumultuosos que chamamos
para aplacar a cólera.
Cada movimento é muito andar
e aplacar as coisas.
Somos irmãos no afundar no colarinho,
As treliças, os cavalos,
as chegadas matinais com o mesmo sono
ao escritório.
Cada movimento descarrega
o não-dizer-ao-certo-quantas-horas
às mulheres carregadas
escondidas no grilhão.
Somos irmãos, mas isso mesmo desfazemos
na pergunta quando? e tantas vezes rimos
até que se desfaça em couro ou mito
a trança com seu lúcido negar
que segue as aventuras
de nosso corpo, após o sono.

Advindos de aléns que não sabemos,
cartas e juncos nos varam lado a lado,
segurança, multidão de parco siso,
vomitamos sem remorso o sadio alimento
em cada vaga de automóvel, em cada lado,
em cada cílio com esmero colocado.
Advindos em golfadas
abrandamos nosso fogo com a madeira
das cadeiras, com a voz de nosso chefe.

Se Laura veio de brincos, trouxe ao seio
o broche falso,

ficamos pregados, cairemos, cairemos,
cairemos de mãos dadas, transparentes
(máquina *remington* de calcular)
somados de atribulação, mas vivos
ativos na causa motriz que explode os tubos
dos carros, corroemos nós também
o claro faxineiro do edifício, o *boy*,
o papel-cópia, a sorridente esposa-de-um-colega,
exportamos, seguramos.
Machos e fêmeas se misturam a nosso passo.
Punhos de prata, camisas sujas já denotam
os sôfregos martírios recém-acordados
para a vida inteira.
Somos, musicais ou pobres, somos
de açúcar e cornijas, torreões,
araucárias (*brasiliensis*) tubarões
guias de cegos favores.

E cada movimento descarrega
a sobrecarga das partidas.
Nossos vultos são ingleses,
Robert & Davies de cada porto
ou o chá do contrabando, ou a moça
que conosco rirá de seu mundo provável
que crescido estará após a janta
onde estaremos juntos, o avô,
a dona da casa, o moço baiano,
a moça estrábica, a copeira
a vida reunida mais renhida
a vida com seu riso pelo piso
do salão, da pele nossa,

416

somos irmãos, entre linhos irmãos
irmãos d'água, sempre largos,
caudalosos.

(11 de novembro de 1957)

In my craft or sullen art*

Poesia em dia: mais uma seção, apensa, de Poesia-Experiência, e que, *bon voyage — farewell!* —, esperamos perdure. Nela os "poetas-novos" — lançados ou não por Poesia-Experiência, mais que se identificam, acrescentam, aliam, mais ou menos dentro da posição, larga porém clara, que a dita página defende (qualidade; nível; relevância; *make it new*) — nela os "poetas-novos" mostrarão o que andam fazendo, exporão seus poemas, expor-se-ão. Critério de "Poesia em dia": qualidade intrínseca dos poemas e/ou importância da experiência neles tentada. Qualquer tipo de poesia, qualquer direção de experiência, contanto que competente aquela e válida esta e interessantes ambas — naturalmente na falível opinião do responsável pela página.

O primeiro a comparecer é José Lino Grünewald, o pri-

---

* Título atribuído pela organização. Trata-se do título e do primeiro verso de um poema de Dylan Thomas. O texto foi publicado na introdução da seção "Poesia em dia", em 27 de novembro de 1957.

meiro "poeta-novo", lançado em Poesia-Experiência em 23 de setembro de 56. Já está sendo preparado o aparecimento de Walmir Ayala, Francisco Marcelo Cabral, Ruy Costa Duarte, Foed Castro Chamma, Jamir Firmino Pinto. Outros estão sendo recrutados. Qualquer poeta novo que já tenha aparecido em Poesia-Experiência, lançado ou não por esta, considere-se convocado e mande urgente seus trabalhos. Como também os que, totalmente inéditos, estão trabalhando em sentido renovador.

José Lino Grünewald. O intelectual: autodeterminação, profissionalismo, estudo e trabalho sério, "in my craft or sullen art", vanguarda, invenção, nenhuma *turris eburnea*, interesse universal, político, científico, estético, poesia, traduções, cinema, artes plásticas, música erudita e popular, *et cœtera*. Grünewald em verso: inédito em livro, mas (nos poucos poemas que tem terminado, que se interessou por terminar, e na medida em que assim os considera), de nível mais alto e de contribuição mais importante que muito poeta mais velho, famoso, comentado, laureado — e superpublicado, coligido, selecionado, citado. Vide nossa antologia: criação de vocábulos novos; criação de novas relações sintáticas; de novas matrizes metafóricas; tentativa — com bons sucessos e bons fracassos — de renovação da frase musical, dentro ou fora da tradição do idioma; capacidade evocativa. O aparente preciosismo de J. L. G.: sempre uma necessidade experimental, trigo em todos os lotos. O concretismo de Grünewald: "diluição" e enriquecimento válidos, válidos como em Ronaldo Azeredo, da experiência de Pignatari e dos Campos. Considerem-se os "ideogramas" adiante: o evidente objeto — ainda que diminuto e pouco relevante — que é "pedra": chocante e tenso poema-coisa, *Dichtung* e alta voltagem; a metáfora coisificada, valências contidas e contadas, o fluxo equilibrado, a fonte de imagens que é "astro-mastro-lastro-mastro"; "rio-raio": o r dobrado, a refração, o cubo virtual se desenvolvendo, os binômios raio-rio, fogo-água, vertical-horizontal, unificados. Concretismo: ponto de partida. O ângulo, estreito ao abrir-se — um ponto, uma linha — a abertura potencialmente infinita.[1]

(27 de outubro de 1957)

Composição logopoética*

O principal problema de Cláudio Mello e Souza é o principal problema de todo poeta que pretende, conscientemente, fazer uma poesia "impura", "comprometida", até mesmo "engajada". Como fazer uma poesia capaz de agir sobre, e, ao mesmo tempo, ser poesia? Como conseguir uma linguagem ao mesmo tempo poética e capaz de ser utilizada em ação social, ou mesmo política? Cláudio Mello e Souza não escamoteia essa problemática. Procura enfrentar, ao mesmo tempo, os problemas estéticos e éticos e sociais da poesia. Não se satisfaz com as fórmulas — "nova aurora", "galo cantando", etc. — dos subpoetas engajados. Procura conseguir um poema que seja moeda-corrente, capaz de ser lembrado, decorado, cantado, capaz de influir.

Que tem conseguido, até agora? É o que os leitores ve-

* Título atribuído pela organização ao texto que acompanha os poemas publicados na seção "Poesia em dia".

rão lendo esta página, consagrada ao presente momento de sua evolução de poeta moço, sobretudo se a compararem com o publicado quando Poesia-Experiência o lançou em "O poeta novo". Cláudio Mello e Souza hoje se mostra consciente da necessidade de uma composição logopoética acompanhando a seqüência da frase musical. Mostra-se também consciente da necessidade de criar o poema em objeto, numa forma atual-virtual eficiente e funcional — muito embora, nesse sentido, ainda aja ingenuamente, utilizando-se de métodos gráficos de relativa eficácia.

Sua poesia quer ser uma fala. "Um homem falando a homens." E o poeta mostra saber que é preciso tornar essa fala cada vez mais clara, cada vez mais coisa, suscetível de ser passada de mão em mão, de boca em boca, de ouvido em ouvido. Só então — com uma nova sintaxe e com um novo sentido de totalidade, de estrutura — poderá a poesia ser veículo: coisa que fala, coisa que vive. Por enquanto, experimentamos todos — e Cláudio Mello e Souza experimenta, honesta e lucidamente.

Ainda há bastante "literatura" nos trabalhos de CMS. Bastante adjetivação puramente ornamental — quando não para preencher, preguiçosamente, espaços musicais vazios, o que ainda é pior. Ainda há muita abstração, muita diluição de imagens, através de termos imprecisos. Mas quem escreve: "arestas/ tornando em musgo a amarga contextura/ do corpo despojado em sua relva:", quem escreve isso e várias outras "pedras de toque" encontráveis nos poemas ao lado, merece, indubitavelmente, um largo crédito de confiança da parte dos que acompanham sua evolução.

422

ÁRIA 1

com seu metal sem brilho sua lágrima
sem gume
    hora tecida em salto
            músculo
de sal e tempo
      e musgo sobre a lâmina
húmus amargo
        amor vai fundo e colhe
nos vãos do corpo a fera
        fogo infindo:
espada de infinito fio
        a espera
talha os seus grãos
    degraus de limo e sombra
pouso de pássaro
        pergunta imóvel
sobre o corpo em repouso
        a sua ausência
ávida foice   sangra a nossa face

ÁRIA 2

com a fome de seu ventre exposta ao sopro
ciclo de lama e limo
        uma figura
arrasta em sua treva
      travo
       arestas

tornando em musgo a amarga contextura
do corpo despojado em sua relva:

                        pausa

ferindo em brisa o vôo

                        pouso

de ave tecendo em seu momento a hera
que vai sendo o seu campo e a sua espera:
sangue roendo o seu repouso

                        signo

sobre o gume do espelho a criatura
se despe de seus últimos espinhos:
mas permanece fonte

                  ponte

                    e cântaro

de lume

           e lenho em flama sobre o pântano

onde

           velando as suas naves e a procura

           já estremece em sombra essa figura

ÁRIA 3

com os lábios roídos pela espuma
de seus barcos acesos

                  ar e vela

batendo os linhos de seu corpo:

                  as algas

de sua fome abertas sobre as facas
de outra fome mais densa

                  aladavena

decantando-lhe o mel:

          pesar de plumas

nos lábios
          (esta imagem volta agora
          recoberta por seu luto.)
          ventos levam
                    lavam suas vozes
entre os cristais de seus desertos
nome envolvido por seus lenços
                              fome
          (esta ávida imagem volta
          a completar seu turno)
trabalhando as sementes do momento
em que a mulher descerra
                    vôo implume
seu mistério maior que seu perfume

VERÃO: PRIMA CANÇÃO

Com que lamentos postar-me
ante essa manhã sem frestas
quando já se sabe a sangue
suas âncoras acesas
ressoando em nossa carne
pois no corpo mais despertas:
tanto esse tempo de ausência
seus bronzes
          suas represas

quanto essa imposta distância
que no corpo é mais deserta
rumor de remo outro rumo
e por mais a mesma vela

desvendando-lhe outros mares
e são seus pássaros duros
a pensar esses cantares
e seus ventos que chegados
vão roendo em sal as aves
dos meus campos de chorar:
e sobre este chão sem nome
mesmos trilhos

mesma reta
quando a terra se desfaz
de suas últimas setas.

A FLECHA:

Já não se pressente a flecha
que vai perfurar o músculo.
nem as árvores de ferro
ancoradas sobre os membros
nem flâmulas de carvão
tal os cabelos sobre o rio.
as corredeiras do rio
já não nos fazem parar
(quando a tristeza é ordem
sobre toda uma paisagem
não se pressente:
a flecha
as árvores de ferro
as flâmulas
o carvão substitui a lágrima

e duas lâminas vermelhas
no lugar dos olhos.
a flecha
as árvores de ferro
as flâmulas
(quando a tristeza é uma ordem
sobre toda a paisagem)

TRÊS MOTIVOS DE PÁSSARO:

I)   a bala que atinge o pássaro
      não tinge o azul
      e a crença no vôo

                              permanece.
— Palmilhamos o tempo no intervalo
      de nossas mãos conclusas ao contacto
      da terra
                        Vês? A terra amadurece
      e seus tecidos fiam sobre o chão
      novas formas de ser e conclusão.

II) não se intercepta o salto
      e o pássaro jamais pára na queda
      sabemos indestrutíveis as raízes
      do vôo
— A lágrima já não cabe
      no copo ou nas mãos em concha.
      Cabe inda menos no espelho
      onde as nuvens prolongaram
      os cabelos e o naufrágio

e a lembrança permanece
com suas coisas de ausência.

III) entre seu campo e o espaço
                              o pássaro
recebe a herança do trapézio
e redescobre o vôo:
              no aço do azul
                       risca seu traço.

(9 de março de 1958)

Hombridade artesanal[*]

Exige-se: respeito ao padrão de execução, de *performance*, de excelência, estabelecido pela própria língua à medida que evolui. Exige-se: não andar para trás. Não diminuir, não aviltar o idioma. Exige-se: resultado positivo após uma análise de custos e benefícios. Quanto se gastou e quanto foi obtido. Matéria-prima e produto acabado. Quantidade e qualidade. Menos é mais. Exige-se: não ocupar indebitamente espaço que é ou poderia ser de outrem. Não se perdoam: as falsas glórias — amigavelmente fabricadas à meia-luz dos bares, ao perfume das feijoadas sabáticas, ou na partilha dos empregos públicos — constantes ameaças ao bom funcionamento da escala de valores. Exige-se a mínima decência: "tenho jeito com as palavras; gosto de fazer poesia; se possível, gostaria de contribuir para o progresso da língua e de

---

[*] Título atribuído pela organização à resenha de *Calendário marinheiro*, de Homero Homem (Rio de Janeiro, Leitura, 1958).

tirar a poesia, coisa útil, de seu atual impasse; mas, não sendo possível, assim mesmo tenho de fazer poesia, aqui está meu livro, vejam se serve para alguma coisa, espero que não lhes faça perder de todo o tempo". Decência, hombridade artesanal: não há vaidade, mas o orgulho que brilha na humildade.

Há lugar para os que renovam, transformam, adiantam, *make it new*. Há lugar para os mestres: *tradition and the individual talent*, os que em si reúnem a experiência do passado, habilitando-a à utilização eficiente, no presente e no futuro. Mas há também lugar para os que, à margem das necessidades da língua e da arte, fazem e falam, fazem bem e falam bem, usam habilmente, para fins úteis, os instrumentos que acharam prontos. Dentre esses, há lugar especialmente para aqueles que, além da boa qualidade de seus produtos, são capazes de desanuviar o ambiente, de clareá-lo numa lição de vigor, de força-e-saúde, de prodigalidade, de dança-e-canto, de homem-falando-a-homem, de *gusto*, de *carpe diem*, de alegria de viver. O lúgubre, o melancólico, o lamentoso, o confessional, o místico, o metafísico, o sublime, o heróico, o dramático, o patético, o eloqüente, o sarcástico, o condenatório, o messiânico etc. — há lugar, também, para isso tudo; mas que venha em altíssimo nível. Do contrário é tiro de pólvora seca e — perigo! — provoca o riso.

Homero Homem, *Calendário marinheiro*: verso legível. Discurso, canto, comentários, observações. Não a poesia-criação, mas poesia-expressão — perfeitamente cabível nessa perspectiva e nesse nível. Poesia de circunstância, quase sempre. Mas boa poesia de circunstância (é raro encontrar-se poesia que não seja de circunstância), bom verso, e algu-

430

mas vezes (o que também é raro) a linguagem poética, objetiva, auto-expressiva, criadora.

Na poesia de Homero Homem (em *Calendário marinheiro*, não sabemos se o livro é de estréia) há que distinguir, antes de mais nada, o que ainda não é seu do que já é seu. O que ainda não é seu é quase sempre de Carlos Drummond de Andrade, algumas vezes de Vinicius de Moraes. Todavia, mesmo diluindo Drummond, Homero Homem consegue, às vezes, interessar. E quando o faz é por suas qualidades pessoais, não tanto de execução como de tema: sua saúde mental, sua alegria de viver, seu sabor, conforme já aludimos. O poema "Os mortos no jornal" é exemplo desse relativo fracasso, relativo êxito: aproveitamento (o oferecimento, "a Carlos Drummond de Andrade", serve de salvo-conduto) de um *copyright* de Drummond, vocabulário, sintaxe e ritmo, inclusive de alguns tiques, mas aproveitamento competente, honesto como uma *sirvente* provençal: o discípulo arruma suas palavras dentro da música estabelecida pelo mestre. Essa diluição, todavia, aborrece às vezes quando se aproxima demasiado da imitação:

Lívido orvalho de néon
confeccionando uma rosa
no jardim pálido de susto. [...]

Contudo sofres, amigo.
Ora se sofres, amigo! [...]

carregando seu cansaço,
marmita, jornal, desdém. [...]

grosso suéter amarelo
elide frio, calor.
(Só não elide a ferida
embutida na alma agônica). [...][1]

Procurar na esquina
de um mundo lotérico,
na doce mercancia
sem estratagema
de um mundo exotérico
de flor e sal-gema.
Aí procurar
aéreo alçapão
viola de vento
bambu e papel. [...]

— lento procurar
— tenaz procurar
na desesperança
fatal esperança
calada esperança.

— Aí procurar. [...][2]

Pevide presa, enraizada
no pensamento. [...][3]

Lusia casta
Isaura Costa
Marta de olhos pretos
Ana de tímidos seios
Cremilda de sólidas ancas. [...]

432

Etc. O leitor mesmo encontrará outros exemplos. No entanto, era natural que um mestre como Carlos Drummond de Andrade tivesse seus diluidores. E se Homero Homem o dilui em vários poemas — e dilui, às vezes, repetimos, com certo interesse para o leitor —, noutros, felizmente a maioria, já é Homero Homem, o que acontece com maior freqüência nos poemas de sabor pastoral e nos de assunto marinho — marinheiro ou pescador.

O pior deste livro está na tentativa forçada de adaptar uma linguagem ainda fraca e imprecisa a uma nova temática ainda insuficientemente "aculturada" — a era atômica, a era dos vôos siderais. O pior poema do livro é, assim, o "Relato do primeiro vôo interplanetário do Stella-bis com um brasileiro a bordo em nove breves comunicados", no qual se encontram ingenuidades como:

seleno, espio a terra: um pontinho de nada.
Pedalando silentes claras bicicletas
vejo passar Castor, um pouco atrás Polux:
o Cosme-Damião destes pagos aéreos. [...]

(biscoito de urânio,
                    croquete atomizada) [...]

Passa a nebulosa preta
balzaquiana fatal;
estoura um velho cometa:
infarto do miocárdio? [...]

Flotilhado por uns anjos
vinha atrás um querubim

teco-teco de alfenim
gritando em doce aramaico
— Marmanjos,
esperem por mim! [...]

mas que, mesmo ele, torna-se às vezes legível em bons versos como:

Sorvo um gole favônio e consulto o painel,
tumor iluminado de oito mil ampères.
Cristão fora da base imploro a outro céu:
ó Deus supra-lunar, acalma a deusa Ceres.

Não é dos maiores, tampouco, o êxito de Homero Homem quando procura "voltar a 22", adaptando a assuntos mais recentes os maneirismos modernistas e pós-modernistas. Veja-se, a este respeito, "Ônibus 104", "Poema de Proclamação", "Rosto", "Tacoma", etc... Os poemas propositadamente de circunstância, alguns com endereço certo, também pouco adiantam: como sempre, deviam ficar entre os papéis do autor ou dos amigos. Há também os poemas neutros, vazios, incolores, como o tríptico "Exército de tiro", "Amor somente", etc. E, última prova da insuficiente autocrítica de Homero Homem, há os bons poemas ameaçados por falhas injustificáveis, caracterizando o produto preguiçosamente inacabado. É o caso de "Raposa", onde se acha este exemplo de mau ouvido:

Que se ataranta em feio vôo rasante

É o caso do belo poema "Meu tempo", prejudicado por essa quebra da seqüência musical:

Caldear este tempo.
Caldeá-lo
Em ferro brando e mel e lua cheia.
Tornear este tempo.
Torneá-lo
Em réstia espiral, pétala em cadeia. [...]

O oposto ocorre: maus poemas abrigam bons versos. Exemplos: em "Poema de proclamação" —

O mar é teu — apedreja-o,
criva-o de falas!
Ele te devolverá no mugir do cachalote
seus sismógrafos e chaves de segredo.
Só o mar te resta, ele te chama.
Não escutas nem tentas? E a marinharia,
navegantes do lotação?
E os ventos bravos, o ar inchado de coriscos?

E as Ursas, Aldebará, o Sete-Estrelo?
As gaivotas na bruma, ninguém para acudi-las?
Este mar agônico, enjeitado,
reclama força de remos, turbinas,
braços, motores, ventanias,
trama de espuma e periscópio: (o peixe). [...]

Em "Verão, 1950" (onde há vulgaridades como "O mar

era um dócil cachorro de espuma", "[...] (a lua) / A siderúr-
gica do céu" [...]) —

O vento tatuava cardumes e transatlânticos
Na pele glabra do mar.
O vento modelava canção e folhagem
Na rede estendida na praia.
O vento derrubava frutos e pássaros
Plantando o verão. [...]

E assim por diante. Altos e baixos, perde-e-ganha. Fa-
cilidades, autocomplacências. Excessiva confiança deposita-
da em imagens ora imprecisas ora batidas ("a casamata do
sonho", "a aguda mobilidade do preá", "a lua, gado novo
[...] Suas aspas de novilha", "Bíceps se arqueiam gregos",
etc.). Os males do amadorismo.

Consideremos o lado positivo. Saúde, música, ousadia.
Exemplos:

POEMA PREFÁCIO
A LUIZ SANTA CRUZ

Captar o sentido do pranto, a alegria
Do homem sobre a terra, tão incerta
Eu, marinheiro em mar de poesia
Que amarra largaria?
Um verso simples com vogal aberta
Acaso lograria
Cartear amigo e inimigo
À base da minha descoberta?
Ou (melhor pensando) valeria

Sufragar a frágil arquitetura
Da asa branca, solta como um til
Num céu de alvenaria
— Muro suíço, solidão de abril?
Se os rumores do homem são espuma e desgaste
Quem afiançaria
A lisura do verso? e a do poeta?
Tempo e poesia: espectro de valores
O luar no obelisco, a solidão da reta
Fustigando a retina e seus humores
Geram mito e opção: um muro; aquela seta.
Ainda assim, piloto sem sextante e sem marinharia
Antecipo geodésico a latitude humana:

> Poesia.

Uma *overture* em grande estilo: nem todos os nossos poetas "célebres", consagrados, são capazes de escrever nesse nível ainda que diluindo, como, mesmo nesse caso, H. H. dilui certo Drummond. Isso é "compor no discurso da frase musical": a logopéia não fere a melopéia, nem vice-versa. E o poeta, se ainda aí cai em vulgaridades como "frágil arquitetura" e "solidão de abril", tem força bastante para obrigarnos a aceitar seu próprio plano de significados, tornando concretas abstrações como "poesia", "verso", "poeta" — o que é difícil de conseguir. Um poema — quase um trecho de *canzone* — que se incorpora, imediatamente, à nossa válida tradição poética. Melhor ainda é este "Soneto do cão pastor", continuador de nossa bem enraizada poesia pastoril:

Meus olhos, cão pastor, lambem teu flanco
À luz alpestre de uma estrela guia.

Colar de guizo meu amor te açula,
Tange teus pés, terneiros lado a lado

Ao secreto redil, casta fazenda
De paina adormecida e pau-marfim.
Minha mão, cauda inquieta, se te afaga
Entre a vegetação do linho novo,

É porque és ovelha, eu cão pastor
De teu corpo nascente, gado claro
Criado no altiplano onde vagueias

E pasces, entre fios e altos pássaros
Sob a guarda do entregue cão pastor
Amoroso na lei de sua ovelha.

Como se vê, um soneto impecável, cujos defeitos são da espécie, não do indivíduo. De estrutura substantiva e com bons ornamentos: bons adjetivos. De qualidade é também a canção "Assunção", que, com outros poemas de Homero Homem, nos faz relembrar, com saudades, o ótimo Vinicius de Moraes de *Poemas, sonetos e baladas*. "Procurar" não é dos melhores poemas de H. H.; o abuso das anáforas, excesso de drummondismos. Mas tem estes versos, dignos do próprio CDA:

Procurar no lírio
da clara manhã,
gota de colírio,
pandorga de lã.

Bons poemas, igualmente: "Morte da noite", "Meu tempo", "Depoimento". É na seção "Manual do pescador" que começa, contudo, o melhor de Homero Homem. Temos a impressão de que são esses os poemas mais recentes, da fase mais atual, tão mais íntegra e harmoniosa é a parte do livro entre as páginas 73 e 116. O tríptico "Manual do pescador" é quase uma obra-prima, construída musicalmente e de ótima versificação:

— Eis o peixe,
bela menina:
Vestido rosa-chá
passado a ferro frio.
Xale lilá.
Marrafa de marfim,
Meia de seda.
Sapato de balé.
Trusse rendada.
Lencinho de cambraia
manchado de carmim. [...][4]

"Lagos da noite" — continuação, não apenas diluição, do Drummond anterior aos "Novos poemas" — contém isto:

Visite Lagos da Noite
Que Lagos da Noite são
Platôs a perder de vista
Acima da servidão
Humana, que mal se avista
Além da rebentação. [...]

"Pampo" é o ponto alto do livro, justificando plenamente o prêmio conquistado em recente concurso. Consciente do espaço que ocupa, fiel à sua própria evolução no plano musical, de imagens precisas e claras, eis um belo poema, com o qual o autor poderia iniciar um trabalho de "poetização" de nossa linguagem coloquial:

PAMPO

> À memória do Comandante Edson Ribeiro Couto,
> que neste verão pescou seu último pampo

Em dezembro o mar fica tão claro!
O pampo
        cauto oval
tissô a faiscar
desgarra da linha do horizonte
vem cronometrar o pôr-do-sol
no azul valão
                onde reboja o mar.

Em dezembro o mar fica tão claro
que o pescador de praia sai a campo
para telefonar.
        "Dezembro é mês de pampo;
vamos pescar?"

Espera de pampo
— diz Martim-pescador —
é de amargar.
                Não tanto.

Ficamos pela praia a papear
logo a brisa constrói uma gaivota
que pedala uma nuvem
                   e bica o mar.
Tempo de pampo pescador não conta
nem transporta no pulso.   O sol aplaca
                           o vento roda
                           o mar escoa?
— eis o tempo: traineira de sumiço
caramujo de azul de metileno
incrustado na linha do caniço.

        É sonho e jogo:
        contemplativas
        selam-se as bocas
        os olhos rolam
        folha após folha
        pelas notícias:
        papel de espuma
        press ultramar
        telegrafia
        rotogravura
        boataria
        azul do mar.

Esse vergar de caniço, sulco e equimose
                   na carne azul do mar,
esse traçado em V, restinga aberta
                   no massapê do mar
— é o pampo, pampo-rei, Senhor da Espuma
em seu pranchão de prata
                   a esquiar.
                       Pescador,

se tens pulso e fé de ofício
chegada é tua hora
>ao pé do mar.

Está morto na praia:
couraça malva, solitária renda
trabalhada em espinho e pau-marfim;
peliça de terneiro, luva clara
surrão de brisa, pluma niquelada
aço lunar, maquete de alfenim.

Está morto na praia,
plantel ambíguo à luz crepuscular:
limo orvalhado, cubo de neblina,
gema-canário posta a congelar;
bago de espuma, mel pressurizado
recolhido em cantil cor de uva-rosa
nas vindimas do mar.

Está morto na praia:
saleiro auriadernado
calenda prelunar
losango de vidraça
por onde o pescador consulta a noite
e vê o mar.

É de esperar que o autor, nos próximos livros, mantenha-se nesse nível — o nível profissional, da competência
— e não recaia na auto-indulgência, subproduto nocivo de
sua elogiável desenvoltura criadora. "Canto do mar" é outro bom poema, como são todos os das duas seções seguin-

tes, exceto "Sonhei com ela". Destaca-se o "Largo da memória" ("O largo: caco, muro, capim") e "Morte em campo claro". Há também, ao fim do volume, três "poemas em prosa", no dizer do autor, mas que não passam de três fragmentos prosaicos, de relativo interesse, apenas ao livro.

(23 de março de 1958)

Poesia participante*

Quando Jamir Firmino Pinto surgiu na seção "O poeta novo" (através da qual temos apresentado numerosos jovens poetas que, inéditos ou não, se mostram dispostos a tomar parte ativa no trabalho de renovação tentado nesta página), já tinha um livro publicado: *Chão e mar*,[1] em conjunto com Maria Luísa de Castilho, então sua noiva, agora sua esposa — e que comparte, por seu lado, da mesma obra comum, já tendo, inclusive, um poema publicado na mesma seção. No Jamir de *Chão e mar* já se encontravam, ao lado de alguns dos vícios que marcaram a geração poética brasileira sua contemporânea, muitas das qualidades ainda agora distintivas de sua poesia. A partir de sua estréia nesta página, acompanhamos o trabalho de Jamir demarcando seu próprio roteiro: a mesma força e a mesma honestidade de

---

* Título atribuído pela organização ao texto que precedia os poemas na seção "Poesia em dia".

sempre — e com maior vontade de *make it new*, maior segurança e maiores recursos técnicos. Envaidece-nos o que afirma o próprio poeta: que esta página lhe abriu novos caminhos, fazendo-o evitar outros, sempre tentadores a qualquer de nossos jovens escritores: a facilidade diluidora, a autocomplacência, o *café-society* subliterário dos mútuos elogios, da publicação amistosa, das glórias logo fabricadas e tão logo esquecidas.

Através deste suplemento, dentro e fora de Poesia-Experiência, os leitores que haviam lido *Chão e mar* têm podido, por sua vez, seguir a evolução de Jamir Firmino Pinto. Depois de alguns meses dessa fértil esterilidade, desse silêncio-reflexão-preparação que de quando em quando acomete a maioria dos genuínos poetas, aqui o temos de volta, em nova fase que é apenas o prosseguimento dos vetores de força e de verdade constantes em sua poesia — a qual, de certo modo, é também a seqüência lógica da linguagem poética latina, portuguesa e brasileira. Mantendo viva, na grande cidade, a experiência de anos e anos como lavrador do interior de Minas, Jamir contribui, mais que qualquer outro, desde Carlos Drummond de Andrade e João Cabral de Melo Neto, para a formação de uma verdadeira poesia participante no Brasil. Nele temos de volta, mais natural e mais orgânica, a poesia geórgica da chamada Escola Mineira.

Temos, como raramente acontece na história da poesia brasileira, um poeta capaz de recriar, poeticamente, um vocabulário regional e, particularmente, rural. E temos, sobretudo, uma poesia que cresce em torno de si mesma, de seus próprios núcleos, como organismo vivo, sem qualquer distinção de fundo e forma, de tema e execução, evidente verdade poética que não admite dúvidas sobre a condição de quem a diz, criando-a. Mormente em seus últimos poemas (que apresentamos em seguida a amostras de suas fases anteriores) Jamir cria a partir da palavra — meio de percepção do universo e, ela própria, um universo que se comunica com outros universos — com a palavra e completando-se na palavra; e como que apesar dela, no dizer de Bergson. Uma fluência interior que se concentra no tempo e no espaço, por necessidade humana; um objeto orgânico, humano, através do qual um homem fala a outros homens. Repetimos uma vez mais: melhor uma visão da coisa que mil palavras sobre ela. Aqui estão os poemas de Jamir Firmino Pinto, poemas nos quais esta página se vê confirmada e justificada: Jamir teria de ser, mais cedo ou mais tarde, o poeta que é hoje; grato nos é, entretanto, pensar que contribuímos em certa medida para a mais rápida e mais segura realização dessa poesia que, ramificando-se e estendendo-se, virá enriquecer e fertilizar a linguagem poética do Brasil.

POEMA

Não trajo as tardes claras
das nuvens,
que o fogo despeja,
nas moitas de aroeiras,
o canto triste das chamas.
O tempo rói os frutos
e a legião de corvos desce
sobre as reses mortas
na garganta-sumidouro.
Nos campos de lustrosa,

A face da agonia
mina crepúsculos.
Gemem os galhos da tajuba
e os espinhos,
de encontro à febre das pedras,
rasgam o ventre das novilhas.
A foice nas coivaras
reanima o fogo extinto
no atrito das horas.
E enquanto os vivos
sorvem futuras auroras,
meus olhos suados,
debruçados sobre o tempo,
recompõem as ervas da queimada.[2]

AGRESTE FLAUTIM

Vento
    não a pa-
    lavra cultivada
    nas leiras do dicionário
movimento vivo
inflexão de ofídio
corpo resvalado
        rasa seara.
Vento
    roupa de carinho
    veste tempestades
    sol oculto chão
    injuriado vulcão
    de lavas encostas

    rumor de arbustos
    soluço chocho
        diapasão.
Vento
    violar diurno
    alvo silêncio
    espigas retorcidas
    as ervas mastigam
    pendor de harpejos
    arrefece ferida
    febre da queimada
    ruivo sol ao léu.

ESPIGÃO DE MINÉRIOS

cavam
    tatus de perambeiras
    nossas unhas, encosta
    amplo campo de neve
    túmulo de estanho
    escuras entranhas
    de tendas coroadas
campo
    latejante cogumelo
    de espumas
    as ervas do sonho
    crepitam fogões
    abas maxambombas
cantam
    raízes de picaretas

sua música diária
diafragma da terra
guião de nossos olhos
escreve horizontes
labaredas de micas
em brejo de suor
cola
couro de estanho
cobre lassos pulmões
espigões aniquilados
montanhas calejadas
de homens circulando
dentados engastes, limas
rangem
maduras ferrugens
cravam
exasperadas palhetas
canas de freio frio
arvoradas veias do vento
tocam primas e bordões
nos trastes ansiados
instrumentos escuros
contrastes afiados
gritos
no ventre do muro.

BOI NO AQUÁRIO

Boi

esponja revolta
de equilíbrio

solta mugidos
floridos de capim
avança em ondas
chocalhos matinais
brota gemido
de coral.

Boi

navegante sagitário
de arenas
canto de canário
contra marradas do meio
de louças balouçando
miolos, derramadas
montanhas.

Boi

tange flauta
fosso de canela
enfileirados montes
revoados
anjos amarelos.[3]

SUAS FOICES

sua águia
sua argila
sua agulha

gavião de foice
do horizonte
      ceifa
   grama rói
   dentres ouriça-
   das crinas dos
potros alvoroçados
espargindo holofotes
  nas ravinas:
  catadupa
  catapulta
  sepultura
  de taperas irrigadas
nos canteiros de dedais
oprimidos entre cactos
     escorando
     barra roxa
     escar-
     céu
     de cetro

   e fogo.

IORUBANA

Aquilo
  águia
  estranha planta urbana
  em corcel de sol
     ave de coral
     guerreiro vulturino

flexa bico fere
dilacera o céu
em nave de tucum.

Aquilo
mandrá-
gora
entranhas de tucano
racha espaço
cavo de tambores
forja o ar salobro

ão
cardo

úmido girino
halo
horus
olurum
cocos coronata
alicuri.

SOL UMBILICAL

Sol
o falso sol das laranjeiras
eco sobre o abismo pêndulo
e corola amarela
lanças
em rios de olivares trêmulos
aranhados galhos de estrelas

a chama lavradora
a ave depenada
de seus cordões umbilicais.
Sol
o sol
oh flor vermelha
onda — seus frutos rodopiam
nu
ensaio violento
compasso militar
                    seus gritos de engrenagem
serpente
            rata
            rata planta aguda
            de sabre em granada
tarde rente de torre
entre campos minados!

(29 de junho de 1958)

CONCRETISMO & BALANÇOS

Poesia, Brasil, 1956

No Ocidente o ano que passou foi relativamente pobre de poesia. A França continua sem ter quem colocar no lugar dos grandes desaparecidos, incapaz de substituir nem mesmo um Antonin Artaud; a Inglaterra chora ainda a morte de Dylan Thomas e vive, poeticamente, às custas dos poetas maiores de cinqüenta — Muir, Graves, Barker... Eliot, sem mais que fazer, publica um poemeto sobre árvores de Natal; nos Estados Unidos, a mesma coisa: Pound, com novos "Cantos", dono de todos os terrenos, morte de Wallace Stevens, Marianne Moore traduz La Fontaine e, dos menos velhos, somente os três Kenneth: Patchen, Rexroth, Fearing, parece terem algo de novo que dizer — e não disseram muito em 56: apenas as *little mags*, as revistinhas dos novos, salvam a situação: Alemanha, Itália, Rússia, Espanha, Portugal, América Espanhola — tudo parece ter continuado na mesma. Pelo menos, não ecoou nos registros críticos a explosão de nenhuma estrela nova nos poéticos céus ocidentais.

Dificilmente poderia o Brasil fazer exceção. Houve um notável acontecimento: a exposição de arte concreta, realizada no Museu de Arte Moderna de São Paulo. Nessa ocasião, ao lado de pintores, escultores, gravadores, críticos, etc., um grupo de jovens poetas mostrou que se pode fazer vanguarda no Brasil sem simplesmente repetir, macaqueando as experiências estrangeiras de há meio século. Com essa exposição saiu o número três da revista-livro *Noigandres*, onde Augusto de Campos, Décio Pignatari, Haroldo de Campos e outros demonstram sua competência, sua honestidade, sua decisão de alimentar nossa poesia com um movimento vanguardeiro de alicerces filosóficos e razões culturais, sociais, históricas. Esse grupo, a que agora parece aliar-se Ferreira Gullar (que também expôs no MAM de São Paulo), surge, a nosso ver, como a genuína força de vanguarda de nossa poesia. E poesia não vive somente da repetição, por mais feliz, de experiências feitas, nem da paulatina renovação individual do mesmo instrumento geral. Tentativas como essas são necessárias e revigoradoras.

Quanto aos livros, houve, da parte dos novos, verdadeira turbamulta, infelizmente composta quase que só de bucha para canhão: obras que nada indicam poderão sobreviver ao noticiário de algumas linhas que lhes dedicaram, sempre gentis, os nossos vagos repórteres literários. Do lado dos mais velhos, tivemos o lamentável fracasso de Vinicius de Moraes em *Orfeu da Conceição*,[1] fracasso esse que só não é reconhecido pelos falsos amigos do poeta; a "amizade" parece ser mesmo um dos principais inimigos de todas as formas de cultura em nosso país. E não falamos apenas do fracasso teatral: é do libreto mesmo que nos referimos, os versos com que Vinicius apareceu em 1956, e que nada tem da força telúrica, da riqueza expressional dos *Poemas, sonetos e baladas*.[2] Houve também a reafirmação de Cassiano Ricardo como um dos cinco ou seis maiores poetas de sua geração; e Cecília Meireles apareceu, na última hora, sempre *accomplished* com um livro de *Canções*, publicado na bela coleção Poesia Sempre, da Livros de Portugal. Nas revistas, jornais e suplementos literários, a mesma pasmaceira de sempre, agravada pelo aparecimento nefasto desses poeminhas com que os nossos mais respeitáveis poetas costumam desrespeitar sua arte.

Deixamos para o fim o grande momento poético de 1956: a publicação da poesia reunida de João Cabral de Melo Neto em *Duas águas*,[3] livro que incluiu, para progresso de nossa linguagem poética, os inéditos "Morte e vida severina", "Paisagens com figuras" e o incomparável "Uma faca só lâmina" — que já tinha aparecido em um jornal literário. É desse último poema (que conhece seus iguais, porém não seus superiores, em língua portuguesa) que reproduzimos, a seguir, a abertura: homenagem nossa ao Poeta Brasileiro de 1956.

Assim como uma bala
enterrada no corpo,
fazendo mais espesso
um dos lados do morto;

assim como uma bala
do chumbo mais pesado,
no músculo de um homem
pesando-o mais de um lado;

qual bala que tivesse
um vivo mecanismo,
bala que possuísse
um coração ativo,

igual o de um relógio
submerso em algum corpo,
ao de um relógio vivo
e também revoltoso,

relógio que tivesse
o gume de uma faca
e toda a impiedade
de lâmina azulada;

assim como uma faca
que sem bolso ou bainha
se transformasse em parte
de vossa anatomia;

qual uma faca íntima
ou faca de uso interno,
habitando num corpo
como o próprio esqueleto

de um homem que o tivesse,
e sempre, doloroso,
de homem que se ferisse
contra seus próprios ossos.

(6 de janeiro de 1957)

Poesia, Brasil, 1957

Poesia, Brasil, 1957: será preciso esperar bastante tempo antes de poder-se decidir se andamos bem ou mal. Em forma de livro, a poesia brasileira andou bem, sem dúvida, com as *Poesias completas* de Cassiano Ricardo, o qual, com esse e com os dois livros imediatamente anteriores, incorporou-se de vez ao reduzido dos grandes poetas brasileiros do modernismo para cá. Andou bem com Ruy Costa Duarte (*O mistério das horas*) e Marly de Oliveira (*Cerco da primavera*), com todas as deficiências os melhores e mais promissores livros de gente nova, estreantes ou não, publicados durante o ano. Andou muito bem numa antologia, os *50 poemas escolhidos pelo autor*, de Carlos Drummond de Andrade: o autor tem pelo menos outros cinqüenta igualmente importantes. No resto, a poesia brasileira, em 1957, em forma de livro, andou mal.

Nos suplementos (neste últimos anos ele tem representado, em nossa literatura, um papel quase tão importante quanto o dos livros), a poesia brasileira andou bem, em 1957, sobretudo com a efervescência de um ano dominado, desde os primeiros dias (a exposição no Ministério da Educação), pela experiência concretista. Os concretistas, do Rio e de São Paulo, orto e heterodoxos, em prosa e em ideogramas, muito contribuíram para manter viva e nova a nossa poesia, durante 1957. Entrevistas, manifestos, debates, polêmicas, estudos, traduções, ideogramas — muito *slogan*, muita contradição, mas tudo de alto nível e vivo e novo. Andou bem, por outro lado, a poesia brasileira, com o trabalho de gente moça, aqui no Rio (não conseguimos acompanhar direito o trabalho nos Estados), sobretudo Lélia Coelho Frota, Walmir Ayala, Ruy Costa Duarte, Jamir Firmino Pinto, Ivo Barroso, Cláudio Mello e Souza, Foed Castro Chamma e alguns outros. Nos Suplementos, a poesia brasileira, em 1957, andou mal com o pouco que publicaram os mais velhos inclusive o que saiu no Rio e em São Paulo, de João Cabral de Melo Neto, de quem tudo se esperava menos isso, depois de "Uma faca só lâmina". Naturalmente o grande poeta está entregando aos Suplementos o pior de sua produção (a prática é condenável), deixando o que vale para o próximo livro. Aguardemos.

Em suma, os mais velhos calados, com as exceções apontadas — ou então esquecendo ser de ouro o silêncio, ora publicando ruins "poemas", ora deixando-se entrevistar em manifestações entre incoerentes e desonestas; os mais novos falando muito, gritando muito e criando não tanto; a poesia concreta, depois de muito evoluir e transformar-se, chegando, parece, a um impasse: assim se apresentou a poesia brasileira durante o ano de 1957. Consola-nos o fato de que nos outros países, de onde costumamos importar (e para os quais já poderíamos exportar, não fosse a pouca divulgação da língua), não andaram melhor. Por toda parte, dos dois lados do Atlântico, o melhor são traduções, sendo a grande e exceção o *Amers* de Saint-John Perse.

Vejamos o que acontece em 1958. São os votos nossos que os concretistas continuem a enriquecer-nos, a manter-nos vivos e inquietos. Que a poesia concreta evolua no mais fértil sentido que puder ser encontrado. Que João Cabral de Melo Neto apareça com um novo livro, pelo menos tão importante quanto os anteriores, que sua obra continue a crescer com a harmonia e a novidade de sempre.[1] Que Carlos Drummond de Andrade tente um grande poema grande, digno de seu fôlego, prosseguindo a linhagem de "A mesa" e de "Os bens e o sangue".[2] Que Cecília Meireles nos dê alguma coisa ao nível do *Romanceiro da Inconfidência* — em teatro, por exemplo. Que Murilo Mendes volte da Europa com um grande livro, que lhe restaure o prestígio ameaçado pelo último.[3] Que Vinicius de Moraes se recupere. Que Cassiano Ricardo prossiga em seu nível atual, pelo menos.[4] Que se calem os que nada mais têm a dizer. Dêem lugar aos mais novos, que os ajudem, mesmo, a fazerem-se ouvir. Que os mais novos trabalhem intensa e honestamente, com aquele misto de orgulho e de humildade característico do verdadeiro artista.

Que seja todo mundo cada vez mais sério e responsável. Que se ponha fim à crítica "amistosa". Que nossos críticos estudem a sério, de modo realmente esclarecedor e contributivo, a obra de nossos grandes poetas. Que nossos editores preencham claros como o de Oswald de Andrade.

Que se respeite a verdadeira escala de valores. Que não se turvem as águas. Que o *café society* literário não ocupe o lugar da profissão de escritor. Que se procure fazer sempre o novo, o válido, e que se considere a poesia como insubstituível forma de cultura, da qual depende, em boa parte, a vitalidade da língua, portanto do pensamento, portanto da Nação.

Os leitores mais exigentes que desculpem a tirada. São os votos sinceros de "Poesia-Experiência" para o ano poético de 1958.

(5 de janeiro de 1958)

Empreendimento significativo[*]

A Livraria Agir lança no mercado dois volumes que antes de tudo é preciso louvar com veemência por suas qualidades positivas: pequenas brochuras, de preço relativamente baixo, com as quais se pretende vulgarizar um pouco mais os "clássicos" da língua. Anuncia a editora encontrarem-se no prelo Camões, João Ribeiro, Vieira, Sílvio Romero, Eça de Queirós, Simões Lopes Neto, Cruz e Sousa, Camilo Castelo Branco, Raul Pompéia, Álvares de Azevedo, Tavares Bastos, Gonçalves Dias, Antero de Quental e Nabuco. Muita coisa está em preparo, inclusive Coelho Neto, Tobias Barreto, Junqueira Freire, José Veríssimo, Caldas Barbosa, José Bonifácio, Antônio Nobre, Cesário Verde, Rui Barbosa, poe-

[*] Título atribuído pela organização à resenha dos livros *Fernando Pessoa. Poesia* (org. de Adolfo Casais Monteiro, coord. de Alceu Amoroso Lima e Roberto Alvim Corrêa, Rio de Janeiro, Agir, 1957, coleção Nossos Clássicos, 104 pp.) e *Olavo Bilac. Poesia* (org. de Alceu Amoroso Lima, Rio de Janeiro, Agir, 1957, 116 pp.).

tas e trovadores dos séculos XIII e XIV, Mário Pederneiras, Mário de Andrade, Gil Vicente, Tomás Antônio Gonzaga, Manuel Antônio de Almeida, Eduardo Prado, Graça Aranha, Ramalho Ortigão, Jorge de Lima, Rio Branco, Ronald de Carvalho, José de Alencar, Afrânio Peixoto, Machado de Assis, Lopes Gama, Castro Alves, Martins Pena, Vicente de Carvalho, Basílio da Gama, Araripe Júnior, Martins Fontes, João Francisco Lisboa, Fagundes Varela, Anchieta, Alberto de Oliveira, Santa Rita Durão, Junqueira Freire, Fernão Mendes Pinto, Raimundo Correia, Jackson Figueiredo, Alphonsus de Guimarães, Euclides da Cunha. Vários desses não sabemos na cabeça de quem são nossos "clássicos", mas trata-se, como se vê, de um empreendimento de enorme significação cultural.

Os dois primeiros volumes (e tudo parece indicar que o mesmo acontecerá com os seguintes) estão assim organizados: Dados Biográficos, Apresentação (Situação Histórica, Estudo Crítico), Antologia, Bibliografia do Autor, Bibliografia sobre o Autor, Julgamento Crítico (trechos da crítica sobre o autor), terminando por um Questionário. Tudo muito didático e de grande utilidade, por isso mesmo, num país em que os professores de literatura (colégios e faculdades sem ou com deficientes bibliotecas) são obrigados a dar aulas na vacuidade do *magister dixit*.

Nesses dois primeiros volumes, tanto o sr. Adolfo Casais Monteiro como o sr. Alceu Amoroso Lima (aquele, com João Gaspar Simões, um dos críticos "oficiais" de Fernando Pessoa; este uma das raras "humanidades" bem construídas de nossa leviana intelectualidade...) mostram competência e equilíbrio na apresentação de Pessoa e Bilac. No primeiro volume, Fernando Pessoa é situado com precisão, tanto na história universal como na literária, ficando muito bem formulado o problema dos "heterônimos". A Antologia, salvo uma ou outra preferência pessoal, nossa ou de A. C. M., é das mais bem escolhidas que conhecemos, apresentando poemas de F. P. ele mesmo (inclusive da "Mensagem" e alguns dos 35 sonetos ingleses, com o original e traduções de A. C. M. e de Jorge Sena), de Alberto Caeiro, de Ricardo Reis e de Álvaro de Campos. A seção "Julgamento Crítico", com trechos de críticas de José Régio, João Gaspar Simões, Lúcio Cardoso, Eduardo Lourenço e Pierre Hourcade, é a pior: palavreado que pouco ou nada acrescenta seja ao volume em tela, seja à compreensão da poesia de Pessoa.

Sai-se igualmente bem, embora com um pouco mais de "literatura" e com um estilo não tão bom quanto o de A. C. M., o sr. Alceu Amoroso Lima apresentando Bilac. A Antologia é especialmente interessante, por dedicar boa proporção de páginas aos "poemas satíricos" de O. B., para nós mais relevantes que as platitudes das "Sarças de fogo" ou da "Alma inquieta". Nós, que recentemente andamos pesquisando Bilac, à cata de coisas dignas de seu renome (achamos muito poucas), podemos afirmar que o melhor dele está nesta Antologia: os já referidos poemas satíricos, a imitação de Gautier que é a "Profissão de fé", os bons sonetos "Como a floresta secular, sombria" e "O vale", e, sobretudo, "O caçador de esmeraldas" que, com todas as suas baboseiras, contém os únicos versos realmente bons que (a culpa será nossa) já conseguimos encontrar em Bilac — as estrofes começando pelos versos "De longe ao duro vento opondo as largas velas" e "Mais numerosa, mais audaz, de dia em dia".

A seção "Julgamento Crítico" deste volume é ruim como a do outro: a crítica brasileira, até há bem pouco tempo, não tinha jeito mesmo.

Em suma, dois bons e utilíssimos trabalhos, ressentindo-se, apenas, do velho mal do academismo crítico. Tanto a Adolfo Casais Monteiro como a Alceu Amoroso Lima, pouco se lhes dá, ao que parece, a poesia mesmo de Fernando Pessoa e de Olavo Bilac. Do que menos se fala nesses volumes é de poesia, de linguagem poética, de contribuição dos dois poetas à evolução da língua, de como acharam e de como deixaram a poesia portuguesa ou brasileira, de como formularam e de como resolveram ou não resolveram seus problemas de expressão, que fizeram para "dar um sentido mais puro às palavras da tribo". Verdadeiros símbolos de como os nossos grandes críticos ainda hoje encaram a crítica de poesia são os "questionários" das duas brochuras: raras são as perguntas que têm alguma coisa a ver com a poesia de Pessoa ou de Bilac.

(30 de janeiro de 1957)

A poesia "concreta" e o momento poético brasileiro

O momento em que se encontra aberta, no Ministério da Educação, a exposição de arte "concreta", em que um grupo de poetas de vanguarda se junta a escultores, pintores, gravadores e desenhistas num esforço em prol da solução de alguns dos aparentes impasses estéticos de nossa época — esse momento julgamos oportuno para chamar, *data venia*, a atenção do leitor honesto para alguns aspectos vitais da agonia em que se debate a poesia no Brasil.

Essa arte parece-nos encontrar-se, neste instante, neste país, na situação que passamos a descrever, do modo mais objetivo que nos permitem os preconceitos e inclinações de que não estamos livres por nossa própria humana condição. Há o sr. Carlos Drummond de Andrade. O sr. Carlos Drummond de Andrade é dono do mais ponderável corpo de poemas que já se formou em nossa história literária. O sr. Carlos Drummond de Andrade, em quem muitos se apressam, periodicamente, em apontar os sinais da decadência (o poeta os estimula publicando, vez por outra, versos bem abaixo de seus próprios *standards*), o sr. Carlos Drummond de Andrade, de quando em quando, aparece com um poema como aquele "Elegia", do *Fazendeiro do ar*, ou como certo poema publicado recentemente em *O Estado de S. Paulo*, comprovantes de ainda ser ele uma das duas pessoas vivas que melhor escrevem em verso no Brasil.[1] Trata-se, também, ao lado de Jorge de Lima, de um dos solitários habitantes do andar mais alto a que já chegou nossa expressão poética. Mas a não ser que o sr. Carlos Drummond de Andrade apareça de repente com uma auto-revolução bem mais radical do que a processada entre *Rosa do povo* e os *Novos poemas* predecessores do *Claro enigma*, a não ser que o sr. Carlos Drummond de Andrade rompa subitamente com todo um sistema ético e estético — a não ser essa remota possibilidade, é difícil enxergar nele uma solução eficiente para os problemas que dificultam a ação poética no Brasil. O sr. Carlos Drummond de Andrade só age poeticamente através dos poemas que publica. Não escreve a sério sobre poesia. Não faz crítica séria de livros de poesia. Ao que saibamos, não discute a sério poesia, nem oralmente nem por escrito. Cala-se. Não manifesta grande interesse pelo progresso da Poesia. É, quando muito, um *master*. Não é um "inventor", não é um *impresario*. Nunca seria um Pound, nem mesmo um Eliot.

Há o sr. João Cabral de Melo Neto. O sr. João Cabral de Melo Neto é a outra das duas pessoas que melhor escrevem em verso no Brasil. Jovem. Contínua capacidade de renovação. *Zeitgeist, Volksgeist*. Ele e o sr. Guimarães Rosa são os únicos escritores crismados do Brasil — há decerto uns outros, porém mal estão batizados — que conseguem escrever, atualmente, com um olho na nação e no tempo e o outro na arte. O sr. João Cabral de Melo Neto sabe que a poesia tem problemas culturais, políticos, éticos, estéticos. Talvez não possua ainda um corpo de poemas capaz de rivalizar com o do sr. Drummond. Mas tem sobre este certas vantagens: mostra-se mais vivo (como era de esperar), atua mais no sentido de puxar o cordão da poesia brasileira em suas evoluções por outras praças. Todos esperamos tudo do sr. João Cabral. Todavia, ele tampouco basta como tábua de salvação: em muita coisa age mais ou menos como o sr. Carlos Drummond, que de certa maneira continua, em verso como em atitudes. É, pelo menos no momento, mais "inventor" que o sr. Drummond. Mas nada tem do *condottiere* poético de que necessitamos. Faz sua "vanguarda" em casa. Tem todo o direito de escolher seus caminhos: nasceu para umas coisas, não para outras. Não resolve de todo nosso problema.

Há o sr. Manuel Bandeira. É o poeta brasileiro. É o único poeta "brasileiro". Isso não tem muita importância, pois no Ocidente os nacionalismos literários estão desaparecendo com a mesma rapidez com que em certas nações desapareceram os regionalismos. Escrevia durante a Primeira Guerra Mundial poemas sob qualquer aspecto mais modernos, mais atuantes e mais importantes que uns noventa por cento do que hoje se publica em verso no país. É um intelectual de grande classe. Competente. Honesto. Alguns grandes poemas, dentro de certas faixas. Um Heine silvestre. Ama a poesia e não apenas a sua. Um de nossos melhores tradu-

471

tores (salvo o mau gosto de certas escolhas: Langston Hughes (?), etc.).[2] Promove a poesia. Encarna-se entre nós. Mas tomou (e dificilmente poderá ter sido de outra maneira: os Hugos são raros), já há bastantes anos, uma vereda lateral. Publica de quando em quando um poema engraçado, até mesmo, para variar, um bom poema à sua moda. E de quando em quando um poema lamentável. Mas isso tudo é muito natural e todos só temos que dar graças aos deuses pela existência do sr. Manuel Bandeira. Ele contudo, é claro, tampouco nos resolve o problema. Sua poesia está feita, publicada, consagrada. Descansa em paz nas retinas e nos lábios dos muitos que a amam, nós inclusive. Hoje, graças a ele, todos os menores de cinqüenta no Brasil, normalmente inteligentes, respeitam a poesia que chamam de "moderna". Deixou, no entanto, de atuar positivamente. Isso quando a sua poesia publicada até hoje que, pelo menos por muitos anos, não é mais capaz de fecundar as outras, de transformar a arte. O sr. Manuel Bandeira, todavia, tem mostrado, ultimamente, uma capacidade de compreensão de renovação rara entre nós. Quem sabe nos reserva uma surpresa? E é preciso frisar bem que o homem sempre deu o que pôde, além de sua poesia, fez crítica, fez história literária, ensinou, ajudou. Fez o que pôde. Não foi bastante, mas não foi culpa sua.

O finado sr. Jorge de Lima, que está mais vivo que quase todos os que sobreviveram, constitui atualmente uma questão que a ausência de crítica literária entre nós contribui para deixar por muito tempo ainda sem resposta. Pode-se dizer que deixou uns bons poemas regionais, nossos melhores. Deixou alguns dos melhores sonetos da língua, tanto no sentido tradicional como no de renovar uma forma-forma enferrujada. Deixou a *Invenção de Orfeu*, que contém alguns dos mais altos e dos mais baixos momentos da língua poética luso-brasileira. O poema é uma *mêlée* péssimo-ótima. É barroco. O barroco é a pior coisa que já houve em arte. Mas é o melhor poema da língua, afinal de contas, melhor até mesmo talvez que *Os lusíadas*. O sr. Jorge de Lima, contudo, em suas revoluções, não incendiou lá muitos os templos a que devia ter ateado fogo. Libertou-nos de muita "sintaxe", de muito cacoete — materiais e formais —, porém estimulou outros. É muita coisa. Mas não basta.

Há a sra. Cecília Meireles. Essa senhora é um milagre. É um dos melhores poetas de seu sexo que já houve em qualquer época, em qualquer língua. O que não é dizer muito, nem interessa muito ao nosso problema. É tão competente quanto o senhor Manuel Bandeira. É dizer muito, num país de sensacionais incompetências. É uma intelectual de grande classe. É dona da "poesia-canção" em nossa língua viva. Não discorre lá muito bem, não é grande coisa em colocar idéias e fatos em ação poética, mas ninguém canta, entre nós, melhor que ela. É também autora do mais harmonioso livro de poemas já publicado no Brasil: o *Romanceiro da Inconfidência*. Cecília Meireles ocupa espaço indisputado. É inútil querer imitá-la como alguns jovens de ambos os sexos tentam vez por outra. É melhor que a Gabriela. Muito melhor que aquelas uruguaias. Infinitamente melhor que a Florbela Espanca. Mas está lá no seu canto, no Cosme Velho, trabalhando como ninguém, escrevendo poemas bons ou apenas sofríveis, aqui e ali um grande, mas nem em pessoa nem em verso consegue agir com muita força no sentido transformador. A sra. Cecília Meireles está. Mas não puxa nem empurra. Aliás, não seria cavalheiresco exigir tais violências de uma senhora.

Há o sr. Murilo Mendes. O sr. Murilo Mendes andou querendo fazer surrealismo no Brasil. Não conseguiu. O surrealismo é uma atitude filosófica, antiliterária, um sistema de vida. O sr. Murilo Mendes é católico. Mas, *en passant*, escreveu bons poemas, sobretudo bons versos. O que é muito, se o compararmos com alguns até mais célebres. Depois escreveu aquelas coisas sobre Ouro Preto. Trata-se de um dos poucos intelectuais cultos do Brasil. Mostra que nem só de poesia vive o poeta. Sabe de música. Sabe de artes plásticas. Escreve bem sobre uma e outra coisa. Tem exercido salutar influência sobre alguns jovens. Tem classe de intelectual. Mas também não chega.

O sr. Vinicius de Moraes. Poemas mais, poemas menos, até chegar ao *Poemas, sonetos e baladas*[3] — um dos melhores volumes de poesia já surgidos no país. Força e saúde. Halteres poéticos. Freud. Tinha muito para vir a ser um grande poeta. De repente, não se sabe o que aconteceu, foi viajar e começou a mandar de longe, para os jornais, uns poemas que não eram. Continua fazendo coisas que não são. Fez aquele *Orfeu*. Publicou outro dia um mau poema sobre o operário.[4] O sr. Vinicius está de quarentena. Suspenso de ordens. Pelo menos por enquanto (pode e deve ficar bom de repente) não nos serve.

O sr. Cassiano Ricardo. Não era grande coisa, um ou outro verso melhor, até que um dia apareceu com dois bons livros: o *João torto* e o *Arranha-céu de vidro*.[5] Como não bater palmas? Nesses dois livros atinge o plano da maioria dos referidos acima. Muitos altos e baixos, porém. E publicou, recentemente, num jornal, um poema que também não era. Os poetas nacionais não agem bem publicando poemas inéditos em jornais. Geralmente não dá certo. Deviam fazer crítica, falar-nos sobre poesia, sobre suas experiências com esta, e assim por diante. O sr. Cassiano Ricardo também não resolve nosso problema.

Quanto aos maiores de trinta, melancolicamente, é tudo. Não pense o leitor honesto que esquecemos alguém. Aqui não há "etc.". No "etc." os críticos tímidos se abrigam da possível perda de rendosas amizades. No "etc." refugiam-se os poetas que ficam sobrando na hora das citações. Aqui, entretanto, não há "etc.". O máximo que podemos ter esquecido é um ou outro verso, um ou outro "achado".

A "geração de 45" —

Ils n'existent pas; leur ambience leur confère une existence.[6]

Meia dúzia de bons sonetos, mas isso não mata fome: soneto é *hors-d'œuvre*.

Há também os rapazes *engagés*, "interessados", marxistas. Deles há a dizer que o marxismo ingênuo é um dos dragões devoradores de talentos em nossa terra. Faz pena ver, aqui e acolá, um rapaz com jeito para as palavras, perdendo-se em temas falsos, forçados, ocos: a "aurora nova", *et al.* Problemas político-estéticos há muito resolvidos noutras plagas, aqui ainda consomem energias. Poesia diretamente interessada, senhores, só em grandes situações históricas: Miguel Hernández na Guerra Civil, Paul Eluard líder da Resistência. Drummond aqui, lendo jornal e ouvindo rádio, a tremer por Estalingrado. Maiakóvski na industrialização soviética. Ou então, toda grande poesia, que toda grande poesia é obviamente interessada: Milton, Dante. Mas poesia "marxista" em serenos e seguros escritórios, com emprego público garantido, apartamento na Caixa Econômica, etc., não pode. O resultado é o que se vê: maus poetas e maus marxistas, no fundo uns burgueses de Charleville mascarados de agitadores catalães.

Basta quanto à criação. Quanto à teoria e à crítica, há uns razoáveis trabalhos de documentação, de *textual collation*, de comentário, de biografia. Tudo ao nível do bonzinho. Em Portugal se faz bem melhor. De poética não há nada, a não ser esta ou aquela ruminação de trabalhos estrangeiros. Os críticos "medalhões", até legíveis quando falam em romance, são risíveis quando tratam com poesia. Absolutamente não residem na filosofia desta. Quanto à crítica de poesia propriamente dita, a não ser um ou outro trabalho ou trecho de trabalho de mortos como Mário de Andrade e Oswald de Andrade, ou de vivos como Augusto Meyer, Antônio Houaiss, Oliveira Bastos, tudo é silêncio. Nossos críticos — é verdade que há uns novos se ensaiando melhor —, ao analisarem um livro de poemas, falam sobre o autor, a noiva do autor, a gravata do autor, o bairro onde mora, suas manias, complexos, paranóias, seus antepassados físicos e intelectuais, seu lugar na estante — e se esquecem do importante: do poema e do efeito positivo, negativo, indiferente, do livro em questão sobre a língua.

Vida literária, emulação, reuniões sérias, leitura de poesia inédita, troca de experiências, debates, nada disso te-

476

mos. Quando se conversa sobre um poema, o mais que sai, em geral, é o "tá bom", o "muito ruim", o "é uma beleza". Em lugar disso tudo, há o fenômeno amizade, o mesmo que se verifica em nossa administração, em nossa política: meu amigo escreve bem, meu inimigo escreve mal. Você é um bom rapaz, simpático, não irrita a gente? Seu poema está ótimo. É um sujeito pedante, perigoso, lê mesmo os livros, é franco, implicante? Seu poema é, quando muito, "erudito", "bem escrito", mas não é poesia.

Mas afinal, dirá o leitor honesto, de que precisa a poesia brasileira? Precisa de dinheiro. De uma estrutura econômica estável como alicerce. Precisa que o Brasil seja rico e autoconfiante e independente em todos os sentidos. Precisa de universidades, enciclopédias, dicionários, editoras, cultura humanística, museus, bibliotecas, público inteligente, críticos de verdade, agitação, coragem. Precisa de contar com uns poetas que leiam grego, com outros perseguidos pela polícia e com uns terceiros que ao mesmo tempo leiam provençal e ameacem a sociedade. Isso sem contar com uns dois ou três cuja poesia realmente consiga levantar o povo.

Na falta disso, no momento, precisa-se talvez de um homem, de um que seja os três Andrades ao mesmo tempo: Mário, Oswald, Carlos. A cultura, a revolução, a boa poesia. E, sobretudo, que ame esta última acima de si mesmo — que oriente, que ajude, que ensine, que empurre.

Na falta disso, mais uma vez, e na falta dessa personalidade, a poesia brasileira estava precisando, desesperadamente, de um acontecimento, de um *shake-up*. Aí um grupo de três rapazes, dois dos quais irmãos, e aos quais outros ir-se-iam com o tempo acrescentando, reúne-se em São

477

Paulo para tratar de poesia. Tem os instrumentos: cultura geral, em dia, conhecimento sério das outras artes, sentimento da época, sentimento do mundo, titanismo, espírito revolucionário, uma ou duas línguas mortas, meia dúzia de línguas vivas, vontade de ler, de trabalhar, de escrever, de "fazer o novo". Lêem (direito) os alemães e outros centro-europeus, os americanos, os ingleses, os franceses, os italianos. João Cabral já estava se encarregando do que há de bom em espanhol. Incorporam devidamente (e não como fizeram os nossos "parnasianos" e os nossos "simbolistas") essas tradições culturais à nossa cultura. Sabem que Mallarmé e Pound são mais importantes para o progresso da poesia do que Baudelaire e Eliot. Formulam e discutem problemas culturais, sociais, filosóficos e, em especial, estéticos. Nos domínios do verso chegam todos os três, rapidamente, ao nível do melhor que já se fizera antes deles no Brasil, freqüentemente, no detalhe, ultrapassando esse nível. Saem dos domínios do verso e tentam novos caminhos poéticos. Mas estão em São Paulo e as distâncias, neste país, representam mais do que em geral se pensa. Muitas das poucas pessoas que aqui no Rio tomam a sério a poesia levam muito tempo ainda sem ouvir falar nos três: Décio Pignatari, Haroldo de Campos, Augusto de Campos.

Ao Rio chega, vindo de São Luís do Maranhão, com um ótimo livro debaixo do braço,[7] um outro rapaz em condições semelhantes. Traz consigo assimilado o que há de melhor nas tradições poéticas de França, Portugal, Brasil. Faz surrealismo de verdade, pela primeira vez, entre nós. É o senhor Ferreira Gullar, poeta e crítico de artes plásticas — pormenor significativo.

Aqueles três em São Paulo, este último no Rio, constituem a única força de vanguarda séria que há no Brasil de hoje e (talvez com as exceções isoladas de Mário e de Oswald) a única força de vanguarda séria que já houve no Brasil. Poesia que se alimenta exclusivamente de tradições, por mais ecléticas e sólidas que sejam estas, é poesia fadada a murchar. Era o que estava acontecendo com a nossa antes desses rapazes, o mais velho dos quais não tem trinta anos. Estreava um poeta: ia-se ver, era um drummondzinho, uma ceciliazinha, quantas vezes até mesmo um schmidtinho. O pior era quando se tratava de um Eliot *né* em Minas, um Rilke do Ceará, um Valéry de Niterói. Quando se tinha sorte, um certo *savoir-faire*, geralmente desonesto e imitativo. Quando não se tinha sorte, era tolice mesmo. Dos mais velhos, como já vimos, os mais bem-sucedidos eram os que se conseguiam manter onde estavam, à exceção do contínuo progresso do sr. João Cabral, que ainda não parou e que não é bem dos mais velhos.

Tal era e tal é a situação da poesia brasileira no momento em que se fala em poesia "concreta". A exposição que está aberta no Ministério da Educação reúne, entre obras das artes reconhecidamente visuais, poemas "concretos" de Décio Pignatari, Haroldo e Augusto de Campos, Ferreira Gullar e de alguns outros por enquanto menos importantes. É para esses poemas que vimos pedir a atenção do leitor honesto desta página, cujo orientador — que escreve estas palavras — deixa esclarecido não ser, pelo menos até hoje, "concretista", não tendo o menor interesse pessoal na experiência tentada por seus colegas de São Paulo e pelo sr. Ferreira Gullar. Apenas acontece que acredita nas seguintes coisas:

479

1. Que o "verso", no sentido em que a palavra tem sido empregada até agora, se encontra, no momento, em crise, em todos os países do Ocidente; está tudo parado na Inglaterra, na Rússia, nos Estados Unidos, na Alemanha, na Itália, na França, na Espanha, em Portugal, na América Espanhola — ao que se saiba;

2. Que essa crise está formulada pelo menos desde o Mallarmé de *Un coup de dés...*;

3. Que a solução para essa crise tentada por Mallarmé e retomada, de maneiras diversas, por um Apollinaire, por um Schwitters, por um Pound, por um cummings, entre outros, é um caminho pelo menos dotado de logicidade, de consistência e de harmonia com muitas coordenadas do espírito de nossa época; chega mesmo a ser uma das duas únicas tentativas sérias de resolver a crise: a outra sendo o surrealismo francês, de Rimbaud ou de Breton até Artaud;

4. Que a poesia é, ao mesmo tempo, idéia, som e imagem; discurso, canto e padrão visual; que seus meios e seus fins não devem ser confundidos com os da prosa; e que a poesia, sobretudo em nossa época, não pode ignorar os rumos tomados pelas demais artes;

5. Que a poesia brasileira necessitava, para tirá-la da pasmaceira em que ainda se encontra, de um movimento de vanguarda sério e vivificante;

6. Que os srs. Décio Pignatari, Haroldo de Campos, Augusto de Campos e Ferreira Gullar já eram, antes do "concretismo", os melhores poetas brasileiros aparecidos depois do sr. João Cabral de Melo Neto; que a competência e a honestidade intelectual desses senhores estão acima de suspeita; e que, portanto, têm mais que quaisquer outros os títu-

los suficientes para encabeçar o movimento vanguardista de que necessitávamos;

7. Que a experiência "concretista", na melhor das hipóteses, poderá salvar a poesia brasileira do marasmo discursivo-sentimental em que se encontra (apesar dos esforços de João Cabral e de alguns outros), provendo nossa linguagem poética de novos campos de ação perceptivos e expressivos; que, na pior das hipóteses, servirá, como toda boa vanguarda, para agitar positivamente um ambiente apático, para chamar a atenção da retaguarda para os perigos que jazem à frente, para dirigir a atenção dos demais poetas rumo a objetivos importantes até aqui relegados a injustificável desprezo;

8. Finalmente, que os "concretistas", como artistas de vanguarda, têm todo o direito, e quiçá mesmo o dever, de serem extremistas, combativos, proselitistas, exclusivistas, etc. Cabe aos que não embarcam em sua arca levá-los a sério, aproveitar-lhes a experiência, aplicá-la noutros setores e de outras maneiras, incorporá-la, enfim, à corrente viva de nossa poesia.

Na página ao lado encontrarão os leitores pequena antologia de poemas de Décio Pignatari, Haroldo e Augusto de Campos e Ferreira Gullar, anteriores à fase "concretista". Essa antologia, por nós selecionada, constitui testemunho suficiente de algumas de nossas afirmações: e. g., que esses quatro poetas, com ou sem "concretismo", são os mais importantes aparecidos entre nós desde o sr. João Cabral de Melo Neto e que todos os quatro já haviam atingido, antes de sua atual experiência, um teto poético raramente tocado por seus predecessores. Examine o leitor, com atenção, as "provas" que lhe oferecemos e aportará, honestamente, à mesma conclusão a que chegamos.[8]

(10 de fevereiro de 1957)

Um ano de experiência em poesia

A 23 de setembro esta página completou um ano de atividade semanal ininterrupta. Depois das duas semanas convencionais de férias, aqui voltamos, a começar novo ano. Começamos repetindo:

> Confúcio: Se um homem sabe manter vivo o que é velho e reconhecer o que é novo, poderá, um dia, ensinar.

> W. H. Auden: "Por que queres escrever poesia?" Se o jovem responder: "Tenho coisas importantes a dizer" então não se trata de um poeta. Se responder: "Gosto de vagabundear no meio das palavras e de ficar escutando o que elas dizem" então pode ser que seja que ele venha a ser um poeta.

> Tomás de Aquino: Três coisas são necessárias à beleza: integridade, harmonia e clareza.

Hegel: O homem deveria orgulhar-se mais de ter inventado o martelo e o prego do que ter criado obras-primas de imitação.

Ezra Pound: A maestria em uma arte é trabalho para uma vida inteira. Não me agradaria fazer qualquer discriminação entre o "amador" e o "profissional" — se o fizesse seria, freqüentemente, em favor do amador — mas faço discriminação entre o amador e o perito. O certo é que o caos atual durará até que a Arte da poesia tenha sido metida à força garganta adentro do amador, até que haja conhecimento geral do fato de que a poesia é uma arte, e não um passatempo; e conhecimento geral da técnica; da técnica de superfície e da técnica de conteúdo; — até que os amadores cessem de procurar tomar o lugar dos mestres.

Benedetto Croce: Existe uma *affirmation ameuse* de Mallarmé, amiúde citada com admiração: "Não se faz poesia com idéias, e sim com palavras"; sobre a qual é necessário observar que, ao contrário, poesia não se faz nem com os *mots*, vocábulos, nem com *les idées*, conceitos, e sim com a própria poesia, com essa criação da fantasia que é, justamente, o próprio ato, palavra viva.

Edward Sapir: De todos os aspectos da cultura, pode-se dizer com segurança que a linguagem foi a primeira a assumir uma forma altamente desenvolvida e que sua perfeição essencial é requisito indispensável ao desenvolvimento da cultura como um todo.[1]

Epígrafes, motos, lemas — as citações apareciam, com destaque, na penúltima página do Suplemento Dominical do *Jornal do Brasil*, a 23 de setembro de 1956 — Poesia-Experiência era publicada pela primeira vez. Na primeira página do mesmo Suplemento, o responsável pela nova seção explicava seus propósitos:

Trata-se de uma tribuna e de uma oficina, onde os poetas novos falarão ao público e, em particular, a outros poetas novos, e onde, ao mesmo tempo, os jovens poetas e seus leitores procurarão reviver a boa poesia do passado, à medida que aprendem a fazer a boa poesia do presente e do futuro. O lema de Poesia-Experiência ("Repetir para aprender, criar para renovar") parece exprimir claramente as intenções da página. Através dessa esperamos que o público — comparecendo, em última análise, como protagonista — possa ler, número após número, em pleno processo de elaboração, uma parte significativa da nova poesia brasileira. Aqueles que, como nós, acreditam ser a poesia uma arte; e ser o poeta não uma *prima donna* e sim artesão honesto, competente músico e ser humano perigosamente vivo, procurando exprimir, da maneira mais bela, eficiente e durável possível, o sentimento de seu tempo e de seu mundo — esses encontrarão sempre abertas, para o debate e para a criação, as diversas seções de Poesia-Experiência, página que pretende ser veículo de comunicação do maior número possível dos interessados nos problemas da poesia.

Essa apresentação e aquelas epígrafes, com um pouco de *feedback* e alguns acréscimos, ainda hoje definem esta página semanal. Que se pretende em Poesia-Experiência? Pretende-se mostrar. Mais vale uma só visão da coisa que 37 discursos sobre ela. Aqui se mostra poesia. Poesia de ontem, de hoje, até aquilo que talvez seja a poesia de amanhã. Mostrando-a, se possível, de maneira crítica, demolindo e promovendo, procura-se manter viva a poesia do passado. Exibindo-a, do mesmo modo, procura-se *reconhecer* a poesia *nova: Make it new.* Procura-se transmitir ao maior número de interessados nos problemas da poesia aquilo que se sabe e o que se vai aprendendo. Provoca-se discussão entre essas pessoas. Provocam-se os que não se interessam. Instiga-se. Irrita-se para manter vivo o ambiente cultural. Procura-se organizar em nossa poesia uma nova escala de valores, mais racional e mais honesta que aquela que encontramos há um ano. Procura-se ver e fazer ver na poesia uma arte, com tudo o que a palavra implica. Insiste-se na superioridade da invenção sobre a imitação, por mais que incerta aquela e perfeita esta. Na maior importância do perito em relação ao amador. No fato de que a verdadeira poesia é feita com palavras vivas, com palavras coisas, e não apenas, e muito menos, com conceitos, impressões, confissões... Insiste-se na importância da linguagem como utensílio único e como terreno de cultivo da atividade poética, e como "requisito indispensável ao desenvolvimento da cultura como um todo".

Durante um ano aqui estivemos de peito aberto e flanco exposto, dizendo o que pensamos. É bom saber o que se pensa, o que se está pensando, o que se está para pensar, o que não mais se pensa e fazer saber aos outros isso tudo. É o vasto diálogo intelectual, indispensável à efervescência cultural, efervescência indispensável à Cultura. E que se pensa, *agora*, em Poesia-Experiência? Além de tudo o que foi dito acima, pensa-se que:

— há, por toda parte, uma crise do verso. Mas que, em toda parte, ainda se faz, e pode-se fazer melhor ainda, bom verso. A tradição continua, retifica-se e continua, não se perde um bom instrumento só porque outro foi inventado, ou se está inventando — sobretudo se ainda não está provada a maior eficiência do mais novo em relação ao mais velho. Que o verso é importante meio de comunicação — ainda quando não se trata de linguagem poética propriamente dita: a importância do verso como utensílio didático, mnemônico — fixação e transmissão de experiências — veja-se a importância de quantos *verse makers* (poetas *mesmo* ou não) na elevação dos padrões de eficácia de seus idiomas;

— que é, contudo, necessário isolar cada vez melhor, para fins não só de estudo como de criação, o fenômeno poético — maneira de perceber o mundo e maneira de recriá-lo, em nós e para nós e para o outro, e de organizá-lo em padrões novos, significativos e significantes;

— que, para pôr em ação uma nova e genuína e eficiente linguagem poética, é preciso, no presente estado de coisas, realizar radical revolução em todo o processo perceptivo, criativo e comunicativo da língua — pensamento, fala, poesia e prosa;

— que a situação da poesia atual no Ocidente é semelhante à situação da poesia na Europa nos séculos XII e XIII, quando toscanos, provençais, franceses e alemães, diante do esgotamento das formas greco-latinas de poesia e da impraticabilidade dessas formas em relação às línguas "vulgares", procuravam criar novas formas, que mais tarde se transformariam em "formas"... que as línguas mudaram, estão mudando, que a comunicação entre os homens tem novas exigências, e que todo o processo revolucionário, lingüístico-poético, deve tender para a organização de uma nova poética, de uma nova "harmonia", partindo da consideração do poema como um objeto vivo, composto de outros objetos vivos — as palavras — esteticamente organizados num todo equilibrado e suscetível de ser eficazmente percebido — com um máximo de imediação e simultaneidade possível;

— que, para resolver esses problemas, todas as tentativas de solução — exceto as evidentemente desonestas, incompetentes, absurdas ou intrinsecamente contraditórias — são válidas e contribuintes, merecendo apresentação, propagação e discussão;

— que, pelo menos no caso brasileiro, paralelamente aos esforços da vanguarda para superar a crise poética, é necessário um esforço de retaguarda no sentido de enriquecer nossa tradição de poesia — criticando, ensinando, discutindo, traduzindo...

— que a poesia é — pelo menos tem sido — uma arte extremamente complexa, ontológica e teleologicamente; que a palavra — *erga*, a poesia — tem valências lógicas, melódicas e visuais, virtual e atualmente; que a palavra — *erga*, a poesia — é significado e significante; que é preciso que esse significado e esse significante sejam relevantes, e não mero *flatus vocis*; que a poesia é meio de criação, portanto de realização pessoal, portanto de identificação com o universo, portanto de doação e de comunicação; que a poesia serve para manter vivos e eficazes os mecanismos humanos e de percepção do universo, de pensamento e de fala; que poesia pode servir para atender às necessidades metafísicas, místicas e míticas do ser humano; neste momento em que tais necessidades ainda são prementes e em que outras formas de satisfazê-las encontram-se em evidente descrédito e decadência...

— que, como diria Eliot (em trecho reproduzido também no primeiro número desta página), "um intercâmbio entre prosa e verso, assim como o intercâmbio entre uma e outra língua, constitui em literatura uma condição de vitalidade"; acrescentamos: e o intercâmbio entre as diversas artes e a participação, por parte do poeta, nos acontecimentos, na aventura universal e nacional, nas descobertas científicas, na evolução do pensamento...

— que a poesia, como toda arte, e talvez mais que as outras, é importante meio de universalização, importante arma contra a fragmentação, contra a compartimentalização, particularmente sensível em nosso mundo capitalista; a poesia deve procurar reunir os homens e identificá-los ao universo social e cósmico; deve tender a *TO PAN*, ao todo, à totalidade; sua meta é o universal...

O que pensamos. O que escrevemos, nesta página. O que escrevemos, em poesia. Nosso trabalho nesta página — mostrar, criticar, instigar, avivar — e nossa obra, mais pessoal, de poeta a caminho, de poeta que se faz, que não está feito, que não é. Nesta qualidade — de militante, de interessado diretamente na problemática da poesia — temos a palavra em Poesia-Experiência. E poemas nossos — aspectos, ainda que marginais, de nossa poesia em elaboração, em transformação, em avanço e recuo, em experimentação, em auto-retificação — têm aparecido, não nesta mesma página, porém nas demais do Suplemento e em outros Suplementos, durante este primeiro ano de Poesia-Experiência. Depois de *O homem e sua hora* (espécie de relatório de meia dúzia de anos de aprendizado poético), nossa presente "fase", como poeta: especialmente imprópria para publicação; ausência de produtos acabados (os que mais se aproximam dessa condição é que são publicados; não os mais importantes, não os que mais nos levam adiante, pois estes geralmente não assumem forma suficientemente fixa); ausência de "linha" — passagem de linha, hesitações, apalpadelas. Porém, uma vez mais, a obrigação de apresentar-se a descoberto, de expor-se, de participar, de militar da maneira mais direta possível. A criação, ou semicriação, acompanhando o pensamento — na retaguarda ou na vanguarda —, criando-o e sendo por ele criada, retificando-o e sendo por ele retificada. Nessa medida é que gostaríamos de aproveitar a ocasião para definir — tanto quanto ela pode, neste instante, ser definida, nossa atual posição, como poeta.

— O senhor é concretista?

— Não, não sou concretista. Minha formação é muito parecida com a dos poetas Décio Pignatari, Augusto e Haroldo de Campos e José Lino Grünewald, mas certos aspectos e maneiras dessa mesma formação, bem como, e sobretudo, certas condições pessoais, nos colocaram e nos colocam em posições bem distintas, por mais que pareçam aproximadas aos menos informados. Os poetas acima são nitidamente *inventors*, no sentido poundiano, por mais que este ou aquele venha a ser também um mestre. Pound: inventor e mestre. São poetas congenitamente de vanguarda. São poetas que têm mais compromissos com o futuro que com o passado e o presente — embora seja mais que significativa a contribuição de todos eles (traduzindo, criticando, preparando) no sentido de manter viva a poesia do passado e de possibilitar uma poesia do presente. Meu destino pessoal, como poeta, parece-me ser diferente: a experimentação não me solicita tanto quanto a eles. Não se veja nisso a pretensão de vir a ser um *master*. Talvez eu não venha a passar de um *diluter*; espero que se trate de um dos úteis...

— Mas em seu último poema publicado há, no final, um pequeno "ideograma" à maneira concretista...

— Não passa de uma "homenagem" ao espírito da época. Simples ilustração. Aquele mesmo soneto, inteiro, pode ser publicado a qualquer momento de outra maneira, "desespacializado", sem o tal "ideograma"...

— Afinal, que o separa, exatamente, dos concretistas?

— Os leitores desta página estão fartos de saber da importância que, desde o primeiro momento, emprestei não só à experiência concretista como a toda a obra dos poetas citados. O que nos separa decorre exatamente da diferença, acima aludida, que distingue nossas personalidades e nossas atitudes. Há, em primeiro lugar, as premissas de onde parece partir a experiência concretista: a linguagem atual está moribunda, dificilmente se adapta às necessidades contemporâneas, é preciso criar uma nova poesia para criar uma nova linguagem, o verso está morto, é impossível criar coisa nova — e boa — em verso, etc. Não aceitamos (ou não aceitamos ainda; ou ainda não podemos aceitar) essas premissas ou, pelo menos, não partimos delas com igual impulso nem nas mesmas direções. Por outro lado, toda a evolução da poesia concreta, até onde se pode perceber, parece-me estar conduzindo à criação de *formas menores* de poesia, quantitativamente falando. Pessoalmente, sempre emprestei grande importância à quantidade, em arte. Os poetas concretos parecem aceitar a posição de Poe, segundo a qual é impraticável o poema longo. Ora, a mim só interessa o poema longo. Toda a minha obra tende à criação de poemas longos, tenta criar poemas longos, prepara-se para a criação deles. Talvez chegue a um impasse, talvez toda a minha obra venha a ser um fracasso. Espero que seja um fracasso útil — como tantos outros. Como minha poesia tende a ser mais comprometida com o passado e o presente que com o futuro (embora inúmeras experiências muito me interessem e também procure sempre *make it new*), tento progredir sem abandonar, um momento que seja, toda a tradição poética a preceder-me e procurando revivificá-la e aproveitá-la, adaptando-a a novas necessidades. Nesse sentido é que a experiência ideogrâmica de Pound me interessa, me serve, mais que a experiência ideogrâmica dos concretistas. Parece-me que aquela tende à criação de longos poemas-coisas e esta à criação de pequenos poemas-coisas. Nem uma nem outra — parece-me — chegou, até agora, a um *accomplishment* integral. Ambas, porém, são utilíssimas, cada uma em seu plano. Aquela no plano universal, esta no plano nacional, são, creio, as experiências mais importantes deste momento — *en tant* que experiências. Espero, também, não vir a cair, eu mesmo, na mera imitação de Pound. Até agora não caí: minha poesia, a falar propriamente, e guardadas as proporções, pouco ou nada tem com a dele. Estou procurando criar poemas longos — vastas *formas significantes* (S. K. Langer)[2] e relevantes — que constituam uma poesia "criação-em-percepção", co-nascendo com a linguagem, *sendo* antes, durante e depois da linguagem. A meta, em meu caso, é existir com o poema, isto é, ser falando, ser nomeando — por

492

mais obscuro e pretensioso que isso tudo pareça. Aquilo que a palavra (geralmente substantivos ou locuções substantivas) significa para os concretistas, como elemento de estrutura, como origem de valências, quero que a frase inteira, partes inteiras de discurso, versos que sejam, estrofes, cantos, venham a significar para minha poesia. Para mim — felizmente ou infelizmente — só o *maior* — quantitativamente — é relevante, é importante, é capaz de interessar ao homem de nossa época, de assegurar à nossa ameaçada poesia um lugar entre as demais artes e as demais atividades humanas. Rejeito a impraticabilidade do poema longo, declarada por Poe e, parece, aceita pelos concretistas. Mais ainda, não identifico inteiramente o processo poético com o processo de substantivação, embora este — considerado como nomeação primordial — também me pareça a essência do fenômeno poético. Pretendo continuar criando, em poesia, com todo o arsenal léxico, com todas as partes do discurso, substantivando-as ou não. Para mim a verbalização, a imagem em movimento, o verbo, a imagem que está, é tão importante, poeticamente, quanto a imagem que é, o substantivo.

Neste lugar e neste tempo de mal-entendidos (coisas difíceis de exprimir, insuficientes instrumentos de expressão, pressa em exprimir, pressa em compreender) é preciso repetir muitas coisas: por exemplo, que tudo o que vai acima não pretende magnificar minha experiência nem diminuir a dos outros. Pelo contrário, acho e declaro que a experiência concretista, em sua própria direção, vai bem mais longe, e mais segura, que a minha. Estou apenas definindo algumas posições minhas, *vis-à-vis* o que penso sejam algumas posições dos outros. Repito: a experiência concretista é da maior relevância. Repito: o principal que nos separa somos nós mesmos, nossos seres, nossas condições. Repito: nossa formação muito nos aproxima. Hoje tomamos direções diferentes, a deles bem mais definida, a minha bem menos precisa, amanhã essas direções poderão encontrar-se.

E espero que todas essas definições não constituam um desrespeito ao tempo e ao interesse do leitor.

AUTOCRÍTICA E APOLOGIA

Autocrítica (desde logo apologética...): a falta de rigor. As contingências em que tem sido realizado nosso trabalho. A situação econômica. O trabalho mais importante que se faz nem sempre é nosso sustento. A falta de tempo. A necessidade de fazer, de ocupar um lugar vazio, de ter uma opinião e de transformá-la em moeda corrente — tudo isso contra a necessidade de continuar vivo e vestido e abrigado em meio à crise inflacionária. Mais uma vez, a falta de rigor. Os enganos cometidos. Os *blunders*. A pressa. As traduções malfeitas (muitas vezes meros roteiros de compreensão para o leitor que não conhece a língua original). A desordem. As contradições. "Do I contradict myself? Very well, then I contradict myself (I am large, I contain multitudes)." (Whitman).[3] Os planos não realizados. O anunciado não cumprido. Aqui e ali, um julgamento apressado. *Nostra culpa*.

Apologia: o aspecto jornalístico de nosso trabalho. O aspecto "tachista": atirando manchas de instigação numa tela morta, vazia. Nossa deficiência de instrumentos. Falta de preparo suficiente. A hesitação já aludida, a dificuldade em tomar posições definidas. Apologia propriamente dita: melhor é estar errado e fértil do que certo e estéril. Agrada-nos pensar, modéstia à parte, que nossos desacertos devem ter pesado menos que nossos acertos. Que fomos mais úteis que perniciosos. A estatística é nossa melhor desculpa, defesa, apologia.

Fizemo-nos, fizeram-nos críticos de poesia. A melhor justificação de nosso trabalho nessa direção é citar Pound:

— Que o crítico ou ensaísta tire da cabeça a idéia de que fez ou está fazendo alguma coisa. Está, se decente, lutando por certas idéias ou tentando demarcações.

— O maior crime do crítico é a chatice. O maior mal que pode ser feito por um crítico é afastar os homens do que é brilhante e do que é vivo. O fracasso mais ignominioso de QUALQUER crítico (por mais inferior que seja) é falhar em encontrar algo que excite o apetite do público quanto a ler, a ver, a experimentar. O RAMO DE NEGÓCIO do crítico é adescare, engodar, seduzir, atrair o leitor. Caviar, vodca, qualquer sarapatel de extravagâncias que desperte fome ou sede é perdoável no crítico. O caso dele não deve ser saciar. O desejo de sua parte de mostrar sua própria superioridade sobre Homero, Dante, Catulo e Velásquez é simples prova de tratar-se de uma vocação falhada. Qualquer burro sabe que Dante não era melhor volante de corridas que Barney Oldfield e que sabia menos de gramofones que o finado mr. Edison.

ESTATÍSTICA

Seção "O poeta novo"

Para nós, desde o primeiro número, foi esta seção a mais importante de Poesia-Experiência — o verdadeiro campo de experiências, o verdadeiro laboratório (*atelier* livre) da página. Alguém de muita responsabilidade nos afirma que com um ano de "O poeta novo" o que se conseguiu foi elevar de muito o nível da poesia inédita em livro do Brasil. Alguns dos poetas apresentados já tinham publicado um ou dois livros — porém a maioria deles declara, para nossa satisfação, que mudaram consideravelmente, acreditamos que para melhor, com a participação constante que tiveram na atividade desta página. Outros ainda não tinham publicado em livro, alguns mesmo nunca tinham visto impressos os seus poemas, outros começaram a escrever após conhecerem Poesia-Experiência. Uma meia dúzia deles já forma um grupo. Conhecem-se, lêem juntos, discutem o que lêem, fazem desta página um núcleo de atividades. Foram os seguintes os poetas aparecidos em "O poeta novo", até o último número: José Lino Grünewald (hoje um dos mais ativos colaboradores deste Suplemento: cinema, poesia, bibliografia, traduções, uma participação relevante no movimento de poesia concreta, Grünewald, que publicou pela primeira vez um poema no primeiro número do Poesia-Experiência, é justamente, de todos os "poetas novos", o que mais tem contribuído para a poesia e para a cultura da sua língua), Paulo Sérgio Nery, Cláudio Murilo, Foed Castro Chamma, Rogério Luz, Ivo Barroso (com uma tradução de Rilke),

Vera Pedrosa, Francisco Marcelo Cabral, Cláudio Mello e Souza, Sérgio Rezende, Álvaro de Castro, Aloísio de Miranda, Walmir Ayala, Jamir Firmino Pinto, Roberto Menna Barreto, Francisco Bittencourt, Antônio Nogueira e Dalmo Gomes. Alguns desses poetas são do Distrito Federal. Outros, de Belo Horizonte, de Manaus, de São Paulo. Seis deles publicaram poemas na seção, mais de uma vez. Desses, alguns passaram a ser colaboradores normais do Suplemento. Alguns têm já livros em preparo, outros no prelo... Apraz-nos achar que todos os poemas publicados nesta seção eram de bom nível. E que nenhum desses jovens poetas, cuja evolução temos acompanhado, tem deixado de progredir desde que uniu os seus aos nossos esforços.

Seção "O melhor em português"

Objetivo: uma antologia, semanalmente publicada, dos mais altos momentos em verso do idioma. A falta de tempo, as dificuldades de pesquisa, obrigaram-nos a interromper esta seção. O que saiu, entretanto, já forma um bom corpo de poemas de Sá de Miranda, Correa Garção, Camões (três vezes: o épico, o lírico maior e o lírico menor), Diogo Bernardes (duas vezes), Duarte de Brito, Gil Vicente, Martin Codax, Bernardim Ribeiro, Nuno Fernandes Torneol, Cristovão Falcão, D. Manuel de Portugal, Joam Roiz de Castel' Branco, Joam Roiz de Lucena, Fernam Alvarez do Oriente, João Xavier de Mattos, Antônio Ferreira, Nicolau Tolentino de Almeida, Gregório de Matos, Tomás Antônio Gonzaga, Silva Alvarenga, Antero de Quental e Guerra Junqueiro, além dos anônimos "A nau Cathrineta" e "Formoso Tejo meu" (soneto do século XVI).

Seção "É preciso conhecer"

O objetivo desta seção era apresentar ao leitor brasileiro, pouco versado em línguas estrangeiras, trabalhos de poetas contemporâneos importantes e menos conhecidos no Brasil. A seção foi interrompida em benefício de "Fontes e correntes da poesia contemporânea". Antes disso, entretanto, foram publicados poemas inteiros, sempre com o original ao lado, de Antonin Artaud, e. e. cummings, Miguel Hernández, Eugenio Montale (em tradução de Augusto de Campos),[4] Hart Crane, Dylan Thomas, Manoel Altolaguirre, Gabriel Audisio, Ugo Betti, Wallace Stevens, Bertolt Brecht, Allen Tate, Carlos Bousoño, Marianne Moore, Enzio di Poppa, Vicente Huidobro (com tradução de Augusto de Campos), Archibald MacLeish e Victor Segalen.

Seção "Pedras de toque"

Citamos o que, a respeito, escrevemos nesta mesma página, em 31 de março de 57:

— As "pedras de toque" do sr. Mário Faustino. Tanta gente brinca com isso, tanta gente nos pergunta a esse respeito, que acabamos por concluir que a coisa não vai *de soi*, como pensávamos. Cabe, assim, uma explicação: somos dos que pensam que a linguagem poética é um fenômeno especial, inconfundível, ligado à própria origem das línguas e que não pode ser confundida nem com o que se chama tradicionalmente "poesia" nem com o que tradicionalmente se chama "verso". Essa "linguagem poética" — que também pouco tem a ver com o ideal de "poesia pura" — tem ocorrido, através dos séculos, com maior ou menor freqüência, neste ou naquele poeta, dentro de contextos, convencionalmente verdadeiros, chamados "poesia". São exatamente esses momentos em que a linguagem poética é atingida (muitas vezes inexplicavelmente, como aquele "the fire that stirs about her, when she stirs", de Yeats[5]) que chamamos de "pedras de toque", tradução da expressão *touchstone*, tão usada por Matthew Arnold. Para nós essas "pedras de toque" — que a muitos hão de parecer resquícios "parnasianos" de indevido amor à unidade "verso" — são muito importantes: definem nosso gosto, contribuem para a formação de um novo gosto entre nossos leitores mais jovens, servem de termo de comparação para o julgamento de outros poemas, estabelecem *performance standards*, isto é, padrões de realização e formam, ao mesmo tempo, verdadeira antologia de fragmentos excelentes (a nosso ver) da poesia universal. Há, por outro lado, poetas que só subsistem por um ou alguns versos. Seria trair nossa posição estética publicar de qualquer deles um poema inteiro. A "pedra de toque" é, nesse caso, uma solução para o orientador desta página, que tem um gosto pessoal, uma opinião, uma atitude, mais o direito de lutar ferozmente para colocar em ação social esse gosto, essa opinião, essa atitude.

Os seguintes poetas, de muitas épocas e línguas diferentes, forneceram-nos "pedras de toque":

Camões, Baudelaire, Virgílio e Góngora (duas vezes cada) e, uma só vez: Lope de Vega, Safo, La Fontaine, Milton, Homero, Villon, Keats, Blake, Victor Hugo, Sêneca, Whitman, Wordsworth, Lucrécio, Horácio, Edward Fitzgerald (recriando Omar Khayyám), Yeats, W. S. Landor, Chaucer, Shelley (recriando Platão), Ronsard, Marlowe, Maurice Scève, Laforgue, Andrew Marvell, Teócrito, Conde de Surrey, Juan de Mena, sóror Juana Inés de la Cruz, Henry Vaughan.

Em tempo: traduzir um poema, ou o trecho de um poema, de não importa qual poeta, não quer dizer que conheçamos (ou queiramos dar a entender que conhecemos) a obra inteira desse poeta. Muitas vezes extraímos poemas e trechos de poemas de antologias e de textos críticos. Por outro lado, só traduzimos diretamente do original os poemas em espanhol, francês, inglês, italiano e alemão — e algumas vezes com o auxílio de outras traduções em outras línguas. Os textos em latim traduzimos sempre recorrendo, ao mesmo tempo, ao original e a outras traduções. Os textos em grego — língua da qual sabemos pouquíssimo, quase nada — traduzimos sempre exclusivamente com o auxílio de outras traduções. Publicamos, às vezes, o original grego em caracteres latinos, precariamente, apenas a título de ilustração.

Estes esclarecimentos têm como fim a destruição de mitos de que talvez sejamos em parte culpados — por descuido ou seja lá como for.

(20 de setembro de 1957)

Valores novos
da literatura brasileira[*]

Trabalhar, trabalhar, trabalhar, pelo dia, pela noite, pelo dia...

Embora tenha publicado apenas um livro e seja um caso raro a sua colaboração para revistas e suplementos, é o sr. Mário Faustino um dos poetas reconhecidos da mais recente geração literária. Seu livro, *O homem e sua hora*, publicado em novembro de 55 pela editora Livros de Portugal, foi considerado a melhor estréia poética do ano, recebendo críticas as mais favoráveis. Desde setembro de 56 vem dirigindo Poesia-Experiência, a página de poesia do Suplemento Dominical do *Jornal do Brasil*, onde semanalmente se tornam patentes não só seu talento artístico, manifestado em admiráveis traduções de poemas de várias línguas e diversas épocas, como também seu penetrante senso crítico, sua

[*] Entrevista de Mário Faustino a Ruth Silver, pseudônimo de Mary Ventura.

não pequena cultura humanística e, sobretudo, seu evidente amor à poesia. A página tem recebido a consagração de representantes de todas as gerações tornando-se leitura obrigatória de quantos entre nós se interessam pela arte poética.

OUVINDO O JOVEM POETA

Fomos ouvir Mário Faustino em Santa Teresa, no agradável apartamento de cujas janelas se vêem cidade e floresta, mar e montanha, as ilhas do Pai e da Mãe, o Pão-de-Açúcar e o Corcovado — tudo isso a menos de meia hora do Largo da Carioca. À nossa primeira pergunta — "que me diz do atual movimento literário brasileiro?" — disse-nos o poeta: — Ser-me-ia mais cômodo responder a essa pergunta se a repórter concordasse, seja em ampliá-la muito mais, perguntando-me que acho da situação social e econômica do Brasil, seja em reduzi-la bastante, perguntando sobre aquilo que me toca de mais perto, isto é, o trabalho que estão realizando os poetas de minha geração. Em primeiro lugar, porque quem fala nas virtudes e nos vícios da atual literatura brasileira fala nos prós e nos contras de nossa economia, de nossa indústria nascente, de nossa vida política, da estrutura de nossas classes sociais, de nosso ensino, de nossas instituições culturais, de nossa música, de nosso cinema, de nosso teatro, de nossa dança, de nossas artes plásticas... Em segundo lugar, porque me sentiria muito mais à vontade para opinar sobre as realizações de poetas mais ou menos da minha idade que sobre os mais velhos, a quem devo antes de tudo gratidão e respeito, ou sobre os nossos prosadores, de cujos trabalhos conheço apenas um ou outro mais célebre e nem por isso necessariamente melhor.

— Que me diz, nesse caso, da jovem poesia brasileira e de seus problemas?

— Em comparação com as gerações que, de cerca de 1920 para cá, a precederam (sou dos que crêem ter a poesia entre nós começado por volta do movimento de 22: anteriormente, o que há é um ou outro "achado", dois ou três versos num ou noutro "poeta"), a jovem poesia brasileira surge a nossos olhos como menos "talentosa", menos "brilhante", porém mais realizada; poetas "menores", com poemas melhores; menos participação (desgraçadamente) nos acontecimentos, porém mais cultura, mais estudo, mais trabalho, e curiosidade intelectual mais universal no tempo e no espaço. O fenômeno mais interessante da "jovem poesia brasileira" é que a qualquer momento podemos deparar com um rapaz de seus vinte anos, que nunca publicou um livro, apresentando-nos um poema, bem melhor, como poesia, que uma alta porcentagem do que tem publicado muita gente grande das gerações anteriores. É verdade, por outro lado, que há em minha geração muitos falsos talentos, muitas máscaras, muita mistificação, muita desonestidade: mas a mesma coisa, e de modo talvez mais disfarçado e antipático, sucedeu com todas as outras gerações. De modo que, em suma, honro-me de pertencer à companhia de uma dúzia de rapazes de entre os vinte e os trinta, editados e inéditos, que, sobretudo em São Paulo e no Rio, estão aumentando, em ritmo acelerado, o volume da boa poesia de nossa língua — cujo forte, a meu ver, tem estado (em Portugal, da Renascença até Pessoa; no Brasil, desde sempre até 1922) na prosa e não na poesia.

PROBLEMAS DO POETA JOVEM

— Quanto aos problemas a que se refere sua pergunta — prosseguiu Mário Faustino —, devem ser os mesmos das outras gerações: dificuldades econômicas (ter de trabalhar, fora da literatura bem mais do que dentro, para ganhar o *panem nostrum*); falta de uma vida genuinamente artística, falta de emulação, falta de debates (no Brasil quase todos os escritores, quando reunidos, ou não tocam em problemas literários ou então, se falam de literatura, é da maneira mais vaga e leviana: discussão de personalidades, troca de elogios, gratuitas afirmações de valor ou de intenção, frases feitas, detestáveis *mots d'esprit*...); falta de verdadeiras bibliotecas, universidades, museus, falta de revistas de cultura, falta de tradição filosófica, poética e crítica na língua, falta de um público inteligente, concorrência desleal (talvez não haja país no mundo com tanta gente errada em lugares errados), etc. Um jovem poeta brasileiro, como eu, queixa-se, entre outras coisas, do nível infraginasiano, para não dizer primário, da maioria do que é publicado aqui em livros, jornais e revistas; das tolices que é forçado a ler e a ouvir a respeito de sua poesia (elogios ou não), a respeito da arte e dos poetas que admira; da falta de amor à poesia, do egoísmo e da vaidade que registra em muitos de seus colegas mais velhos, entre os quais raríssimo é aquele que forma escola, que realmente se interessa pelo progresso da língua e da arte: vivem a pensar em *self-promotion*...; da falta de profissionalismo econômico e ético; da péssima qualidade de quase toda a nossa crítica literária (sobretudo quando se metem a falar de poesia) de todos os tempos; queixa-se, para resumir, de muita coisa. Mas congratula-se, em compensação, por pertencer a um país jovem e épico, a um povo amante, vigoroso, resistente, humano e amável como poucos outros, por ter nascido nesta época extremamente propícia à grande poesia, por falar uma língua potencialmente tão boa quanto qualquer outra e, em particular, por ver que as coisas, em nossa literatura, estão a olhos vistos mudando para melhor: está acabando o estrelismo, estuda-se mais e trabalha-se mais. Disso não tenho dúvidas.

MARCOS DE UM CAMINHO

— Como poeta e como orientador de nossa única página de poesia, que conselhos daria você aos seus colegas de geração e aos poetas, mais jovens ainda, que vão aparecendo?

— Quem sou eu para dar conselhos? Minha prezada colega, eu ainda estou, e assim continuarei pelo menos por mais uns dez anos, em minha incubadeira, em período de formação, errando aqui, acertando acolá, fazendo laboratório ético e estético pelas ruas e em minha humílima biblioteca. Tudo o que posso tentar para satisfazer a sua pergunta é dizer-lhe mais ou menos o que procuro fazer para não fracassar, indicando-lhe alguns marcos que vou colocando por aí, para não perder-me em meus difíceis caminhos. Antes de tudo, uma espécie de lema, paráfrase do "Corneta" rilkeano: *trabalhar, trabalhar, trabalhar, pelo dia, pela noite, pelo dia...* Depois, unidade de espírito. Dizem alguns santos que se mantêm em oração contínua, oferecendo a seu Deus, minuto após minuto, tudo aquilo que fazem, pensam, falam. O poeta deve orientar tudo o que faz no rumo de seu centro poético, criador: deve trabalhar, comer, beber, amar... tudo para poder fazer poesia e melhor poesia. Isso não quer dizer que considero a poesia um fim em si. Absolutamente: no sentido individual, poesia não passa, para mim, de um meio de auto-realização, autodescoberta, auto-afirmação, auto-sublimação. E procuro também fazer poesia num sentido o mais altruístico possível: para comover, para deleitar, para ensinar, para transformar, um mínimo que seja, o mundo, a língua, a arte. Porém, especialmente no período de formação, o poeta precisa conseguir e manter sua unidade de espírito: abaixo os poetas bissextos! É preciso pensar todo o tempo em poesia, ser profissional, ler poesia o máximo e fazer um pouco todos os dias, nem que seja para jogar na cesta. É também preciso amar a poesia acima de tudo, exceto dos homens e, naturalmente (se o poeta crê em deuses), dos deuses. E respeitá-la, sobretudo não publicando subpoesia. E lutar pelo seu progresso, animando os outros poetas, aplaudindo os bons poemas, condenando os maus... Pensar mais no poema do que no poeta (ao contrário do que faz, geralmente, nossa lamentável crítica), mais na poesia que em si mesmo — eis outros bons motos que é preciso seguir se quer ser um poeta digno. No mais, há que exigir do poeta aquelas qualidades que definem o artista: coragem em todos os sentidos, espírito de aventura, espírito criador e renovador.

POESIA-EXPERIÊNCIA E OUTROS ASSUNTOS

— E que tem a dizer da página de poesia que dirige no Suplemento Dominical do *Jornal do Brasil*?

— Que me tem dado muito trabalho, mas que me dou

por satisfeito: tenho aprendido muito, eu mesmo, e alguns jovens poetas, gentis e honestos, afirmam-me que também estão aprendendo. A página — pretensioso que sou! — quer ser antes de tudo didática: um pequeno curso de poesia, com aulas semanais. Dirige-se aos poetas, ou da minha idade ou mais novos, que, porventura, tenham tanta experiência quanto eu mesmo, ou menos, bem como àqueles que, sem serem poetas, amam a poesia e querem conhecê-la um pouco melhor. O grande trunfo da página, até agora, penso eu (ainda não saiu uma dúzia de números), é ter apresentado, em tão pouco tempo, dois ou três poetas novos de indiscutível valor. Quando a página completar um ano, espero ter reunido pelo menos uns doze bons poetas e talvez, então, poderemos pensar em publicar uma antologia.

— E de sua própria poesia, que me diz? Que está escrevendo agora?

— Isso não posso dizer. Acho que falar do que se está escrevendo faz-nos perder boa parte do impulso criador. Quanto ao que já publiquei, em livro ou alhures, gostaria de aproveitar esta oportunidade para esclarecer, "a quem interessar possa", que tudo que faço, por enquanto, tem um sentido de experimentação, tanto no nível ético, metafísico, psicológico, quanto no plano estético. Quero ser, ainda por muito tempo, um poeta em formação e em transformação: um dia, quando estiver mais realizado como homem e como artista, então começarei minha verdadeira obra, que espero sirva de alguma coisa como documento humano e como contribuição para a transformação da sociedade, da língua e da poesia do Brasil. Você que me perdoe a pretensão, ainda que transferida para futuro bastante remoto.

Ao despedir-nos de Mário Faustino, pedimos-lhe uma

fotografia, com que ilustrar sua entrevista, da maneira como vimos fazendo nesta série. O jovem poeta, entretanto, fez *blague*:

— Você sabe muito bem que ainda não há interesse no mercado pela minha iconografia... É melhor você publicar outra ilustração. Gosto muito de copiar a mão os versos que amo. Leve estes, por exemplo, que considero entre os melhores da língua, em Portugal e no Brasil, do século XVI e do século XX: uma estrofe dos *Lusíadas* e outra da *Invenção de Orfeu*. Estou certo de que a seus leitores aproveitará muito mais tal solução...

(16 de dezembro de 1956)

Notas

POESIA E CRIATIVIDADE [PP. 15-38]

1. Ver texto "Um militante da poesia", em *O homem e sua hora e outros poemas*, São Paulo, Companhia das Letras, 2002, pp.13-44.

2. Muito dessa produção está publicada em livro. Cf. Álvaro Lins, *Jornal de crítica*, Rio de Janeiro, José Olympio, 1941, 1943, 1944, 1946, 1947, 1951 (1ª a 6ª séries) e Jornal de crítica, 7ª série, Rio de Janeiro, O Cruzeiro, 1963; Sérgio Buarque de Holanda, *O espírito e a letra*, São Paulo, Companhia das Letras, 1996 (org. Antonio Arnoni Prado); Otto Maria Carpeaux, *O Brasil espelho do mundo*, Rio de Janeiro, Civilização Brasileira, 1965; *A batalha da América Latina*, Rio de Janeiro, Civilização Brasileira, 1966; recentemente, dá-se início à reunião dos textos jornalísticos pela Topbooks, organizada por Olavo de Carvalho (*Ensaios reunidos. 1942-1978. De A cinza do purgatório até Livros na mesa*, Rio de Janeiro, 1999).

3. Wilson Martins, *Pontos de vista 2*, São Paulo, T. A. Queiroz, 1991, p. 333.

4. João Adolfo Hansen. *A sátira e o engenho. Gregório de Matos e a Bahia do século XVII*, São Paulo, Companhia das Letras, 1989; Ivan Teixeira, *Mecenato pombalino e a poesia neoclássica*, São Paulo, Edusp, 1999; Alcir Pécora, *Máquina de gênero*, São Paulo, Edusp, 2001.

5. *Capítulos de literatura colonial*, São Paulo, Brasiliense, 1991.

6. Poética sincrônica. *Metalinguagem*, São Paulo, Perspectiva, 1969, pp. 205-14.

509

7. *Capítulos de literatura colonial*, cit.

8. *Capítulos de literatura colonial*, p. 214.

9. Graças à iniciativa de Haroldo de Campos, a Difel, com belas capas desenhadas por Flávio de Carvalho, começou a reeditar Oswald de Andrade. Foram publicados *Memórias sentimentais de João Miramar* e *Poesias reunidas*, respectivamente em 1964 e 1966, acompanhados de instigantes ensaios introdutórios de autoria do concretista; e *O rei da vela*, em 1967, com capa de Oswald de Andrade Filho e textos de Sábato Magaldi, Mário Chamie, Fernando Peixoto e José Celso Martinez Correa.

10. Carta a Benedito Nunes, fevereiro de 1958.

11. João Alexandre Barbosa mostra como acontece esse fenômeno com o autor de *À sombra da estante* ("Augusto Meyer ensaísta", *Cult*, São Paulo, janeiro de 2002).

12. Eduardo Portela, "Cassiano Ricardo: novo sentido da expressão", *Dimensões I*, Rio de Janeiro, José Olympio, 1958, pp. 163-70.

13. "Endereço: Mário Faustino", Suplemento Dominical do *Jornal do Brasil*, Rio de Janeiro, 31 março 1957, p. 3, seção "Bibliografia".

14. Darci Damasceno, "A propósito das *Canções* de Cecília Meireles", *Para Todos*, Rio de Janeiro, 19/20 de 1957; Adolfo Casais Monteiro, "Cecília Meireles", Suplemento Cultural de *O Estado de S. Paulo*, São Paulo, 15 de junho de 1957; José Paulo Moreira da Fonseca, "Cecília Meireles", *Correio da Manhã*, Rio de Janeiro, 6 de abril de 1957.

15. Rio de Janeiro, Aguilar, 1964.

16. São Paulo, Companhia das Letras, 2002.

17. Ver texto "Um militante da poesia", em *O homem e sua hora e outros poemas*.

18. Eduardo Portela, "O poeta e a história", *Dimensões I*, Rio de Janeiro, José Olympio, 1958, pp. 163-70; Sérgio Buarque de Holanda, "Ainda a labareda", *O espírito e a letra*, São Paulo, Companhia das Letras, 1996 (org. Antônio Arnoni Prado), pp. 434-8.

19. "Piloto e poeta", Jornal de crítica de *O Cruzeiro*, Rio de Janeiro, 1963, pp. 60-7.

20. "Poesia perdida", cit., pp. 537-40.

21. "Crises e possibilidades da poesia", Jornal de crítica de *O Cruzeiro*, 7ª série, Rio de Janeiro, 1963, pp. 21-8.

22. *Duas águas*, Rio de Janeiro, José Olympio, 1956. O livro incluía "Morte e vida severina", "Paisagens com figuras", "Uma faca só lâmina". Cabral, que estreou em 1942, com *Pedra do sono*, havia publicado mais cinco livros: *O engenheiro* (Rio de Janeiro, Amigos da Poesia, 1945), *Psicologia da composição* (Barcelona, 1947), *O cão sem plumas* (Barcelona, 1950), *O rio* (São Paulo, IV Centenário, 1954), *Poemas reunidos* (Rio de Janeiro, 1954).

23. Estamos organizando a reedição da sua obra poética e a publicação dos textos críticos.

24. Antônio Risério, "Um poema é um poema?", Mais!, *Folha de S. Paulo*, São Paulo, 28 abril de 1996. (Por sinal, tanto nesse texto como em outros em que fala de poesia, Risério lembra em muito a veemência e a lucidez de Mário Faustino.) Carlos Heitor Cony, entrevista ao caderno Mais!, *Folha de S. Paulo*, 28 de junho de 1996, p. 5; Carlos Frydman, "Mário Faustino, poeta e crítico subestimado", O Escritor, São Paulo, fevereiro de 1988, p. 8; Marcelo Coelho, "O esforço de ser moderno", Mais!, *Folha de S. Paulo*, 31 maio de 1988, p. 13; Flora Sussekind, entrevista a José Castelo, *O Estado de S. Paulo*, 9 de março de 1996; Millôr Fernandes, entrevista ao Caderno 2 de *O Estado de S. Paulo*, 25 janeiro de 1997, p. 3; Daniel Piza, *O Estado de S. Paulo*, 31 de março 2002, Sinopse, Caderno 2.

25. Na quarta capa do seu livro *O domador de cavalos* (Rio de Janeiro, Record, 1978), Cláudio Mello e Souza diz que não guardou boa parte da sua produção poética.

26. No Rio de Janeiro aconteceu em fevereiro de 1957, no saguão do prédio do MEC; em São Paulo, no MAM, em dezembro de 1956.

27. Republicou na Poesia-Experiência vários artigos dos concretos sobre a nova poesia: "Arte concreta: objeto e objetivo", de Décio Pignatari; "Olho por olho a olho nu", de Haroldo de Campos; "Nova poesia concreta", também de Décio Pignatari; e "Poesia concreta", de Augusto de Campos, todos incluídos no volume *Roteiro poético*. Os três poetas colaboraram na Poesia-Experiência com traduções.

28. "Poesia concreta": série de crônicas publicadas em 6, 10 e 13 de fevereiro de 1957 no *Jornal do Brasil* e reproduzidas em *Poesia e prosa* (Rio de Janeiro, Aguilar, 1958, pp. 509-13).

29. "Um ano de experiência em poesia", 20 de setembro de 1957. Cf. também "Um militante da poesia", em *O homem e sua hora e outros poemas*.

COLÔNIA [PP. 41-178]

ACULTURAÇÃO NECESSÁRIA [PP. 43-54]

1. Texto estabelecido com base na edição do *Auto representado na festa de São Lourenço*. Org. por M. de L. de Paula Martins, São Paulo, 1948, pp. 75 e 77.

2. Texto estabelecido a partir da edição *Poesias*. São Paulo, Comissão do IV Centenário da Cidade de São Paulo, 1954, pp. 381-3.

3. Poema publicado pela primeira vez por Sérgio Buarque de Holanda na *Antologia dos poetas brasileiros da fase colonial*, desse autor. Rio de Janeiro, INL, 1952-1953, 2 vols.

4. Os textos extraídos da *Prosopopéia* foram estabelecidos a partir da edição fac-similar, editada por Celso Cunha e Carlos Durval. Rio de Janeiro, INL, 1972.

5. Estrofe XXXII.

6. Estrofe LXXXV.

7. Estrofe XVII.

8. "Fateixa": gancho ou arpão com que se tiram objetos do fundo da água; espécie de âncora para fundear pequenos barcos; [...] (brasileiro, Nordeste). A pedra que serve de âncora nas jangadas dos pescadores nordestinos. (Aurélio Buarque de Holanda). (MF)

9. "Aneixa", anexa. (MF)

10. Estrofe XIX.

11. Estrofe XX.

BARROCO TÍPICO [PP. 55-81]

1. Versos do poema *Adone*; verso 484 de *Soledad segunda*.

2. Texto estabelecido conforme a edição de J. M. P. da Silva. *Parnaso brasileiro*. Rio de Janeiro, Laemmert, 1843, t. 1 e 2, p. 54.

3. Mathias Pereira da Silva, *A fênix renascida, ou obras poéticas dos melhores engenhos portugueses*, Lisboa, 1746.

4. Os textos de Eusébio de Matos e o de Rocha Pita foram estabelecidos com base na edição de Melo Moraes Filho, *Parnaso brasileiro. Século XVI-XIX*, Rio de Janeiro, Garnier, 1885, pp. 37 e 86 respectivamente.

5. Atualmente existe o trabalho de Francisco Topa. *Edição crítica da obra poética de Gregório de Matos*, Porto, Edição do Autor, 1999. No Brasil está sendo publicado pela Editora da Unicamp.

6. Mário Faustino valeu-se da edição das *Obras* patrocinada pela Academia Brasileira de Letras (Rio de Janeiro, 1929, 4 vols.). Esse soneto e o seguinte não constam da edição organizada por James Amado (*Obras completas*, Salvador, Janaína, 1969), na qual nos baseamos para a fixação e o estabelecimento dos textos. Em 1999 saiu a 4ª edição pela Record, condensada em dois volumes, sob o título *Obra poética completa*.

7. Trata-se do Soneto XXVI, denominado "Ao mesmo assunto".

8. Esse texto também não consta da edição organizada por James Amado.

9. Na realidade, trata-se da Lírica na versão consultada pelo escritor.

10. Canção II da Graciosa reunida por Afrânio Peixoto, transcrita conforme a edição organizada por James Amado.

11. Não consta da edição organizada por James Amado.

12. Francisco de Quevedo, "Consultación de los gatos en cuya figura también se castigan costumbres y aruños", em *Desde la Torre*, México, Fondo de Cultura Económica, 1997.

CONSCIÊNCIA PROFISSIONAL [PP. 82-96]

1. Das "Rimas portuguesas". Textos estabelecidos a partir da *Musica do Parnasso. Dividida em quatro coros de rimas portuguesas, castelhanas, e latinas com seu descante cômico reduzido em duas Comedias*, Lisboa, Miguel Manescal, 1705.

2. Dos *Versos vários que pertencem ao primeiro coro das rimas portuguesas*.

3. Trechos retirados das pp. 127, 128, 129, 130, 131, 132, 133 e 134.

APRENDIZAGEM CULTERANA [PP. 97-109]

1. Januário da Cunha Barbosa, *Parnazo brasileiro, ou coleção das melhores poesias dos poetas do Brasil, tanto inéditas, como já impressas*. Rio de Janeiro, Typographia Imperial e Nacional. 1829, t. 1; Francisco Adolfo Varnhagen, *Florilégio da poesia brasileira; ou, Collecção das mais notáveis composições dos poetas brasileiros falecidos contendo as biographias de muitos deles tudo precedido de um ensaio histórico sobre as letras no Brasil*, Lisboa, Imprensa Nacional, 1850, t. 1. (Madri, 1853; Viena, 1872); Melo Morais Filho, *Parnaso brasileiro. Século XVI-XIX*. 1556-1840, Rio de Janeiro, Garnier, 1885.

2. Texto estabelecido a partir da edição de J. M. P. da Silva, *Parnaso brasileiro*, Rio de Janeiro, Laemert, 1843, t. 1 e 2, pp. 112-4.

3. Os textos foram estabelecidos a partir da edição *Teatro comico portuguez ou collecção das operas portuguezas*, Lisboa, Oficina de Simão Thaddeo Ferreira, 1787, 4 vols.

4. *Eustachidos. Poema sacro, e tragicômico. Descripção da Ilha de Itaparica, termo da Cidade da Bahia, da qual se faz menção no Canto quinto*, s. l., s. impr., s. d.

5. "Lundum".

6. Textos estabelecidos conforme a edição *Viola de Lereno: collecção das suas cantigas offerecidas aos seus amigos*, Lisboa, Officina Nunesiana, 1798, vol. I; Lisboa, Typografia Lacerdina, 1826, vol. II.

TRABALHADOR DO VERSO [PP. 110-17]

1. Soneto II. Textos estabelecidos a partir das *Orbas* (*sic*) de Cláudio Manuel da Costa. Coimbra, Officina de Luiz Secco Ferreira, 1768.

2. Soneto VIII.

3. Soneto XXVI.

4. Soneto LXIV.

5. Textos estabelecidos com base na edição do *Vila Rica*, Ouro Preto, Typografia do Universal, 1839.

REI CAOLHO EM TERRA DE CEGOS [PP. 118-37]

1. Estrofes I e VI. Textos estabelecidos a partir da nova edição (Lisboa, Typografia Lacerdina, 1819).

2. Estrofe II.
3. "Lira VI" da primeira parte.
4. Estrofe I e parte da estrofe II, da primeira parte.
5. Estrofe V da "Lira VIII" da primeira parte.
6. Primeira parte.
7. Estrofe II, primeira parte.
8. Estrofe II, primeira parte.
9. Estrofe II, primeira parte.
10. Estrofes III e IV.
11. Estrofe III, da segunda parte.
12. Estrofes I a IV, da segunda parte.
13. Última estrofe, segunda parte.
14. Estrofes I e II, segunda parte.
15. Parte da estrofe II, segunda parte.
16. Estrofe I, segunda parte.
17. Estrofe VII, segunda parte.
18. Estrofes III a V, segunda parte.
19. Estrofe III, primeira parte.

O AUTOR DAS "CARTAS CHILENAS" [PP. 138-44]
1. Textos editados com base em Tarquínio J. B. de Oliveira, *As cartas chilenas. Fontes textuais*, São Paulo, Referência, 1972.
2. Editado em 1663 com ilustrações de Hogarth. Mário refere-se à habilidade do poeta inglês de produzir efeitos cômicos por meio de rimas engenhosas e inesperadas no poema em octassílabos, onde o foco é a hipocrisia nas figuras do Partido Puritano.

PEQUENAS OBRAS-PRIMAS [PP. 145-51]
1. "Anacreonte", Rondó I. Os textos de Silva Alvarenga foram estabelecidos conforme a edição de *Glaura: poemas eróticos*, Lisboa, Officina Nunesiana, 1801. Há uma edição recente organizada por Fábio Lucas (Companhia das Letras, 1996).
2. "O amante satisfeito", Rondó XXVI.
3. Madrigal XXIX.
4. Estrofes III e VIII.
5. *Jornal do Brasil*, Rio de Janeiro, 24 de março de 1957, Suplemento Dominical, Poesia-Experiência. Seção "O melhor do português", p. 5.

POETA-ELO [PP. 152-60]
1. Os textos foram estabelecidos a partir da edição de 1820 e 1821 organizada por Francisco de Borja Garção Stockler (Paris, P. N. Rougeron, t. 1 e 2).

2. Trecho da Ária II, da Cantata I, "A criação".
3. "Sobre o mesmo assunto".

VERSIFICADOR COMPETENTE [PP. 161-9]

1. Versos 1 a 5 do Canto I. Textos estabelecidos pela edição de *O Uraguay*, Lisboa, Regia Officina Typografica, 1769. Há uma edição crítica organizada por Ivan Teixeira. *Obras poéticas*, São Paulo, Edusp, 1996.
2. Versos 18 a 20 do Canto I.
3. Versos 70 e 71 do Canto I.
4. Versos 101 e 102 do Canto I.
5. Versos 205 e 206 do Canto I.
6. Versos 159 a 164 do Canto II.
7. Verso 174 do mesmo canto.
8. Versos 259 a 260 e 347 a 353 do Canto II.
9. Versos 13 a 26 do Canto III.
10. Versos 78 a 81; 87 a 92; 113 a 121; 139 a 141.
11. Versos 140 e 197 do Canto IV.
12. Versos 154 a 164 do Canto IV.
13. Canto III, versos 210 a 233.
14. Canto III, verso 11: "e os campos onde foi Tróia".
15. Canto III, versos 254 a 259 e 316 a 329.
16. Canto V, versos 88 a 90.

ARREMEDO DE ÉPICO [PP. 170-8]

1. Canto I, estrofes XV e XVI. Os textos foram fixados a partir da primeira edição. *Caramuru, poema épico do descubrimento da Bahia*, Lisboa, Régia Officina Typografica, 1758.
2. Canto II, final da estrofe XXXIX e estrofe LXXXVII.
3. Canto III, estrofe I.
4. Canto IV, estrofes XIX e LXXVII.
5. Estrofes XVI e XIII.
6. Canto V, estrofe III.
7. Canto VI, estrofes XXXVIII e XL.
8. Estrofe XXXI.
9. Estrofe LXXIV.
10. Estrofe XXI.
11. Canto VIII, estrofes XLII, XLIII a XLIII.
12. Canto IX, estrofe LXII.
13. Canto X, estrofe LXXXVII.

MODERNISMO [PP. 179-295]

O LIVRO POR DENTRO [PP. 181-5]

1. Resenha de *Canções*, publicada no Suplemento Dominical do *Jornal do Brasil*, p. 3.

2. *Mar absoluto*, Porto Alegre, Globo, 1945; *Romanceiro da Inconfidência*, Rio de Janeiro, Livros de Portugal, 1953.

3. *Nunca mais*, São Paulo, Freitas Bastos, 1923; *Baladas para El-Rei Leonoreta*, Rio de Janeiro, Lux, 1925; *Amor em Leonoreta*, Rio de Janeiro, Hipocampo, 1952.

VICTOR HUGO BRASILEIRO [PP. 186-202]

1. O texto citado faz parte do item 1 do capítulo IV.

2. *The Life and Opinions of Tristam Shandy*, Nova York, Norton & Company, 1980, vol. 1, cap XI. Há uma tradução brasileira de José Paulo Paes, editada pela Companhia das Letras.

3. "Iara, a mulher verde", *Dentro da noite*, São Paulo, 1915.

4. São Paulo, 1917.

5. *Vamos caçar papagaios*, São Paulo, Hélios, 1926; *Deixa estar, jacaré*, São Paulo, Revista dos Tribunais, 1931; *Martim Cererê*, São Paulo, Hélios, 1928.

6. Citação dos poemas "Manhã de caça" e "Assombração" de *Vamos caçar papagaios*; "A primeira pergunta" de *Martim Cererê*.

7. Rio de Janeiro, José Olympio, 1943.

8. São Paulo, Nacional, 1947.

9. "Sonata patética".

10. "Elegia em fragmentos".

11. "Interlúdio".

12. Revista criada em 1952, em São Paulo, pelos irmãos Campos — Augusto e Haroldo — e por Décio Pignatari. O segundo número sairia em fevereiro de 1955, o terceiro em 1956, o quarto em 1958 e o último em 1962.

13. Rio de Janeiro, José Olympio, 1950.

14. A Melhoramentos editou várias vezes as traduções de Carlos Alberto Nunes.

15. Rio de Janeiro, José Olympio, 1956.

16. Escrevendo este artigo, respeitei o título *Poesias completas*, da edição José Olympio (1957) e fiz de conta que aí está contida toda a poesia de Cassiano Ricardo. Não constam aqui poemas de grande importância, reunidos em *João Torto e a fábula* (1956) e em *O arranha-céu de vidro* (1956) — ambos edições de José Olympio, 1956, e que não compreendemos por

que foram excluídos das *Poesias completas*. Este artigo comenta, portanto, a edição José Olympio recentemente lançada. (MF)

POETA MAIOR [PP. 203-15]

1. Mário de Andrade, "A poesia em 1930", *Aspectos da literatura brasileira*, São Paulo, Martins, s.d.

2. Robert Stock traduziu também para Poesia-Experiência o poema "José" (6 de janeiro de 1957).

3. "A noite dissolve os homens".

4. "Os rostos imóveis".

5. "Consideração do poema".

6. "A flor e a náusea".

7. "Assalto".

8. "Notícias de Espanha".

9. "Escada".

10. "Elegia".

11. *Invenção de Orfeu*, Canto VIII.

REVENDO JORGE DE LIMA [PP. 216-95]

1. A seção "Bilhete ao leitor", de 28 de julho de 1957, registrou: "Iniciada hoje em Poesia-Experiência a revisão da obra de Jorge de Lima por Mário Faustino. Um trabalho competente e corajoso do poeta de *O homem e sua hora*".

2. Nesta altura houve a cisão do movimento, Reynaldo Jardim e Ferreira Gullar encabeçam a chamada ala neoconcretista do Rio.

3. Jorge de Lima, *Obra poética*, Rio de Janeiro, Getúlio Costa, 1949.

4. "Marinheiro de Sagres".

5. "Mangue".

6. "Ricordanza della mia gioventù".

7. "Painel de Nuno Gonçalves".

8. "Onde está o mar".

9. "As vozes do homem".

10. "Sabereis que corri atrás da estrela".

11. "Confissões, lamentações e esperança a caminho de Damasco".

12. "O grande desastre aéreo de ontem".

13. "O grande circo místico".

14. "Viagens, descobrimentos e grandes riscos do poeta do mar".

15. Poema IV.

16. Idem.

17. Poema XLIII.

18. Poema LIII.

19. Mário Faustino traduziu esse soneto cf. *É preciso conhecer*.

20. Os sonetos não têm título nem numeração.

21. Sublinhamos o "triste" para mostrar como um adjetivo inútil e preguiçosamente usado pode obscurecer a mais clara das imagens. (MF)

22. Mário Faustino traduziu e publicou "Sobre Camões" na Poesia-Experiência de 2 de setembro de 1957, que incluímos no volume *Roteiro poético*.

23. Livro I, v. 18-24 das *Odes*.

24. Primeira parte do "Burnt norton" do *Four quartets*.

25. Soneto XII.

26. Soneto XV.

27. Soneto XVI.

28. Soneto XVIII.

29. Poema XXVIII.

30. Poema XXX.

31. Poema II.

32. Soneto V.

33. Soneto IX.

34. Poema X.

35. Poema XIV.

36. Soneto XV.

37. Soneto XVI.

38. Soneto XVI.

39. Soneto XIX.

40. Livro I, v. 405: "ela era uma verdadeira deusa".

41. Soneto II.

42. Soneto IV.

43. Poema IX.

44. Poema XXVII.

45. Soneto IV.

46. *Os nus e os mortos*, trad. de José Loureiro de Melo, Rio de Janeiro, Civilização Brasileira, 1968, 778 pp.

47. Verso IV da estrofe V.

48. Poema III.

49. Estrofes XV e CCCLIV.

50. Poema V.

51. Poema VI.

52. Poema VII.

53. Poema XVI.

54. Poema xix.
55. Soneto x.

GERAÇÃO DE 45 [PP. 297-358]

CRÔNICA EM VERSOS [PP. 305-9]
1. *On Poetry and Poets*. Londres, Faber and Faber, 1957.
2. "Salto ornamental" de *Croquis olímpicos*.
3. "Soneto" de *Poemas esparsos*.
4. Poemas iii e iv de *O alquimista*.
5. Poema xxvi de *Prelúdios de inverno*.
6. Poema iv de *O dragão e a rosa*.
7. Poema ii de *Intermezzo*.

DA INGENUIDADE ENGAJADA E DO ENGAJAMENTO INGÊNUO [PP. 310-25]
1. "A árvore".
2. "Marionetes".
3. "vi elegia".
4. "Esfera".
5. "Mare clausum".
6. "Ruínas".
7. "Urubu".
8. "Relógio".
9. "Ampulheta".
10. "Canção de suicida".
11. "O mudo".
12. "Moto perpétuo".
13. "Virgem".
14. "Brasão".
15. Soneto iv.
16. Soneto vi.
17. Soneto x.
18. Soneto xii.
19. "Quiromancia".
20. "Soneto inglês".
21. "Soneto da chegada".
22. "Oferta".
23. "Sugestão no cais".
24. "Poemas para o menino entre palhas".
25. "Iniciação ao diálogo".

26. "Tarefa".
27. "Equinócio".
28. "Tarefa".
29. "Alba".

MANEIRISMOS IMITADOS [PP. 326-8]
1. "Canção".

POESIA DE CIRCUNSTÂNCIA [PP. 341-58]
1. Cf. "The social function of poetry", em *On Poetry and Poets*, Londres, Faber and Faber, 1957, 262 pp.
2. Não se deixe o leitor iludir pela falsa beleza desses horizontes arqueados: os poetas espanhóis de nosso século já fizeram tudo o que se pode fazer com a linha do horizonte; fizeram-no exato, rigoroso, torto, vertical, anguloso... ver Jimenez, Jorge Guillén, Nicolás Guillén, etc. (MF)
3. "Os domingos".
4. "Auto-retrato".
5. "Ode a Federico García Lorca".
6. "Madrigal".
7. Esse tipo de dicção não dista muito das "letras" cantadas por um Vicente Celestino. (MF)
8. "A Mário de Andrade".
9. "O tempo".
10. "Tempo-eternidade".
11. "A uma bailarina".
12. "Despede teu pudor".
13. "Renascimento".
14. "Domingo em Paris".
15. "Um dia de homem".
16. "Amor condusse noi ad una morte".
17. "O suicida".
18. Trecho final de "Os lados", p. 53. (MF)
19. "Sonho de uma infância".
20. Trecho final de "Translúcido", p. 57. (MF)
21. "Hino à vida".
22. "O bêbado".
23. "A morte".
24. Trecho final de "Sextilhas", p. 88. (MF)
25. Este tivemos de citar inteiro. Pasme o leitor. (MF)
26. Trecho final de "Josette", p. 110. Como se vê o sr. PMC se compraz em terminar "magistralmente" seus trabalhos. (MF)
27. "Infância".

POETAS NOVOS [PP. 359-453]

MAIS UM ESTREANTE DE CLASSE [PP. 361-65]
1. "A Retrospect", em *Literary Essays of Ezra Pound*, Nova York/ Londres, Faber and Faber, 1954.

DOMÍNIO ARTESANAL [PP. 366-70]
1. *Os alados idílios*, Rio de Janeiro, s.n.t., 1958. Capa de Maria Leontina, Prêmio IV Concurso Feminino de *A Gazeta*.
2. Este poema foi publicado em outra página do SDJB. Em Poesia-Experiência, seção "Poeta novo", foram divulgados: "Crônica", "Suspiros" e "Alívio".
3. "Three Voices of Poetry", em *On Poetry and Poets*, Londres, Faber and Faber, 1957.

CURSO FLUENTE DO VERSO [PP. 378-80]
1. Porto Alegre, 1955.
2. Versos do poema "In my craft or sullen art" de Dylan Thomas.
3. Com este texto foram publicados os seguintes poemas: "Toalhas", "Para um urso de feltro", "Sisaltlântico", "Cadeira", "O comedor", "O papagaio", "Poemas", "Sonetos I, II, III, IV", "Eólio". Ao publicar o poema "Morte na água", em 4 de agosto de 1957, Mário Faustino fez a seguinte observação: "O sr. Walmir Ayala (que anteriormente se entusiasmara como 'poeta novo') publicou recentemente um mau livro, por nós impiedosamente criticado em "Bibliografia". O poeta reagiu com uma carta insultada. Agora nos envia uma coleção de poemas, alguns péssimos, outros, como o que acima se lê. Não conhecemos mais de uma dúzia de poetas no Brasil de hoje — editados ou não, velhos ou moços — capazes de escrever nesse nível. Mantenha-se a essa altura, o sr. Ayala e dentro em pouco será reconhecido como um dos poetas sérios do país".

DISCÍPULA TALENTOSA [PP. 394-6]
1. Cecília Meireles, "Renúncia", poema de *Viagem*, Lisboa, Ocidente, 1939.

CATÁLOGO DE EVENTOS [PP. 397-400]
1. *Vinho para nós*, Porto Alegre, 1952. *A vida inédita*, Rio de Janeiro, Achiamé, 1995.
2. Mário Faustino assinou essa resenha com o pseudônimo Tereza Trota, máscara também usada por muitos dos seus colegas de jornal, na página "Bibliografia" do SDJB.

UM LIVRO BONITO [PP. 401-404]

1. Poema I.

2. "A few dont's" em *Literary Essays of Ezra Pound*, Nova York/ Londres, Faber and Faber, 1954. Há uma edição brasileira que inclui este texto: *Arte da poesia*, São Paulo, Cultrix, 1976.

3. Poema IV.

4. Poema VI.

5. "Última elegia de 1956".

6. *Squares and oblongs.*

RITMO PRÓPRIO [PP. 405-17]

1. *Poemas do tempo intacto*, Rio de Janeiro, Livros de Portugal, 1956.

IN MY CRAFT OR SULLEN ART [PP. 418-20]

1. Os poemas "Ária 1" (partes I a IV), "Um astro", "Pedra" e "Rio", que Mário Faustino transcreveu junto com este texto, estão publicados em *Escreviver*, Rio de Janeiro, Nova Fronteira, 1987.

HOMBRIDADE ARTESANAL [PP. 429-43]

1. "Ônibus 104".

2. "Procurar".

3. "Desfile".

4. "O peixe".

POESIA PARTICIPANTE [PP. 444-53]

1. *Chão e mar*, Rio de Janeiro, Pongetti, 1957.

2. Do livro *Chão e mar*, poema escrito em 27-8-55. (MF)

3. Fragmentos do poema "Invocação ao boi", em seis partes, uma das quais, "Boi musical", foi publicada em Poesia-Experiência; o poema inteiro saiu na última página deste Suplemento, a 8 de dezembro de 1957. (MF)

CONCRETISMO E BALANÇOS [PP. 455-508]

POESIA, BRASIL, 1956 [PP. 457-60]

1. Publicado com ilustrações de Carlos Scliar pela Editora do Autor (Rio de Janeiro, 1956).

2. Ilustrado por Carlos Leão, foi publicado pela Editora Gaveta (São Paulo, 1946).

3. *Duas águas*, Rio de Janeiro, José Olympio, 1956.

POESIA, BRASIL 1957 [PP. 461-64]

1. Até aquele momento Cabral havia publicado: *Pedra do sono*, 1942; *O engenheiro*, 1945; *Psicologia da composição*, 1947; *O cão sem plumas*, 1950; *O rio*, 1954.

2. De *O claro enigma*, Rio de Janeiro, José Olympio, 1951.

3. *Contemplação de Ouro Preto*, Rio de Janeiro, MEC, 1954.

4. *João Torto e a fábula*, Rio de Janeiro, José Olympio, 1956; *O arranha-céu de vidro*, São Paulo, Revista dos Tribunais, 1956.

A POESIA "CONCRETA" E O MOMENTO POÉTICO BRASILEIRO [PP. 469-82]

1. Possivelmente refere-se a "Ciclo" de "A vida passada a limpo", publicado em 10 de novembro de 1956, p. 3, cujo verso é: "Sorrimos para as mulheres bojudas que passam como cargueiros adernando".

2. Trata-se do livro *Poemas traduzidos*, Porto Alegre, Globo, 1948.

3. São Paulo, Gaveta, 1946.

4. "O operário em construção".

5. *João Torto e a fábula* (1951-1953), Rio de Janeiro, José Olympio, 1956; *Arranha-céu de vidro*, Rio de Janeiro, José Olympio, 1956.

6. Citado por Ezra Pound no *ABC of reading*. Ver edição brasileira *ABC da literatura*, São Paulo, Cultrix, 1970, p. 125.

7. *A luta corporal*, Rio de Janeiro, snt, 1954.

8. "Os poetas 'concretos' antes da poesia 'concreta'". Décio Pignatari: "Bateau pas ivre", "Move-se a brisa o sol"; Haroldo de Campos: "Extrato de 'Thalassa Thalassa", "Soneto de bodas"; Augusto de Campos: "O sol por natura II trecho", "Ad Augustum per Augusta I"; Ferreira Gullar: "A sentinela", "Neste leito de ausência".

UM ANO DE EXPERIÊNCIA EM POESIA [PP. 483-500]

1. *Analectos* 2, XII, 1; "Squares and oblongs", *Poets at work*, Nova York, 1948; *Summae Theologiae*, I, 39.8, citado por Fernand Léger, *Functions of Painting*; "Pavannes and divagations", *Literary essays*, Nova York, New Directions, 1968; *La poesia: introduzione alla critica e storia della poesia e della letteratura*, 1935; *Language*, Nova York, Harcourt Brace, 1921.

2. Mário resenhou *Problems of Art, Ten Philosophical Lectures*, Nova York, Scribner, 1957. Resenha esta incluída no volume *Roteiro poético*. Há pelo menos duas edições nacionais de suas obras: *Ensaios filosóficos* (São Paulo, Cultrix, 1971) e *Sentimento e forma: uma teoria da arte desenvolvida a partir de filosofia em nova chave* (São Paulo, Perspectiva, 1980).

3. "Song of my Myself" (1855).

523

4. Além dos citados, Augusto de Campos traduziu para Poesia-Experiência: Jules Laforgue, "Outro lamento" (4 de novembro de 1956); Andrew Marvel, "A amada esquiva" (17 de fevereiro de 1957); Ezra Pound, "Canto xxx", em colabração com Haroldo de Campos (24 de fevereiro de 1957); Paul Valéry, "A adormecida" (8 de setembro de 1957). Ivo Barroso traduziu o III soneto da II parte do soneto de Orfeu, de Rilke (18 de novembro de 1956); e de Shakespeare os sonetos LXV, CXVI, LXXI (27 de outubro de 1957).

5. "o fogo que estremece, quando ela estremece", verso 11 do poema "The folly of being conforted" (*In the seven woods*, 1909).

Bibliografia

Textos brasileiros citados por Mário Faustino

ANCHIETA, José de. *Auto representado na festa de São Lourenço*. Org. por M. de L. de Paula Martins, São Paulo, 1948, pp. 75 e 77.

_____. *Poesias*. São Paulo, Comissão do IV Centenário da Cidade de São Paulo, 1954, pp. 381-3.

ANDRADE, Carlos Drummond de. *50 poemas escolhidos pelo autor*. Rio de Janeiro, MEC, 1956.

AYALA, Walmir. *Este sorrir, a morte*. Rio de Janeiro, Organização Simões, 1957.

BARBOSA, Domingos Caldas. *Viola de Lereno: collecção das suas cantigas offerecidas aos seus amigos*. Lisboa, Officina Nunesiana, 1798, vol. I. Lisboa, Typografia Lacerdina, 1826, vol. II.

BARBOSA, Januário da Cunha. *Parnazo brasileiro, ou coleção das melhores poesias dos poetas do Brasil, tanto inéditas, como já impressas*. Rio de Janeiro, Typographia Imperial e Nacional, 1829, t.1

BILAC, Olavo. *Poesia*. Rio de Janeiro, Agir, 1957. Coleção Nossos Clássicos, org. Alceu Amoroso Lima.

BONFIM, Paulo. *Quinze anos de poesia*. São Paulo, Martins, 1957.

CAMPOS, Geir. *Canto claro e poemas anteriores*. Rio de Janeiro, José Olympio, 1957.

CAMPOS, Paulo Mendes. *O domingo azul do mar*. Rio de Janeiro, Civilização Brasileira, 1958.

CASTELLO, José A. *O momento academicista no Brasil 1641-1820/22*. São Paulo, Conselho Estadual de Cultura, 1969, vol. I, t. 4.

COSTA, Cláudio Manuel da. *Orbas (sic)*. Coimbra, Officina de Luiz Secco Ferreira, 1768.

_____. *Vila Rica*. Ouro Preto, Typ. do Universal, 1839.

_____. *As cartas chilenas. Fontes textuais*. Org. por Tarquínio J. B. de Oliveira. São Paulo, Referência, 1972.

DUARTE, Ruy Costa. *O mistério da hora*. Rio de Janeiro, Edição do Autor, 1957.

DURÃO, José de Santa Rita. *Caramuru. Caramuru, poema épico do descubrimento da Bahia*. Lisboa, Régia Officina Typografica, 1758.

FACÓ, Américo. *Poesia perdida*. Rio de Janeiro, José Olympio, 1951.

FONSECA, José Paulo Moreira da. *Raízes*. Rio de Janeiro, José Olympio, 1957.

FONSECA, Olympio Monat da Fonseca. *Livro de poemas*. Rio de Janeiro, Organizações Simões, 1957.

FROTA, Lélia Coelho. *Alados idílios*. São Paulo, Editora do Autor, 1958.

_____. *Quinze poemas*. Rio de Janeiro, Pongetti, 1957.

GAMA, Basílio da. *O Uraguay*. Lisboa, Regia Officina Typografica, 1769.

_____. *Obras poéticas*. São Paulo, Edusp, 1996. (Ensaio e edição crítica de Ivan Teixeira.)

GONZAGA, Tomás Antônio. *Marilia de Dirceo*. Lisboa, Typografia Lacerdina, 1819.

GUERRA, Gregório de Matos. *Obras*. Rio de Janeiro, Publicações da Academia Brasileira, Clássicos Brasileiros, 1929, 4 vols.

_____. *Obras completas*. Org. por James Amado. Salvador, Janaína, 1969, 7 vols.

HOLANDA, Sérgio Buarque de. *Antologia dos poetas brasileiros da fase colonial*. Rio de Janeiro, INL, 1952-53, 2 vols.

HOMEM, Homero. *Calendário marinheiro*. Rio de Janeiro, Edição Leitura, 1958.

ITAPARICA, Manoel de Santa Maria. *Eustachidos. Poema sacro, e tragicômico. Descripção da Ilha de Itaparica, termo da Cidade da Bahia, da qual se faz menção no Canto quinto*. s. l., s. impr., s.d.

LIMA, Jorge de. *XIV Alexandrinos*. Rio de Janeiro, Artes Gráficas, 1914.

_____. *Poemas*. Maceió, Casa Trigueiros, 1927.

_____. *Tempo e eternidade*. Porto Alegre, Globo, 1935.

_____. *A túnica inconsútil*. Rio de Janeiro, Guanabara, 1938.

_____. *Livro de sonetos*. Rio de Janeiro, Livros de Portugal, 1949.

_____. *Obra poética*. Rio de Janeiro, Getúlio Costa, 1950.

_____. *Invenção de Orfeu*. Rio de Janeiro, Livros de Portugal, 1952.

MEIRELES, Cecília. *Canções*. Rio de Janeiro, Livros de Portugal, 1956.

MELO NETO, João de Cabral. *Duas águas*. Rio de Janeiro, José Olympio, 1956.

MORAES FILHO, Melo. *Parnaso brazileiro. Século XVI-XIX*. Rio de Janeiro, Garnier, 1885, pp. 37 e 86.

OLIVEIRA, Manoel Botelho de. *Musica do Parnasso. Dividida em quatro coros de rimas portuguesas, castelhanas, e latinas com seu descante cômico reduzido em duas Comedias*. Lisboa, Miguel Manescal, 1705.

OLIVEIRA, Marly de. *Cerco da primavera*. Rio de Janeiro, São José, 1957.

PESSOA, Fernando. *Poesia*. Rio de Janeiro, Agir, 1957, coleção Nossos Clássicos, org. Adolfo Casais Monteiro. Sob a coordenação de Alceu Amoroso Lima e Roberto Alvim Corrêa.

RICARDO, Cassiano. *Poesias completas*. Rio de Janeiro, José Olympio, 1957.

SILVA ALVARENGA, Manoel Inácio da. *Glaura: poemas eróticos*. Lisboa, Officina Nunesiana, 1801. (Há uma edição recente organizada por Fábio Lucas, Companhia das Letras, 1996.)

SILVA, Antônio José da. *Teatro comico portuguez ou collecção das operas portuguezas*. Lisboa, Oficina de Simão Thaddeo Ferreira, 1787, 4 vols.

SILVA, J. M. P. da. *Parnaso brasileiro*. Rio de Janeiro, Laemmert, 1843, t. 1 e 2, p. 54.

SILVA, Mathias Pereira da. *A fênix renascida ou obras poéticas dos melhores engenhos portuguzes*. Lisboa, Offic. dos Herdeiros de Antonio Pedrozo Galram, 1746.

SOUZA Caldas, Antônio Pereira de. *Obras poéticas do Revdo. Antônio Pereira de Souza Caldas*, com notas e observações de Francisco de Borja Garção-Stockler e dados à luz por Antônio de Souza Dias. Paris, P. N. Rougeron, 1820, t. I e II.

TEIXEIRA, Bento. *Prosopopéia*. Introdução, estabelecimento do texto e comentários por Celso Cunha e Carlos Durval. Rio de Janeiro, Instituto Nacional do Livro, MEC, 1972.

TOPA, Francisco. *Edição crítica da obra poética de Gregório de Matos*. Porto, Edição do Autor, 1999.

VARNHAGEN, Francisco Adolfo. *Florilégio da poesia brasileira; ou Collecção das mais notáveis composições dos poetas brasileiros falecidos contendo as biographias de muitos deles tudo precedido de um ensaio histórico sobre as letras no Brasil*. Lisboa, Imprensa Nacional, 1850. t. I (Madri, 1853; Viena 1872).

Agradecimentos

O projeto de edição da obra de Mário Faustino contou com a colaboração de várias pessoas a quem registro meus agradecimentos. Aos amigos do poeta: o escritor Haroldo Maranhão de quem partiu a sugestão dessa aventura intelectual e Benedito Nunes, cuja colaboração generosa — abrindo sua coleção particular e mostrando-se sempre disponível para o diálogo — foi decisiva. A Reynaldo Jardim pelo empréstimo do *Jornal do Brasil* e pelo depoimento. Aos auxiliares de pesquisa: em Belém, Andréa Sanjad e Geysa Rufino; em Campinas, Sheila de Carvalho e Wellington Fernandes. A Paulo Chaves Fernandes (então secretário de Cultura de Belém) e Lea V. Macedo do Centro de Processamento de Dados pelo acesso rápido aos jornais locais. Às pessoas que forneceram documentos e informações relacionados a Mário: Affonso Romano Santana, Dídimo Barreto, Ivete V. P. de Almeida, Augusto de Campos, Ivo Barroso, Oswaldo Mendes, Eliane Vasconcelos, André Seffrin, Haroldo de Campos, Fernando Fortes, Cláudio Murilo Leal, Carlos Diegues, Foed Castro Chamma, Jamir Firmino Pinto, Vera P. da Cunha e Eduardo Mourão. Contei ainda com a colaboração de amigos e colegas: Frederico Nasser, Isabel Margato, Antonio Arnoni Prado, Jaqueline Penjon, Yedda Dias Lima, Alcir Pécora e Maria José Calhorda. Um agradecimento particular para Gilson, Mara e Ivo; outro para Maria Nalva de Santana.

As pesquisas foram realizadas nas seguintes instituições: Biblioteca Nacional e Fundação Casa de Rui Barbosa (no Rio de Janeiro); Instituto de Estudos Brasileiros da Universidade de São Paulo e Biblioteca Municipal de Belém. Nas coleções particulares de José Mindlin, de Ivan Teixeira — que me emprestou preciosos documentos — e de Benedito Nunes. Pude contar ainda com o auxílio-pesquisa da Fapesp (Fundação de Amparo à Pesquisa do Estado de São Paulo), auxílio viagem do Faep-Unicamp (Fundo de Apoio a Pesquisa da Universidade Estadual de Campinas) e bolsa do CNPq (Conselho Nacional de Pesquisa).

Índice onomástico

Albuquerque, Jorge de, 51
Aleijadinho (Antônio Francisco Lisboa), 242, 333
Alighieri, Dante, 74
Almeida, Guilherme de, 182
Almeida, Nicolau Tolentino de, 497
Altolaguirre, Manoel, 498
Alvarenga, Manuel Inácio da Silva, 145-6, 148, 497
Álvares, Diogo, 171, 175
Alves, Antônio Castro, 212
Anacreonte, 127, 149
Anchieta, Pe. José de, 44-6, 50
Andrade, Carlos Drummond de, 83, 188, 203-5, 207-8, 211, 213-6, 242, 293, 299, 315, 319, 328-9, 334, 346, 362, 367, 369, 379, 382, 395, 398, 406, 431, 433, 469-71
Andrade, Francisco de, 51
Andrade, Mário de, 188, 219, 294, 477, 479

Andrade, Oswald de, 188, 219, 294, 463, 477, 479
Anjos, Augusto dos, 294
Apollinaire, Guillaume, 382, 480
Aquino, Tomás de, 483
Aragon, Louis, 323
Aranha, Bento de Figueiredo Tenreiro, 160
Aranha, Graça, 466
Aretino, 60
Ariosto, 44
Arnold, Matthew, 499
Artaud, Antonin, 457, 480, 498
Assis, José Maria Machado de, 207, 211, 242, 466
Assis, São Francisco de, 220
Auden, W. H., 189, 206, 346, 403, 483
Audisio, Gabriel, 498
Ayala, Walmir, 375, 377-9, 419
Azeredo, Ronaldo, 419
Azevedo, Álvares de, 465

531

Bandeira, Manuel, 83, 182, 188-9, 192-3, 217, 219, 294, 329, 369, 382, 398, 471-3
Barbosa, Domingos Caldas, 105, 465
Barbosa, Francisco de Assis, 105
Barbosa, Francisco Vilela, 160
Barbosa, Januário da Cunha, 97
Barbosa, Rui, 465
Barker, George, 457
Barreto, Roberto Menna, 497
Barreto, Tobias, 465
Barros, Domingos Borges de, 160
Barroso, Ivo, 462, 496
Bastos, Aureliano Cândico Tavares, 465
Bastos, Oliveira, 476
Baudelaire, Charles, 478, 499
Bergson, Henri, 446
Bernardes, Diogo, 230, 497
Betti, Ugo, 498
Bilac, Olavo, 312, 466, 467, 468
Bishop, Elizabeth, 182
Bittencourt, Francisco, 397-9, 497
Blake, William, 184, 343, 500
Blok, Aleksandr, 321
Bonfim, Paulo, 306, 308
Bousoño, Carlos, 498
Braga, Rubem, 343
Branco, Camilo Castelo, 465
Branco, Joam Roiz de Castel', 497
Brandão, Tomás Pinto, 58
Brecht, Bertold, 321, 498
Breton, André, 321, 480
Brito, Duarte de, 497
Brontë, Emily, 182
Butler, Samuel, 141

Cabral, Francisco Marcelo, 419
Caldas, Pe. Antônio Pereira de Souza, 152-9

Camacho, Diogo, 60
Camões, Luís de, 44, 51, 55, 60, 74, 111-2, 153, 173, 207, 230, 241, 246, 265, 273, 281, 284, 290, 293, 302, 315, 332, 497, 499
Campos, Álvaro de, 467
Campos, Augusto de, 83, 188, 458, 478-81, 490
Campos, Geir, 310-9, 321-2, 324-5
Campos, Haroldo de, 83, 188, 407, 458, 478-81, 490
Campos, Paulo Mendes, 341-2, 344-7, 349-50, 352-5, 357-8
Cardoso, Lúcio, 467
Carpeaux, Otto Maria, 217
Carvalho, Ronald de, 466
Castilho, Maria Luísa de, 444
Castro, Álvaro de, 497
Castro, Serrão de, 60
Catulo, 495
Cavalcanti, Guido, 74, 230
Chamie, Mario, 382
Chamma, Foed Castro, 419, 462, 496
Codax, Martin, 497
Coelho Neto, Henrique, 465
Coelho, Duarte, 51
Confúcio, 483
Corbière, Tristan, 228
Correia, Raimundo, 466
Costa, Cláudio Manuel da, 97, 112, 115, 138, 145
Coutinho, Antônio Luiz da Câmara, 80
Couto, Ir. Manuel do, 45
Crane, Hart, 498
Crashaw, Richard, 220
Croce, Benedetto, 484
Cruz, Juana Inés de la, 182, 220, 500

Cruz, São João da, 220
Cunha, Euclides da, 466

Davis, Bette, 183
Dias, Antônio Gonçalves, 465
Dickson, Emily, 182, 395
Diegues, Carlos, 381
Disney, Walt, 195
Donne, John, 184, 251
Doolittle, Hilda (H. D.), 379
Duarte, Rui Costa, 403-5, 407, 419
Durão, Santa Rita, 159, 161, 170, 175, 178

Edison, Thomas, 495
Eliot, T. S., 206, 228, 250, 289, 305, 328, 334, 343, 346, 357, 368-70, 457, 470, 478, 489
Éluard, Paul, 323, 475
Espanca, Florbela, 473
Essenin, S., 321
Eustáquio, Santo, 102

Facó, Américo, 299, 300, 302-4
Falcão, Cristóvão, 497
Fearing, Kenneth, 457
Ferreira, Antônio, 497
Ferreira, Celina, 368
Figueiredo, Jackson, 466
Fitzgerald, Edward, 500
Fitzgerald, F. Scott, 153
Flaubert, Gustave, 187, 188
Florêncio, Antonina, 367
Fonseca, José Paulo Moreira da, 329, 331, 333-4
Fonseca, Olympio Monat da, 327-8
França, Gonçalo Soares da, 58
Freire, Junqueira, 465
Freud, Sigmund, 474
Frota, Lélia Coelho, 361, 363, 366, 369-70, 395

Gabriela, Mistral, 182, 473
Gama, Basílio da, 159, 161, 163-4, 166-9, 178
Gama, Lopes, 466
Garção, Correa, 153, 497
Gautier, Theóphile, 467
Golding, Arthur, 153
Gomes, Dalmo, 497
Góngora y Argote, Luis de, 44, 55, 57, 59-60, 93, 110, 499
Gonzaga, Tomás Antônio, 111-2, 118, 120-1, 124-5, 127, 129, 132-5, 138, 139, 143, 145, 153, 294, 497
Gourmont, Remi de, 223
Grão-Maro, 281
Graves, Robert, 457
Grünewald, José Lino, 418-9, 490
Guillén, Nicolás, 321
Guimarães, Alphonsus de, 369, 466
Guimarães, Manuel Ferreira de Araújo, 160
Gullar, Ferreira (José Ribamar Ferreira), 83, 189, 294, 407, 458, 478-81
Gusmão, Alexandre de, 98

Hegel, George W. F., 484
Heine, Heinrich, 206, 228, 471
Herbert, George, 220
Hernández, Miguel, 323, 475, 498
Holanda, Aurélio Buarque de, 299
Holanda, Sérgio Buarque de, 97
Homem, Homero, 430-1, 433-4, 438-9
Homero, 44, 51, 495, 500
Horácio, 113, 127, 249, 500
Houaiss, Antônio, 476
Hourcade, Pierre, 467
Hughes, Langston, 472

533

Hugo, Victor, 186, 500
Huidobro, Vicente, 498

Itaparica, Manuel de Santa Maria, 102, 175
Ivo, Lêdo, 312, 317

Jaques, Vicente da Costa, 159
Joyce, James, 213
Junqueiro, Guerra, 497

Keats, John, 230, 500
Khayyam, Omar, 153, 500

La Fontaine, Jean de, 153, 457, 499
Labbé, Louise, 182
Laforgue, Jules, 206, 228, 318, 500
Landor, W. S., 500
Langer, S. K., 492
Lapa, M. Rodrigues, 138
Lautréamont (Isidore Ducasse), 271, 275, 284
Lewis, P. Wyndham, 189, 346
Lima, Alceu Amoroso, 466-8
Lima, João de Brito, 58
Lima, Jorge de, 93, 189, 195, 207, 212, 216-8, 220-2, 224-7, 231, 241, 244, 270, 278, 284, 292, 302, 315, 329, 347, 379, 382, 398, 407, 466, 470, 472-3
Lindsay, Vachet, 219
Lins, Álvaro, 299
Lisboa, Henriqueta, 369
Lisboa, João Francisco, 466
Lopes Neto, Simões, 465
Lorca, Federico Garcia, 289, 367, 369
Lourenço, Eduardo, 467
Lourenço, São, 45
Lowell, James Russel, 221

Lucena, Joam Roiz de, 497
Lucrécio, 500
Luz, Rogério, 496

Mac Neice, Frederik Louis, 189, 346
MacLeish, Archibald, 498
Magna, Santa Gertrude, 160
Maiakóvski, Vladimir, 321, 369
Mailer, Norman, 283
Mallarmé, Stéphane, 369, 478, 480
Manuel, Frei, 102
Marcial, 60
Mariano, Olegário, 182
Marini, Giam Battista, 44, 55, 110
Marlowe, Christopher, 500
Marvell, Andrew, 127, 500
Matos, Eusébio de, 54, 58
Matos, Gregório de, 44, 50, 54, 56, 58-60, 72, 76, 85, 294, 497
Meireles, Cecília, 83, 181-4, 189-90, 217, 247, 293, 327, 329, 333, 379, 394-5, 459, 463, 473-4
Melo Neto, João Cabral de, 83, 188-9, 193, 195, 207, 213, 216, 242, 247, 278, 293, 310-1, 329, 369, 376, 382, 406-7, 445, 459, 462-3, 470-1, 478-81
Mena, Juan de, 500
Mendes, Murilo, 188-9, 193, 220-3, 244, 273, 294, 398, 463, 474
Merton, Thomas, 221
Meyer, Augusto, 476
Milton, John, 281, 284, 476, 499-500
Miranda, Aloísio de, 497
Miranda, Sá de, 44, 59-60, 62, 74, 111, 230, 315, 497
Montale, Eugenio, 498
Monteiro, Adolfo Casais, 466, 468

Moore, Marianne, 153, 182, 457, 498
Moraes, Cristóvão de, 60
Moraes, Vinicius de, 189, 294, 346, 431, 438, 458, 463, 474
Morineau, Henriette, 183
Muir, Edwin, 457
Murilo, Cláudio, 496

Nabuco, Joaquim, 465
Negri, Ada, 182
Nery, Paulo Sérgio, 496
Niemeyer, Oscar, 242
Nobre, Antônio, 465
Nogueira, Antônio, 497
Noronha, Tomás de, 60
Nunes, Carlos Alberto, 197

Oldfield, Barney, 495
Oliveira, Alberto de, 466
Oliveira, Manuel Botelho de, 58, 83-5, 92-3, 97, 102
Oriente, Fernam Alvarez do, 497
Ortigão, Ramalho, 466
Otoni, José Elói, 160
Ovídio, 153, 245, 303

Paredes, Vasco de Souza de, 72
Patchen, Kenneth, 457
Paula, frei Francisco de, 159
Pederneiras, Mário, 466
Pedrosa, Vera, 497
Péguy, Charles, 220-1, 223, 226
Peixoto, Afrânio, 61, 69, 466
Peixoto, Manuel Alvarenga, 139
Pena, Luis Carlos Martins, 466
Perse, Saint-John, 223, 463
Petrarca, 44, 51, 74
Picchia, Menotti del, 368
Pignatari, Décio, 83, 188-9, 294, 419, 458, 478-81, 490

Pinto, Fernão Mendes, 466
Pinto, Jamir Firmino, 419, 444, 446, 462, 497
Pita, Sebastião da Rocha, 58
Platão, 500
Poe, Edgar Allan, 492
Pompéia, Raul, 465
Ponge, Francis, 313
Pongetti, Henrique, 192
Poppa, Enzio di, 498
Pound, Ezra, 153, 186, 188, 196, 213, 219, 228, 232, 241, 244, 362, 382, 394, 444, 457, 470, 478, 480, 484, 490, 492, 495
Prado, Eduardo, 466

Queirós, Eça de, 465
Quental, Antero de, 465, 497
Quevedo y Villegas, Francisco, 55

Rabelais, François, 60
Ramos, Graciliano, 207, 242, 293
Ravasco, Bernardo Vieira, 54, 57
Ravasco, Gonçalo, 58
Real, Jerônimo Corte, 51
Régio, José, 467
Reis, Ricardo, 127, 149
Rexroth, Kenneth, 457
Rezende, Sérgio, 497
Ribeiro, Bernardim, 497
Ribeiro, João, 465
Ricardo, Cassiano, 187-97, 201, 369, 459, 461, 463, 474-5
Rilke, Rainer Maria, 224, 284, 313-4, 317, 321, 328, 333, 335-7, 346, 479, 496
Rimbaud, Arthur, 284, 369, 480
Rio Branco (Barão José Maria Paranhos), 466
Rohe, Mies van der, 242
Romero, Sílvio, 465

Ronsard, Pierre, 500
Rosa, João Guimarães, 231, 294, 370, 470
Rousseau, Jean-Jacques, 153
Roux, Saint-Pol, 223

São Carlos, frei Francisco de, 160
Sabino, Fernando, 192
Safo, 182, 395, 499
Saldanha, José da Natividade, 160
Salinas, Pedro, 369
Sannazaro, Jacopo, 44
Sapir, Edward, 484
Sartre, Jean-Paul, 244
Scève, Maurice, 500
Schmidt, Augusto Frederico, 221, 223
Schwitters, Kurt, 480
Segalen, Victor, 498
Sena, Jorge, 467
Sêneca, 500
Shakespeare, William, 187, 230, 328, 369
Shelley, Percy B., 500
Silva, Antônio Diniz da Cruz e, 139
Silva, Antônio José da, 100
Silva, José Bonifácio de Andrada e, 160, 465
Silveira, Homero, 308
Simões, João Gaspar, 466
Sitwell, Edith, 182
Soares, Fonseca, 57
Souza, Cláudio Mello e, 462
Souza, Tomé de, 178
Spender, Stefan, 189
Stein, Gertrude, 188

Sterne, Laurence, 189, 217
Stevens, Wallace, 457, 498
Surrey, Conde de, 500

Tate, Allen, 498
Teixeira, Bento, 51, 55
Teócrito, 500
Teresa, santa, 220
Thomas, Dylan, 321, 346, 369, 379, 382, 457
Thompson, Francis, 220
Tinoco, Diogo Grasson, 58
Tiradentes (José Maria da Silva Teixeira), 333
Torneol, Nuno Fernandes, 497

Valéry, Paul, 206
Varela, Fagundes, 466
Varnhagen, Adolfo, 97
Vaughan, Henry, 220, 500
Vega, Garcilaso de la, 74
Vega, Lope de, 499
Velásquez, Diego, 495
Verde, Cesário, 465
Veríssimo, José, 465
Vicente, Gil, 44-5, 60, 289, 466, 497
Vieira, Antônio, 56-7, 60, 465
Villon, François, 500
Virgílio, 51, 168, 245, 270, 281, 284, 499

Whitman, Walt, 219, 293, 494, 500
Wordsworth, William, 500

Yeats, W. B., 195, 289, 499, 500

ESTA OBRA FOI COMPOSTA PELO GRUPO DE CRIAÇÃO EM MERIDIEN,
E IMPRESSA PELA GEOGRÁFICA EM OFSETE SOBRE PAPEL PÓLEN SOFT DA
COMPANHIA SUZANO PARA A EDITORA SCHWARCZ EM ABRIL DE 2003